近世の朝廷財政と江戸幕府

佐藤雄介

東京大学出版会

Fiscal Concerns in Relations Between the Imperial Court
and the Edo Shogunate in Late Premodern Japan

Yusuke SATO

University of Tokyo Press, 2016
ISBN 978-4-13-026242-2

目次

序章　近世天皇・朝廷研究と朝廷財政研究の課題

一　本書の課題と戦後の近世天皇・朝廷研究

江戸時代の天皇・朝廷はいかにして成り立っていたのか、そしてそれに幕府はどのように関与していたのか。本書は、この点をおもに十八世紀以降を対象にして、幕府が天皇・朝廷に対して行っていた財政保証や支援の実態から考察し、そこから当該期の幕府と朝廷の関係＝朝幕関係を究明していこうとするものである。

戦後、近世の天皇・朝廷は、往々にして、ただ無力な存在とされてきた。[1] しかし、教科書裁判などをひとつの大きな契機として、一九七〇年代頃から近世の国家・社会における天皇・朝廷の役割や位置付けが、さかんに議論されるようになった。

具体的にいえば、朝尾直弘・高木昭作・深谷克己・宮地正人・山口啓二などの研究であるが、[2] これらにより、近世の天皇・朝廷はけっしてただ無力であったわけではなく、一定の国家的役割を担う不可欠な存在であったことが明らかになった。しかし、一方で、研究の対象は初期・幕末に偏りがちであり、その間の時期（本書でおもに扱う時期も含む）についての研究蓄積はやや手薄であった。これに対して、近世全期にわたった、天皇・朝廷の国家・社会的な役割や位置付けをより動態的・総体的に解明することが求められるようになった。一九八〇年代末頃から、高埜利彦や藤田覚らが、上記の点などについて、通時的かつ多角的な検討を行った。

高埜は、法制や行動規制などの面から、幕府による「朝廷支配」の枠組みを究明し、その基本的なあり様は、幕末まで貫徹したが、朝廷権威には二度の変容があったと説いた。ひとつは、将軍・幕府権威補強のために、幕府が朝廷権威を「将軍・幕府権威に協調するように改変」し、より積極的に活用するようになる、「将軍で言えば四代家綱から五代綱吉にかけて」の元禄(一六八八―一七〇四)期前後の「第一の変容」期、もうひとつは、天明の打ちこわしやロシアとの紛争など「国内外の矛盾と危機意識の昂揚の中で、危機回避のために」、朝廷権威が自立・浮上し始める、寛政(一七八九―一八〇一)期を画期とした、文化・文政(一八〇四―三〇)期からの「第二の変容」期である[3]。

一方で藤田は、幕末に天皇・朝廷の政治的位置が浮上することの前提には、天明・寛政(一七八一―一八〇一)期以降の一連の動向があることを究明した。具体的には、①さまざまな神事や儀礼の復古・再興を図るなど、光格天皇・朝廷自身が積極的な活動を見せたこと、②その「圧倒的な力に翳り」が見えはじめた幕府が、「政治的支配権を維持するため天皇の政治的利用」を強めていったこと[4](たとえば、松平定信の大政委任論表明など)、③御所千度参りを背景とした幕政への申入れ(民衆に対する救済策の申入れ)や、ロシアとの紛争に関する幕府からの報告があったこと、などを明らかにし、こうした動向が幕末における天皇・朝廷の政治的位置浮上の前提となったと論じた[5]。

以上のような先行研究の成果によって、近世国家・社会の枠組みの中で、天皇・朝廷は一定の政治的・宗教的な役割を無視しえないレベルで果たしていたとの理解が得られ、その役割の内実と変遷も徐々に明らかになってきた。しかし、その役割が具体的にどの程度のものであり、時期ごとにいかなる変化があったのか、また、それらと関連することではあるが、幕府や藩、民間社会などとの関係はどのようなものであり、いかなる変遷があったのかといった点については、研究史の段階上、充分に解明されているとはいいがたい[6]。

近年の近世天皇・朝廷研究は、このような問題を主要な課題のひとつとして、さまざまな視角から研究が行われている。社会集団論、社会と天皇権威、文化に関するものなど、多様な検討が行われ、多くの蓄積がなされているが[7]、その中でもやはり、幕府と朝廷との関係を探る朝幕関係史研究は重要な分野のひとつであろう。

これについても種々の研究がある。たとえば、宝暦（一七五一―六四）年間頃までの朝廷運営の実態を、女院の役割に留意しながら解明した久保貴子、近世前期の朝幕関係を、おもに幕府の対朝廷政策と「朝廷内の法・制度・機構」から究明した田中暁龍、朝廷を天皇・院を頂点とするひとつの社会集団として捉え、公家衆も含めた朝廷の近世政治社会における基本的位置付けや内部の構造、およびそれらの変遷を具体的に明らかにし、幕府と朝廷の「不可分の関係」などを説いた山口和夫。天皇自身の意思である「叡慮」と「皇位」の区別を強調し、朝幕関係を論じた野村玄、山口和夫とともに、仙洞御所を始めとした禁裏以外の御所について研究を進め、総体としての近世朝廷の特質・位置付け、家綱政権期の画期性を述べた村和明、文化（一八〇四―一八）期の朝幕関係を光格天皇と後桜町上皇や関白鷹司政熙らとの関係などから検討した長坂良宏らである[8]。

二　朝廷財政研究について

このように朝幕関係史に関する研究も近年多く発表・刊行されているが、幕府から天皇・朝廷への財政保証や支援に焦点をあてたものはきわめて少ない。しかし、応仁の乱・戦国時代を経て多くの財政基盤を失った天皇・朝廷が成り立ちえたのは、江戸幕府が財政保証・支援を行っていたからであった[9]。すなわち、保証や支援は朝幕関係を根底のところで支えていた要素のひとつといえる。両者の関係を、これほど具体的に示す視角もなかろう。

とくに本書がおもな対象とする十八世紀以降についていえば、幕政の中心課題が財政問題になり、幕府の政策がしばしば財政問題に規定されるようになった。それまで以上に、政治が財政に規定されるようになったのであり[10]、幕府から朝廷への財政保証や支援もまた、近世中後期における幕政の中心的な課題であった財政問題の中で位置付けられるべきものである。

本書では、朝幕関係を幕政との連動性から見るという先学の視角を継承する。とくに、右のような重要なはずの財政に関する問題があまり検討されていないことを踏まえ、財政保証・支援の面から見た朝幕関係を幕政との関連から、しかも事件史的にではなく、制度史的な観点から検討したい。より具体的にいえば、以下のようになる。

周知のとおり、幕府が設定した財政基盤としての天皇・朝廷の料地は、たとえば禁裏料[11]は三万石ほどと限定されたものであった。そのため、天皇・朝廷は幕府からの財政支援やさらなる保証を必要とした。それは、即位礼・大嘗祭などの大規模な神事・儀礼や御所の造営といった、巨額の費用がかかる特別で臨時の案件だけではなく、より日常的な（＝通常の朝廷運営）レベルにおいても、同様であった。

このような保証や支援がなぜ行われたのかといえば、全国統治のうえで、幕府がそれだけの必要性を天皇・朝廷に認めたからであろうが、そのあり様は近世を通じて一定であったわけではなく、方式や額などに、いくどかの変化があった。その変化の過程を追いかけ、その背景、より具体的にはそのような変化を生じさせた幕府の意図がどこにあったのかを幕政、とくに財政政策との関連から検討していく必要がある。それによって、幕府が天皇・朝廷をどのように取り扱っていたのかがより鮮明に明らかになり、朝幕関係の内実と変遷をさらに具体的に究明することができる。

本書ではこの点、すなわち保証や支援のあり様を明らかにしたうえで、それを幕政の中に位置付け、そこから朝幕関係の実態を究明することをおもな課題とするが、前述したように、先行研究は非常に少ない。

まず、もっとも重要なものとしては、奥野高廣『皇室御経済史の研究　後篇』が挙げられる。その詳細は後述するが、丹念な史料調査のもと、保証や支援の実態や、禁裏・仙洞御所の支出状況などを通時的に追求した好著である。

また、日柳彦九郎「徳川時代の記録に現れたる皇室費　（一）・（二）・（三）」も多くの事実を明らかにした基礎的な研究である[12]。

この二つが代表的な先行研究であるが、ほかにも、近世初期における朝幕関係を、天皇や公家衆の「社会経済的位置」から考察し、禁裏料の管理を京都代官[13]が担っていたことなどを挙げ、「幕府の宮廷支配の強力な経済網が、すっかり張りめぐらされていた」と結論付けた小野信二「近世初期における朝幕関係」、保証や支援のもっとも基本的なものである禁裏料の「進献」の経緯や村々の所在などを述べたうえで、公家領に関するいくつかの基礎的な事実（分布範囲など）を明らかにした橋本政宣「江戸時代の禁裏御料と公家領」、慶応三（一八六七）年の山城国一国増献問題の経緯などを明らかにし、実質的には、王政復古後も約半年間は、京都代官であった小堀数馬が禁裏料の管理を行っていたことなどを明らかにした奥田晴樹「幕末の禁裏御料と山城一国増献問題」、専論ではないが、おもに初期・前期における禁裏料や仙洞料、公家領の変遷などを追い、それらをもって、「豊臣政権・江戸幕府は一貫して朝廷の構員に経済的基盤を保障し、体制に機能させつづけた[14]」と説いた山口和夫「朝廷と公家社会」などである[15]。

しかし、小野は基礎的な事実をあまり明らかにしないまま論を進めており[16]、橋本は（小野もそうだが）奥野・日柳との異同がわかりにくい。また、橋本・奥田は、その論文の主旨上、論点を料地（領地）関係に絞っており、本書の観点からすれば、料地などに限らない、より総合的な検討が要される[17]。山口は、専論ではないので、ないものねだりではあるが、おもな検討対象が初期・前期であり、かならずしも通時的な変化（定高制の導入・改正など）が充分に踏まえられていないといった課題が残る。

このほかにもいくつかの研究があるが[18]、全体としては現在においてもなお、戦前・戦中に書かれた奥野・日柳の研究、とくに前者のそれが到達点といえる。それは、前述したように、天皇・朝廷研究がさかんになった七〇年代以降においても、この分野に関する研究があまり蓄積されてこなかったことを意味する。その重要性が説かれていたのにも関わらず[19]、なぜ進展してこなかったかといえば、奥野らの研究があったことにくわえて、史料が欠如していると思われていたからであろう[20]。

たしかに奥野らの研究は優れたものではあるが、その視角には大きな問題点が存在し、基礎的な事実関係に関しても未詳な点や誤りが間々見受けられる。また、公家文書や大名家文書など、諸文書の公開の進展によって（国立国会図書館憲政資料室所蔵「三条家文書」や首都大学東京図書館所蔵「水野家文書」など）、関係史料も、じつは豊富とはいえないまでも一定程度は現存していることが確認できた。とくに幕府役人の手による調査書・編纂物の類（東京大学史料編纂所所蔵「御所々御入用筋書抜」など）は有用な情報を豊富に含んでおり、それらから導き出される新事実・論点も相当数ある。先行研究の誤りを正し、基礎的な事実を確定し、視角上の問題点を解決することで、幕府による保証や支援の実態を、より具体的かつ総体的に明らかにすることができる。そして、そこから朝幕関係を見ることによって、あらたな朝幕関係像の構築に多少なりとも寄与できるのではないかと考える。

三　これまでの朝廷財政研究の成果

そこで、まずは、奥野・日柳を中心とした先行研究の成果をより詳細に確認し、残された課題を明確にしておきたい。なお、禁裏や仙洞など各御所の運営は別個に行われていたため、本来はすべての御所について考えていく必要があるが、本書では、御所の代表格である禁裏を中心に検討していく[21]。

慶長六（一六〇一）年以降、禁裏料が順次設定され（「本御料」「新御料」「増御料」都合約三万石）、管理は京都代官に任せられた[22]。幕初の禁裏の収入は、この禁裏料からの物成などと将軍家・諸大名・諸寺社など諸所からの献上金品であった。前者（禁裏料からの物成など）は旗本である禁裏付が統括した口向[23]（禁裏の勘定方ともいうべき部署）で、後者（諸所からの献上金品）は禁裏の女房である長橋局が統括した奥で取り扱われた。

口向においては、禁裏付を取次（執次）が補佐し、賄頭・勘使らが事務を担当、そのもとで賄ら諸役人が諸実務を担っていたという。定例の食費や日用品の購入費、年中行事にかかる費用などは、基本的にはここから出された。一方、奥の支出は、定例外の食費や諸道具の購入費、下賜物、寺社への祈禱料などであった。この奥の運営に、京都所司代（以下、所司代）や禁裏付が介入することはできなかったという。

さて、その後、禁裏においては徐々に支出が増大し、不足が目立つようになった。そのため、幕府は享保（一七一六―三六）年間頃から「御取替金」と呼ばれる無利子の貸付けを禁裏に対して恒常的に行い、不足を補った(24)。

この取替金はあくまで貸付けであり、本来返済を必要とするものであったが、実際には返済はほとんど行われず、負債は蓄積する一方であった。そのため、安永二・三（一七七三・七四）年の口向役人不正事件(25)をひとつの契機として、幕府の調査が入り、安永七年度からは定高制が各御所に導入されることになった。この制度は、取替金ひいては禁裏の支出抑制を狙いとして、各御所の口向の年間予算と奥に対する取替金に上限を設けるものであった。これ以後、口向は、口向定高銀七四五貫目（禁裏料の物成などと取替金の合計）を年間予算の上限とすること、奥に関しては諸所からの献上金品などと奥定高金八〇〇両の範囲内で賄うことが求められるようになった(26)。

しかし、実際にはこれ以後も支出が定高を上回ることがしばしばあり、そのたびに臨時の取替金による補塡が行われた。その結果、寛政三（一七九一）年分から、改正された定高制が禁裏に適用されることになった。その内容は、享保年間以来累積している取替金の未返済分をすべて帳消しにしたうえで、以後、口向・奥ともに定高に含まれる取替金は貸付けではなく、すべて無償で禁裏に渡す（「進切」）、ただしその代わりに、定高以上の金銀を臨時に渡すことは原則的にはしない、というものであった(27)。

また、この時期には、「御備銀」（以下、備銀）と称される制度も創設された。毎年の口向定高（銀七四五貫目）において、残銀（消化し切れなかった残余）が生じた場合、それを「余銀」と呼んだ。この余銀の三分の一を京都代官のもとに年々貯え、臨時の支出に対する備えとしたのが備銀である。余銀の残り三分の二は、当初はそのまま奥に渡されていたが（「奥上銀」などと表記されることもある）、後にその三分の一（余銀の九分の二）を「荒年御手当銀」（以下、荒年手当銀）として貯え、ひどい凶作の際、あるいは臨時の支出に対して活用することが定められた㉘。以後、文久三（一八六三）年に口向定高が一〇〇貫目ほど増額されるまで、大きな変化は見られなかった。

四　先行研究の問題点と本書の視角・構成

以上が奥野・日柳を中心とした先行研究の要約である。享保（一七一六―三六）年間の取替金の恒常化、安永（一七七二―八一）・寛政（一七八九―一八〇一）年間の定高制導入・改正など、保証や支援の大まかなあり様とその変遷が明らかにされているが、なおいくつかの問題点がある。

ひとつは、幕政に対する関心の欠如である。前述したように、保証や支援の問題は幕政の中で位置付けられるべきものであるが、奥野ら先行研究においては、この点にほとんど関心が向けられていない。本書の結論の一部を先に述べることになるが、保証や支援は幕府の手によるものであり、そのあり様は幕府の財政状況・政策につよく規定されていた。保証や支援の画期である取替金の恒常化や定高制の導入・改正などが起きた原因・意義を考える際には、背景にある幕府の意図・動向を押えておく必要がある。先行研究では、ここにほとんど注意が払われていないため、前述したような大きな変化がなぜ、その時期に起きたのか、その理由が明確には見えてこない。

本書では、この点に充分な注意を払うが、その際、参考すべき幕府財政に関する先行研究としてはまず、幕府財政に関する基礎的な事実の多くを明らかにした大野瑞男『江戸幕府財政史論』が挙げられる。その内容は多岐にわたるが、ごく簡潔にまとめると、勘定所機構や幕府直轄蔵体制の成立過程を追い、そこから寛永（一六二四―四四）末期―

慶安（一六四八―五二）期における幕府財政の成立を説いている。そのうえで、享保期の勘定所機構改革にいたるまでの幕府財政のあり様を新出の史料を用いながら明らかにしている。

また、飯島千秋『江戸幕府財政の研究』も重要である。おもに近世中期や幕末の幕府財政に関するいくつかの新史料を見出し、それらを丁寧に分析することで、当該期の幕府財政の構造・状況を究明した。また、幕府が管理したおもな米蔵・金蔵の詳細（その性格や役割、保有高など）も明らかにしている。こちらも、幕府財政についての基礎的な事実の多くを解明した貴重な研究といえる。

これら以外にも多くの先行研究があるが、近年の幕府財政史研究の到達点を示しているのは、この二書といってよかろう[29]。

本書では、これらの研究を参照していくが、同時に、朝廷財政が幕府財政につよく規定されるということは、ある時点での朝廷財政の特徴には、その時期における幕府の財政政策が色濃く反映されていることが多いということでもある。朝廷財政から幕府財政を見ていくことも時によっては可能であり、その意味で幕府財政史研究にもいくらかの蓄積を加えられるのではないかと思う。

さて、奥野ら朝廷財政に関する先行研究のもうひとつの問題点は、保証や支援のあり様に未詳な点が多いことである。研究蓄積の薄さから、その方式や額など基礎的な部分にさえ不明な点が数多く残る。まずは各時期における保証や支援の実態を、禁裏の支出動向などとともに解明していく必要がある。

具体的にいえば、取替金や定高制など、軸となった制度の実際の運用状況と幕府（将軍や老中、勘定奉行）の対応（たとえば改正後の定高制はうまく機能したのか否か、後者だとすれば、幕府はそれに対してどのような対応をとったのかなど）、制度の仕組み（財源や出納方法など）とそれらに深くかかわった所司代や京都代官ら在京幕府役人の権限といった基礎的な事実を、しっかりと押さえておかなければならない。

また、既知の事実とされていることについても、じつは間違いが間々ある。代表的な先行研究である奥野の研究ですら、史料の解釈や性格の比定において、単純な間違いをしばしば犯している(30)。

全体的にいえば、奥野の研究が現時点における到達点という評価に間違いはなかろうが、その後の研究蓄積が薄いため、ともすれば無批判に受け入れられがちである。当たり前のことではあるが、やはりひとつひとつの事実・史料に関して再検討が必要とされる時期に至っている。

以上のような問題意識により、本書は、おもに十八世紀から幕末までを対象に、幕政との関係に充分に留意しながら、幕府から朝廷に対して行われた財政保証や支援のあり様とその変化の過程、およびそのような変化を生じさせた幕府の意図を、より具体的に明らかにすることを課題とする(31)。そのうえで、そこから朝幕関係の実態とその変遷を捉え直してみたい。

具体的には、第Ⅰ部では近世中期を対象にする。第一章では、享保年間の後半から定高制までにおける、支援の大きな軸であった取替金の性格と京都所司代の権限を明らかにしたうえで、取替金の用いられ方の変遷と幕府の財政政策の関係を見る。第二章は、第一章の成果を採用しつつ、享保―寛政年間における保証や支援の変遷について論じる。明和八(一七七一)年をひとつの契機として、禁裏財政に対する勘定所の監督がより強まったが、その流れは、安永二・三年に起きた口向役人不正事件によって、さらに加速し、定高制導入・改正へ至ったこと。その結果、改正された同制度を軸とした保証や支援の枠組みがあらたに設けられたこと。これらの動きは、禁裏財政の幕府財政一部局化の進行と捉えられることなどを述べる。第三章は、口向役人不正事件について、摘発を行った幕府の意図とこの事件が保証や支援のあり様に与えた影響を見る。第四章では、女院御所を対象に、どのようにして物品の調達や金銀の出納などが行われていたのかを明らかにする。そのうえで、奥の財政運営と幕府との関係について考察する。

つづく第Ⅱ部では、保証や支援の仕組みを支えた在京幕府役人らの役割と権限を究明していく。第一章では、定高の財源などを明らかにし、京都代官が財源を確保する役割をおもに担っていたことなどを明らかにする。第二章は、保証や支援の仕組みを支えていた実務役人の職務と権限を究明する。

その後、第Ⅲ部では、近世後期・幕末を対象に、保証や支援のあり様とその変遷の過程を追っていく。第一章では、寛政―文化（一七八九―一八一八）年間を対象に、改正された定高制を軸とした保証や支援の枠組みが実際にうまく機能したのかを、光格天皇の諸活動との関係も含めて見る。第二章は、文政―天保（一八一八―四四）年間を対象に、枠組みが機能したのかを検討する。貨幣改鋳による物価高騰などを要因とした支出急増によって、文政年間後期頃には、枠組みがその均衡をほぼ失っていたことを明らかにしたうえで、それに対して、幕府がどのように対応したのかを究明する。第三章では、口向の具体的な支出額などが長期にわたって判明する史料などを活用し、近世後期―幕末の禁裏財政の動向と特色を論じる。第四章は、嘉永―安政（一八四八―六〇）年間を対象に、幕末の政治史において、存在感を放った武家伝奏三条実万の朝廷財政に対する認識について考察する。第五章では、銀方だけではなく、米方も含めた保証や支援の全体像を明らかにし、幕末における変化を見る。

五　「御所々御入用筋書抜」に関して

本論に入る前に、本書で頻繁に用いる史料である「御所々御入用筋書抜」の性格について述べておく。前述したように、朝廷財政に関する研究が立ち遅れている最大の要因のひとつは、まとまった史料が少ない点にあるとされてきた。この「御所々御入用筋書抜」は、まさにこれまでほとんど使われていない朝廷財政に関するまとまった史料であり、きわめて豊富な情報を持つ。(32)

『国書総目録』第八巻、補遺の部（岩波書店、一九六七年）によると、この史料は東京大学史料編纂所（以下、史料編纂所）にだけ所蔵されている。伝来不明であり、史料編纂所では、「写本類」として分類されている。第一巻の冒頭には、「惣目録」すなわち総目次が載せられており、それによると、「天」の巻・「地（上）」の巻・「地（下）」の巻・「玄」の巻・「黄」の巻の構成になっているが、史料編纂所のものは、さらに「天」の巻と「玄」の巻がそれぞれ上下二巻に分けられ、都合七巻で構成されている。

それぞれの巻の中は、さらにいくつかの「部」（「訳」「類」「儀」「其外」などとも記されている）に分けられ、全体を通しての番号が振られている。具体的には、第一巻（「天」の巻）の「壱」「御取締掛勤方大意其外」からはじまり、最終巻（「黄」の巻）の「三十」「後院御入用并右御旧料御物成納払等之訳」まで、あわせて三〇の「部」がある。[33]

ひとつひとつの「部」の中に書き留められている諸文書は、基本的には、年代順に配置されており、誤字・脱字は少ない。はじめの方の巻が総論的なものであり、後の巻に行けば行くほど個別の事柄に関するものになる。

さて、この史料には、朝廷財政に関するさまざまな達書や覚書などが書き留められているが、大別すれば、ほぼ、

① 老中から所司代に宛てられたもの、あるいはそれを所司代が禁裏付や京都町奉行らに達しているものなど、

② 所司代宛の禁裏付や京都町奉行らからの伺書、

③ 覚書など、

に分類できる。編者・作成年代ともに不明だが、書き留められている史料の年代の下限が安政七（一八六〇）年正月であるので、作成年代は同年頃と考えられる。幕末には朝廷財政に関する調査がしばしば行われたようであり、この史料もその過程で編纂されたか、[34]あるいはこの頃の御所向取締掛（詳細は後述）がみずからの職務に役立てるために編纂したのではないかと思われる。

また、この「御所々御入用筋書抜」には、たとえば老中間の評議など、江戸での評議に関するものや所司代から老中に宛てられた伺書などは、載せられていない。つまり、この史料は、京都で蓄積されていた文書類を編纂したもの

だと思われる。

それでは、こうした文書類は、どこでどのように蓄積されていたのだろうか。京都には、京都町奉行・禁裏付らで構成される御所向取締掛と呼ばれる役職があり、専用の役所も有していた。これは朝廷財政に関する所司代の諮問機関であり、所司代から下されたさまざまな案件に関して評議を行い、意見を上申していた[35]。その際の諸文書が役所内に蓄積されつづけ、この史料の編纂に用いられたと推測される。

それは、「御所々御入用筋書抜」に書き留められている諸文書に、

(1) ほとんどが、御所向取締掛が創設された安永（一七七二―八〇）年間以降のものであり、それ以前のものはあまり見当たらない、

(2) 御所向取締掛ではない京都代官作成の諸文書は数が少なく、あったとしても定高制についてのものなど、保証や支援の全体に関わるようなものなどであり、評議の対象かあるいは心得ておくべきこととして御所向取締掛に渡されたものと考えられる、

といった特徴があることからも窺える。

つまり、「御所々御入用筋書抜」は、幕末の京都において朝廷財政を取り調べる必要のあった幕府役人か、あるいは御所向取締掛が、御所向取締掛役所に蓄積されていた諸文書から編纂したものと考えられる[36]。

なお、天皇号の再興は光格天皇の時であるが[37]、本書では、たとえば「後桜町天皇」など、それ以前においても「天皇」という表記を用いる。

（1）戦前については三上参次『尊皇論発達史』（冨山房、一九四一年）などがあるが、研究にいくつかの「禁忌」があった（山口和夫「近世天皇・朝廷研究の軌跡と課題」（石上英一ほか編『講座 前近代の天皇 第五巻』青木書店、一九九五年、

二六八頁））。

（2）朝尾「幕藩制と天皇」（『朝尾直弘著作集　第三巻』岩波書店、二〇〇四年、初出は『大系日本国家史　三』東京大学出版会、一九七五年）、同「将軍と天皇」（『朝尾直弘著作集　第四巻』、二〇〇四年、初出は永原慶二、ジョン・W・ホール、コーゾー・ヤマムラ編『戦国時代』吉川弘文館、一九七八年）、深谷「幕藩制と天皇」（『深谷克己近世史論集　第三巻』校倉書房、二〇〇九年、初出は『人民の歴史学』四〇、一九七五年）、同「寛永期の朝幕関係」（前掲『深谷克己近世史論集第三巻』、初出は「幕藩制国家と天皇」（北島正元編『幕藩制国家成立過程の研究』吉川弘文館、一九七八年））、宮地『天皇制の政治史的研究』（校倉書房、一九八一年）、高木『将軍権力と天皇』（青木書店、二〇〇三年）、同「最近の近世身分制論について」（『歴史評論』四〇四、一九八三年）、永原慶二・山口啓二「対談　日本封建制と天皇」（『歴史評論』三一四、一九七六年）など。

（3）高埜「江戸幕府の朝廷支配」（『近世の朝廷と宗教』吉川弘文館、二〇一四年、初出は『日本史研究』三一九、一九八九年）。引用部分は三六・五一・五二頁。ほかに「後期幕藩制と天皇」（前掲高埜著、初出は石上英一ほか編『講座　前近代の天皇　第二巻』青木書店、一九九三年）などの研究がある。

（4）藤田『天皇の歴史6　江戸時代の天皇』（講談社、二〇一一年）、三頁。

（5）藤田『近世政治史と天皇』（吉川弘文館、一九九九年）、同前掲『天皇の歴史6　江戸時代の天皇』、同『近世天皇論』（清文堂出版、二〇一一年）など。

（6）この点について、たとえば藤田は「近世王権論と天皇」（前掲『近世天皇論』、初出は大津透編『王権を考える』山川出版社、二〇〇六年）で、「近世国家のなかでの天皇の位置と役割、および天皇・朝廷と将軍・幕府との関係を、固定的・静態的にではなく、近世を通じての変化・変容に注目しながら具体的に究明すること」の重要性を指摘している（九頁）。

（7）すべてを挙げることはできないが、前述、および後にくわしくふれるものを除くと、近年では、西村慎太郎『近世朝廷社会と地下官人』（吉川弘文館、二〇〇八年）、梅田千尋『近世陰陽道組織の研究』（吉川弘文館、二〇〇九年）、高橋博『近世の朝廷と女官制度』（吉川弘文館、二〇〇九年）、上田長生『幕末維新期の陵墓と社会』（思文閣出版、二〇一二年）、久保貴子「近世の内親王と女院」（『歴史と地理』二一五、二〇〇六年）、高埜利彦編『身分的周縁と近世社会8　朝廷をとりまく人びと』（吉川弘文館、二〇〇七年）、杣田善雄「門跡の身分」、松澤克行「公武の交流と上昇願望」、山口和夫「近世の公家身分」（いずれも堀新・深谷克己編『〈江戸〉の人と身分3　権威と上昇願望』吉川弘文館、二〇一一年）、石田俊

「霊元天皇の奥と東福門院」（『史林』九四―三、二〇一一年）、同「近世朝廷における意思決定の構造と展開」（『日本史研究』六一八、二〇一四年）、村和明「近世朝廷の制度化と幕府」（『日本史研究』六一八、二〇一四年）、鍛冶宏介「江戸時代教養文化のなかの天皇・公家像」（『日本史研究』五七一、二〇一〇年）、松澤克行「近世の天皇と芸能」（渡部泰明・阿部泰郎・鈴木健一・松澤克行『天皇の歴史10　天皇と芸能』講談社、二〇一一年）などが挙げられる。

なお、全体的な研究史整理としては、久保貴子「近世朝幕関係史研究の課題」（『近世の朝廷運営』岩田書院、一九九八年、初出は『歴史評論』四七五、一九八九年）、前掲山口和夫「近世天皇・朝廷研究の軌跡と課題」などがある。

（8）前掲久保著、田中『近世前期朝幕関係の研究』（吉川弘文館、二〇一一年）、同『近世朝廷の法制と秩序』（山川出版社、二〇一二年）、山口和夫「近世の朝廷・幕府体制と天皇・院・摂家」（前掲『王権を考える』）、同「朝廷と公家社会」（歴史学研究会・日本史研究会編『日本史講座6　近世社会論』東京大学出版会、二〇〇五年）、野村『日本近世国家の確立と天皇』（清文堂出版、二〇〇六年）、村和明『近世の朝廷制度と朝幕関係』（東京大学出版会、二〇一三年）、長坂良宏「文化期の朝廷と幕府」（『日本史研究』五九〇、二〇一一年）など。

（9）むろん、これ以前に織田信長・豊臣秀吉らによって一定の財政保証・支援がなされていた。

（10）藤田『日本近世の歴史4　田沼時代』（吉川弘文館、二〇一二年）。

（11）幕府が設定した禁裏の料地。徐々に増やされていき、宝永三（一七〇六）年以後は幕末まで、三万石余りで固定された（詳細は後述）。

（12）奥野『皇室御経済史の研究　後篇』（中央公論社、一九四四年）、日柳「徳川時代の記録に現れたる皇室費（一）・（二）・（三）」（『山口商学雑誌』四―六、一九二七年）。

（13）その職務は、幕領支配、物成の徴収といった禁裏料などの管理、二条城内の修復、山城国大川筋支配などであった（『京都の歴史　五・六』学芸書林、一九七二・七三年）。なお、慶長―元和（一五九六―一六二四）年間においては、禁裏料の管理は朝廷が行っていたが、その後、遅くとも寛永十一（一六三四）年までには幕府が担うようになったという（藤井譲治「江戸幕府の成立と天皇」（石上英一ほか編『講座　前近代の天皇　第二巻』青木書店、一九九三年、一三六―一三八頁）。

（14）前掲山口和夫「朝廷と公家社会」、二三二頁。

（15）小野「近世初期における朝幕関係」（『拓殖大学論集』三九、一九六四年）、橋本「江戸時代の禁裏御料と公家領」（『近世公家社会の研究』吉川弘文館、二〇〇二年、初出は『歴史と地理』二七九、一九七八年）、奥田「幕末の禁裏御料と山城一

国増献問題」（『立正大学文学部論叢』一三四、二〇一二年）、前掲山口和夫「朝廷と公家社会」。

(16) たとえば、禁裏料の管理を京都代官が担っていたことひとつをとっても、当該期の天皇・朝廷に料地を管理するだけの実務能力があったのかという問題がある。

(17) 幕府からの保証・支援には、料地のほかに、取替金など種々のものがあった（後述）。それらを総合して考える必要がある。

(18) 先駆的な研究として、三浦周行「江戸幕府の朝廷に対する法制」（『続　法制史の研究』岩波書店、一九二五年）、蘆田伊人編『御料地史稿』（帝室林野局、一九三七年）などがある。

さらに、矢野健治「江戸時代に於ける公家衆の経済　上・下」（『歴史地理』六六―三・四、一九三五年）、新見吉治「方領米と分賜米」（『史学雑誌』六七―三、一九五八年）、同「公家の俸禄」（『史学研究』一二五、一九七四年）、上野秀治「幕末の堂上公家の家計に関する一史料」（『史料』七二、一九八四年）、同「近世堂上の方領について」（『日本歴史』四六五、一九八七年）、井ヶ田良治「江戸時代における公家領の支配構造」（『同志社法学』三〇―一、一九七八年）、神埼彰利「近世における公家領の構造」（『明治大学刑事博物館年報』一二、一九八一年）、大谷光男「近世土御門陰陽家の家領について」（『東洋研究』一四五、二〇〇二年）、野村玄「延宝二年の公家領水損をめぐる幕府上方支配機構の対応」（『天下人の神格化と天皇』思文閣出版、二〇一五年、初出は「延宝期の公家領主と幕府上方支配機構」『論集きんせい』三二、二〇一〇年）、村和明「一七世紀中期における江戸幕府の朝廷政策について」（『歴史学研究』八九七、二〇一二年、のち前掲村著で大幅な加筆・修正がなされ、「公家の知行・役料と家綱政権」）などがあるが、いずれもおもな対象は公家衆である。

本来は、朝廷を構成する一員であるかれらに関しても検討が必要ではあるが、本書では、おもに御所（その中でも代表格たる禁裏）に対する保証や支援について見ていく。個別の公家衆に対する保証や支援に関しては別の機会に検討したい。

(19) 前掲久保著、一〇頁など。

(20) 前掲奥野著、二六五頁など。

(21) なお、仙洞などほかの御所の運営は、禁裏のそれに準じた形でなされていた（前掲奥野著、日柳論文（一）・（二）など）。

(22) 慶長六年に約一万石の禁裏料（「本御料」）が定められ、その後、元和九（一六二三）年に「新御料」一万石が、さらに、宝永二（一七〇五）年には「増御料」約一万石が増加され、禁裏料は都合約三万石になった。翌年に山城国田村新田約九八石が増やされた後は、幕末まで禁裏料の石高に変化はなかった（前掲奥野著、二六七―二六九、三一三頁、前掲日柳論文

（一））。前述したように、当初は朝廷が管理していたというが、その経緯など詳細は不明である。

(23) 旗本が勤めた。本文に記したものを除けば、その職務は、朝廷との種々の連絡・交渉、御所の警備や火災への対処、公家衆の行跡監督などであった（石川和外「禁裏付武家」前掲高埜編『朝廷をとりまく人びと』、前掲奥野著、三四二、三四八—三五一頁）。

(24) また、禁裏のものではないが、享保二十年には仙洞料の確定も行われた。基本的には一万石、上皇並立の場合は、本院が一万石、新院が七〇〇〇石と決められた（前掲奥野著、五三〇頁）。

(25) 取次・賄頭などの不正（帳簿の不正操作など）に対して、京都町奉行らの取調べが行われ、多くの口向役人や御用達が処罰された（前掲奥野著、四四五—四四八頁、平井誠二「江戸時代の公家の流罪について」『大倉山論集』二九、一九九一年）。くわしくは第Ⅰ部第二章・第三章で検討する。

(26) なお、口向定高は、史料上では「御賄御入用御定高」、奥定高は「奥御用御定高」などと記されることが多い。

(27) 御所の造営や大規模な神事・儀礼の費用などは、定高とは別に幕府から渡された（前掲奥野著、四五一頁、前掲日柳論文（二））。なお、安永七年度から導入された定高制と寛政年間に改正されたそれとの違いをより具体的に述べると、つぎのようになる。すなわち、改正以前は、禁裏料からの物成などだけでは足りない際に、取替金から補塡が行われるというものであった。その合計の上限が銀七四五貫目であったのであり、場合によってはこの額に満たないこともありえた。一方、改正以後は、七四五貫目がかならず渡された。

(28) たとえば、ある年の支出が七〇〇貫目だったとすると、四五貫目が余銀になり、その三分の一の一五貫目が備銀になった。残り三〇貫目の三分の一である一〇貫目が荒年手当銀となり、残った二〇貫目が奥に渡された。

(29) 大野『江戸幕府財政史論』（吉川弘文館、一九九六年）、飯島『江戸幕府財政の研究』（吉川弘文館、二〇〇四年）。このほかの先行研究としては、古島敏雄「幕府財政収入の動向と農業収奪の画期」（『近世経済史の基礎過程』岩波書店、一九七八年、初出は同編『日本経済史大系　四　近世下』東京大学出版会、一九六五年）、大口勇次郎「寛政—文化期の幕府財政」（尾藤正英先生還暦記念会編『日本近世史論叢　下』吉川弘文館、一九八四年）、同「天保期の幕府財政」（お茶の水女子大学『人文科学紀要』二二—二、一九六九年）、森田武「幕末期における幕府の財政・経済政策と幕藩関係」（『歴史学研究』四三〇、一九七六年）などがあるが、幕府財政史研究の詳細な先行研究整理については、大野著・飯島著を参照してほしい。なお、飯島は「幕府財政と公金貸付政策」（『歴史と地理　日本史の研究』二五一、二〇一五年）も最近、発表している。

(30) たとえば、奥野は取替金の初見を貞享三(一六八六)年としているが(前掲奥野著、四四二頁)、そこで挙げられている事例は取替ではなく、「献上」すなわち無償での提供であり(第I部第二章で詳述)、宮内庁書陵部所蔵「御賄所日記」を仙洞御所の史料としているが(前掲奥野著、五一八頁)、じつは女院御所のものである(詳細は第I部第三章で述べる)。また、東京大学史料編纂所所蔵「禁裏去巳年中御入用金銀高書付」の「巳年」を寛政九(一七九七)年と解釈して、寛政期の口向の支出に言及しているが、この史料中には朝覲行幸再興経費の半分を元手として、天保十二(一八四一)年より貸付けが始められた貸付金に関する記載があり、「巳年」はこの年以降である。とすると、弘化二(一八四五)年か安政四(一八五七)年となるが、この史料中の「巳年」の「常式・臨時」七一五貫目、「臨時別帳」二九貫目という支出額が、第II部第一章で明らかにした後者(安政四年)の数値と一致すること、あるいは「去巳正月より十二月迄閏月共」との閏月に関する記述(安政四年は閏五月がある)、「引渡御老中」(所司代が交替する際に上京する老中のこと、安政四年は脇坂安宅から本多忠民に所司代交替)に関する記述などから、「巳年」は寛政九年ではなく、安政四年と推定される。なお、奥野の当該記述は前掲奥野著、四五七・四五八頁。

(31) なお、前述したように、奥の総収入は諸所からの献上金品などと奥定高(安永七年度以降)を合わせたものであるが、前者に関しては、管見の限り史料がほとんどなく、不明な点が多い。そのため、禁裏の総収入は、正確にはわからない。この点も留意したい。

(32) 藤田が「天保期の朝廷と幕府」(前掲藤田『近世政治史と天皇』)などで多少用いているだけだと思われる。

(33) 目次として有用かと思うので、そのすべてを掲げておこう。天之巻上、一：御取締掛勤方大意其外(以上第一巻)、天之巻下、二：伊奈遠江守殿御在勤中取調御手元迄差出候御所々御料御取箇御定高等之類、三：禁裏准后御料御物成納払等之部(以上第二巻)、地之巻上、四：禁裏御賄御入用等之部、五：禁裏奥上金幷口向御定高内江差加相成候御貸付利歩幷御所役人御手当御取締掛役所入用共御貸付元立等之訳、六：禁裏御賄御定高御余銀三分一御備銀三分二奥上之内荒年御手当銀ニ相成候訳、七：朝覲行幸御用途御供養料御貸付之訳、八：禁裏御蔵米御不足補方御貸付之訳(以上第三之上巻)、地之巻下、九：臨時御神事料幷臨時祭御再興御手当御賄余銀等之訳、十：学習所御用途御貸付之訳其外、十一：例幣使料物成右幣使参向雑用等ニ相渡其外右物成銀御貸付之訳、十二：御所御料御林山之訳、十三：御所御蔵納払等之訳、十四：御用鮎調進之訳、十五：御所々御畳御定高等之部、十六：右御畳御定高減銀臨時御替手当ニ被除置候儀(以上第三之下巻)、玄之巻上、十七：御所御修復御定高其外、十八：仮建物其外拝領願之部（以上第四巻）、玄之巻下、十九：摂家堂上方以下御内幷女中御宛行米之外増被下米等之部、二十：御所々御内幷女中人数等之儀、二十一：薙髪女中之部、二十二：摂家堂上方借地等之部、二十三：新規之儀は江戸表江可被仰進儀其外（以上第五巻）、黄之巻、二十四：准后御賄等之部、二十五：敏宮和宮其外被進米銀等之部、二十六：東宮江被進米銀之儀、二十七：当今御実母御仕向等之部、二十八：下行等之部、二十九：東帯具其外員数幷楽人知行高等之部、三十：後院御入用幷右御旧料御物成納払等之訳（以上第六巻）。

(34)　こうした調査書としては、勝海舟編纂の『吹塵録』（本書では、原書房、一九六八年を用いた）所収の慶応三（一八六七）年三月「御所御賄向其外凡取調書」などが挙げられる。なお、『吹塵録』とは、幕府財政に関するものを中心に、さまざまな史料が収められた史料集で、明治二十三（一八九〇）年に大蔵省から刊行された。

(35)　安永六（一七七七）年付京都町奉行宛所司代達書（「御所々御入用筋書抜」第一巻、御取締掛勤方大意其外）、前掲橋本著、四〇八頁。

(36)　なお、前掲奥野著においては、史料編纂所所蔵の史料が多く用いられている。しかし、この史料について奥野は、一切言及していない。その理由は、「御所々御入用筋書抜」が史料編纂所に所蔵されるようになった時期・経緯などと関係するかと思われるが、現時点では不詳である。

(37)　藤田「「天皇号」の再興」（前掲『近世天皇論』、初出は『別冊文芸　天皇制』河出書房新社、一九九〇年）。

第Ⅰ部　近世中期の朝廷財政と朝幕関係

第一章 「御取替金」と京都所司代

はじめに

周知のとおり、所司代や禁裏付といった在京幕府役人は、武家伝奏や摂政・関白と日常的に連絡を取り合い、さまざまな事案に関する交渉や伝達を行うなど、天皇・朝廷との関係を正常に保つことに意を砕いていた。大屋敷佳子は朝幕間の朝廷側の窓口である武家伝奏を「合わさって近世公権力＝公儀を形成する公と武の接点」と評価しているが、(1)同じように所司代などの在京幕府役人もまた「公と武の接点」と評価できよう。

かれらの最高位にして、最高責任者とも言える立場にあったのが所司代である。したがって、所司代が果たしていた役割を検討することなしに、近世の朝幕関係を具体的に明らかにすることは難しい。

それにもかかわらず、所司代、とくにその天皇・朝廷関係の職務に関する研究は、豊富に存在するわけではない。(2)そのため、朝幕関係の中で所司代が果たしていた役割とその変化についても十分には明らかにされていない。

本書の課題に沿っていえば、その中でもとくに、「御取替金」と呼ばれる巨額の無利子の貸付金に関する所司代の権限とその変化の過程が解明されていないことは、問題である。前述したように、天皇・朝廷は幕府からさまざまな財政保証や支援を受けていた。したがって、こうした幕府による保証や支援は、朝幕関係を見ていくうえでの重要な一要素といえる。本章で取り上げる取替金は、そのような支援の軸としてさまざまな局面で活用されており、実質的には享保（一七一六―三六）年間後半以後の朝廷における主要な財源のひとつであり、所司代はその運用に深く関わっていた。本章ではまず、取替金の性格と所司代の権限を明らかにする。そのうえで、取替金に一定の制限を加えた制度である定高制がいかなる過程を経て導入されることになったのかを具体的に明らかにしていきたい。

なお、史料としては、武家伝奏広橋兼胤が、寛延三（一七五〇）年から安永六（一七七七）年までの間、書き記した公用日記である「兼胤記」（史料編纂所所蔵）をおもに使う。本章の中でとくに出典について触れていない史料は、すべてこの「兼胤記」からの引用である。(3)

第一節　取替金と所司代

一　取替金とは

まず、宝暦十二（一七六二）年の緋宮（桜町天皇女、後の後桜町天皇）の「御服料」に関する事例を取り上げる。緋宮は、幕府から「御服料」として毎年銀二〇〇枚を、年の前半と後半に一〇〇枚ずつ渡されていた。宝暦十二年についても前半に一〇〇枚を渡されていたが、同年七月に緋宮が践祚したため、残り一〇〇枚の提供は取りやめになっていた。しかし、その後、残りの分ももらいたいとの要望を武家伝奏が所司代・阿部伊予守正右に伝えている（宝暦十二年十一月二十四日条）。それに対する返答の内容などが、次の［史料一］から明らかになる。

［史料一］（宝暦十二年十二月一日・十日条）

（十二月一日条）

一、御附申、緋宮御服料之残差上候事、伊予守へ申談候処、当時御服料ト有之候而ハ関東へ往来も難渋候、仍自山本志摩守（晃顕、女院取次）差出候書付差返候、何とそ御不足之補ニ而御跡仕舞も無滞相済候様ニと有之候ハヽ、了簡も可有之か之由申之由也（後略）

（同月十日条）

一、緋宮之御跡仕舞御不足ニ付、御服料残百枚之事、当時其名目ニ而ハ取計難成、伊予守申ニ付、自禁裏御用ニ付、百枚差上候様ニ御附へ被仰出候ヘハ、御取替之中ニ而可取計由ニ御附談ニ付、其段小督へ申入候処、大御乳人へ申談、宜取計呉候様ニと頼ニ付、以大御乳人、長橋へ内々申入（中略）其後、両人謁御附、御入用之儀、実ハ緋宮御跡仕舞御入用ニ候、宜被取計申達、御附領掌了

武家伝奏からの伺いに対して所司代は、「緋宮の服料」との名目では老中に掛け合うことも難しい。しかしそのうえで、不足を補い、「御跡仕舞」すなわち緋宮の践祚・即位に際して生じるさまざまな「後始末」的な案件(4)を滞りなく済ませるためと名目を変更してもらえれば、考えもあるとしている（十二月一日条）。結局は禁裏付が、「御用」のためと禁裏の方で名目を替えて、再度要望すれば、取替金の中から銀一〇〇枚を提供することはできると提案し（同十日条）、所司代の了承を得たうえで（＝「昨日被仰出白銀百枚御取替之事、今日伊予守へ申、相済候由御附申聞了」（同十一日条））、取替金の活用が決定された（同日条）。

この事例から所司代は、「取替金」を用いることによって、老中に伺うことも難しいような要望に対しても、自身の判断で対応することが可能であったことが窺える。朝幕間の問題を円滑に解決する際に、「取替金」が所司代の手によって活用されていたと考えられるが、それではこの「取替金」とはどのような性格のものであったのだろうか。

『国史大辞典』第二巻（吉川弘文館、一九八九年）によると、取替金とは一般に「江戸幕府が歳入不足を補うために寺社や代官、朝廷などに対して無利子で貸し出したものであり、貸付金や拝借金といったものとあまり変わらないものであった」（奥野高廣執筆部分）。このうち、禁裏などの各御所に対する取替金の先行研究としては、奥野・日柳の研究がある。(5) 序章でも述べたが、これらをまとめると以下のようになる。

支出の増大によって、不足が目立つようになった禁裏に対して、幕府は「御取替金」と呼ばれる無利子の貸付けを行うようになった。この取替金は貸付けであったが、実際には幕府への返納はほとんど行われなかった。そのため、年々負債額は増す一方であり、享保年間から寛政三（一七九一）年までの間に、その未返済額は五一万両以上に及んでいた。

以上が先行研究の簡単な要約であるが、研究史の段階上、取替金の具体的な性格や、実際の取り扱われ方に関しては、十分に検討されているとはいえない。そこで、まずは寛延三（一七五〇）年八月十二日条と同年十二月七日条という二つの記事から、取替金の性格の一端を明らかにする。

最初に寛延三年八月十二日条の記事を見ていくが、具体的な検討に入る前に、この記事の背景について少々ふれておこう。

八月十日、この日に武家伝奏が所司代松平豊後守資訓に女院の要望を伝えた（同日条）。その内容とは、今後、毎年、女院に提供されている取替金は不要であるので、その代わりに、これまで石高二〇〇〇石、すなわち収納高に換算すると八〇〇石程度であった女院料を収納高が二〇〇〇石分になるように増地してほしいとのものであった。ところが、所司代はこれを、石高が都合四〇〇〇石になるようにしてほしい、という要望であると勘違いしてしまった。このような意思伝達の齟齬のために、この一件は所司代と武家伝奏の間で問題となり、今後の対応をめぐって両者が何度か交渉を行った。その内容の一部が次に挙げる寛延三年八月十二日条の記事からわかる。

〔史料二〕（『広橋兼胤公武御用日記　一』、五三頁）

御附武家ヲ以自豊後守一封到来、其趣　女院御増地之事、去十日返答之趣承知、然共最初豊後守心得よりハ、現米二千石ニ而ハ甚御高も増候事、関東達候而も難相調可有之か、勿論御取替金之儀ハ、所司代心得ニ而調達、関東江申達候事ニ而無之、又先例　女院御増高例有之哉尋之由、猶了簡候而可申入之旨也（後略）

傍線部から、取替金は老中に伺うことなく所司代の判断で調達できるものであったことが明らかになる。

こうした取替金の性格を表わすものとしては、次に挙げる寛延三年十二月三日条と七日条の記事も重要である。

〔史料三〕（同右、一五六・一五七・一六〇頁）

（十二月三日条）

一、同役（柳原光綱、武家伝奏）被申聞、昨日被参　女院御所之処、大進局被出逢、被申云、御肝煎両卿（綾小路俊宗・平松時行）被申、下北面共是迄昼計相勤候得共、非常等之節御無人にも候間、宿も被仰付可然存之由被相窺、両御局（岡崎国久女、西洞院範子）迄被申入之処、是迄相済来候儀、宿被仰付候而も如何可有之哉、雑用等之儀も、取次共もかれこれと申候へハ難渋も可有之か、兎角不被及了簡候間、被談之由ニ付、同役一存ニ而返答も難仕候、猶相談之上可申之由被答候由（中略）此旨議奏中五卿申談、一統ニ昼夜勤番可然決定了（中略）依之、雑用之事、　禁中より少々御心付も可有之儀、　女院御所取次共と宜及示談、無御手支様ニ可取計之由、飯室左兵衛志（義矩、取次）江申含了

（十二月七日条）

一、飯室左兵衛志申、　女院御所北面宿相勤ニ付、雑用之事、　女院御所取次藤木東市正と申談候、御台所向無御指支候、何時被仰出候而も御指支無之候由申之、尤山木筑前守（正信、禁裏付）江も此趣委細申談相済之由也

（小書）「此子細、　禁中御台所より御心附にも不及、筑前守向豊後守（松平資訓、所司代）方候節、其段申立置候へハ、御取替之増ニ

而相済候、　禁中御台所より取計候へハ、勘定帳面ニ少々之儀ニ而も書記候事故、六借之由申之」

まず十二月三日条では、これまでは昼の間だけしか女院に勤番していなかった下北面を今後は昼夜を問わず勤番させることが決定されている。この時、それにかかる雑費については、禁裏から多少なりとも心づけがあるように、と武家伝奏が取次に言い含めている。(6)(7)

つづく七日条では、そのように武家伝奏に言い含められた取次が、禁裏付らと相談をしている。そしてその相談の結果、心づけの分の金銭を「禁中御台所」、すなわち禁裏の勘定方ともいうべき部署である口向から出そうとすると、出費した分の金高を勘定帳面に載せなければならなくなってしまうので難しい、と口向からの出費は見送られている。ただし同時に、禁裏付が所司代の所に赴き、このことについて申立てをすれば、取替金の中から心づけの分の金銭を出すことはできるであろうとされ、一連の問題は解決を見ることになった。

ここでは、所司代に要望すれば、心づけを取替金の中から出してくれるだろう、と禁裏付が簡単に答えており、所司代の承認のもとで取替金がかなり自由に用いられていたことが窺われる。

二　取替金の活用

それでは、このような性格を持った取替金が、朝幕間の問題を解決する際に、どのように所司代によって扱われていたのか、もう少し具体的に見ていこう。

まず、明和四(一七六七)年四月十三日条の記事を次に挙げる。これは、准后御殿に庭を造りたいという武家伝奏の伺いに対して、所司代阿部飛驒守正允が禁裏付田付筑後守景林を通して返答しているものである。

[史料四]

一、筑後守申、　准后御殿御庭之事、飛驒守へ申達致承知候、併御庭之事自最初無御沙汰候間、関東江懸合可申

候、是迄御新造之御殿御庭も御殿ハ一緒ニ関東より御沙汰有之事ニ候哉、先例承度候、いつれにも一通りハ関東へ懸合不申候而ハ難取計せ候へハ、又々吟味・調等いかほとかかり可申哉難計候由申之由也、依之筑後守聊存寄有之、飛驒守へ卒忽ニ及内談候処、両人へ可申か之由申ニ付、申述之由、右之通飛驒守申候上ハ御例有之候而も所詮関東へ懸合候儀ニ候得は、いつまて此引合ニ懸候半哉難計候間、此度武辺之沙汰被相止、御手沙汰ニ出来候様ニハ相成間敷哉、然ハ飛驒守より御取替申候様ニ可相成候、御用も早可相調候様ニ存候由也、於両人尤ニ存候（後略）

所司代は、准后御殿に庭を新造することについて、今から老中と掛け合っていたのでは許可が下りるまでにどれほど時間がかかってしまうかわからない、と答えている。それに対して、禁裏付がこの問題の解決案を考え、所司代の許可を得たうえで、それを武家伝奏に伝えている。その内容とは、「御手沙汰」すなわち朝廷自身の手による新造にしてほしい⑻、もし、そのようにしてくれるのであれば、その際にかかった費用は、所司代の方から取替金を出すというものであった。

つまり、この［史料四］においては、老中に掛け合うと時間がかかってしまい、面倒なことになるような問題の解決に際して、取替金が活用されているのである⑼。

さらに、取替金は公家個人の拝借金にも活用された。

［史料五］

（明和三年一月十五日条）

一、綾小路前大納言（俊宗）引建料不足ニ付、金二百両拝借之願書清水谷（実栄）同様也、摂政殿（近衛内前）へ申入、飛驒守へ可達之由被命

（二月五日条）

一、清水谷・綾小路拝借金之願、難及沙汰由、先月飛驒守より差戻候、仍両家江申達候処、再往願差出候、飛驒守へ可達之由、摂政殿申入了

（三月十五日条）

一、御附申、先達而及内談清水谷拝借金之事、飛驒守江も及内談候、無拠願ニ候間、御取替之内へ相加候様ニ申候、仍金五十両五年賦ニ返上証文等賄頭へ被差出候様可取計示之若綾小路も同様之願ニ候ハヽ、同事ニ拝借相済候様申含置了

明和三年に綾小路俊宗・清水谷実栄は幕府からの拝借金を願ったが、一度は所司代によって却下された。しかし、その後、再願したところ、所司代の判断で必要分を取替金として出すことで拝借が認められている。

通常、幕府から公家衆への拝借金は、公家衆が武家伝奏を通じて所司代に願い出で、所司代がその願いを老中に取り次ぎ、了承を得たうえで、はじめて貸し付けられるものであった[10]。しかし、この事例からは、それとは性格の異なる、所司代の判断による拝借金が存在したことがわかる[11]。

三　取替金の上限

このように、所司代はさまざまな局面において取替金を柔軟に活用していたが、むろんその取扱いに何の制限もなかったわけではない。明和六年四月二十四日条と同年五月十一日条の記事を見てみよう。これは准后に対する取替金の扱いを示した史料であるが、その基本的な性格は禁裏に対する取替金とほぼ同じものであると思われる。

[史料六]

（四月二十四日条）

一、同申（禁裏付）、去十九日申談　准后御用金盆前御取替之事、飛驒守（阿部正允、所司代）へ申談候処、是迄盆前之御取替例も無之事故難

相成候、併甚御難渋故之御事と存候間、何とそ両人より無御余儀子細書付遣候ハヽ、以其趣先取計可申之由

飛驒守申候由也、猶相考書付可遣示了

（五月十一日条）

一、准后之御用五百両取替之事、先達而御附を以飛驒守へ申達候処、金高多候へハ於京都難及了簡、関東へ可申遣候間、何とそ可相成候ハヽ、金高減候様ニ致度段飛州申候由、御附申ニ付（後略）

取替金五〇〇両を盆前に准后に渡してもらいたい、との武家伝奏からの要望を受けてのものである。これに対して所司代は、盆前に渡すことは例がないので難しいが、武家伝奏から「無御余儀」との書付が来れば取り計らうようにする、と答えている。その後、所司代が禁裏付を通じて武家伝奏に、五〇〇両では金高が多いために「京都」で取り計らうことは難しく、老中に伺いを立てなければならない、できれば金額を減らしてくれないかと申し入れている。

ここから、取替金は金額が大きくなると「京都」＝所司代の判断だけでは取り扱うことができず、老中に伺いを立てなければならなかったことが明らかになる。つまり、取替金に関する所司代の権限には一定の制約があり、すくなくとも五〇〇両程度の場合は老中の許可が必要だったのである。

小括

物価の高騰や米価の下落などの要因によって、宝暦―明和（一七五一―七二）年間における公家衆の窮乏は深刻なものであったが(12)、この時期の各御所の財政もまた、料地からの収入などだけでは苦しいものであったと思われる。

そのような状況の中、所司代は老中に伺うことなく自身の判断で用いることができる取替金をさまざまな局面で活用していた。とくに、老中に伺っても許可されないような要望に対してでさえ、所司代はこの取替金を用いることに

よって、柔軟に対応することができた。所司代は、朝幕間の無用の軋轢を緩和させる役割をより主体的に担っていたと考えられる。[13]

第二節　幕府の財政政策と所司代の権限の変化

一　取替金の変化に関する先行研究

所司代の判断によってある程度自由に扱われていた取替金であるが、安永（一七七二―八一）年間に入ると、その取り扱われ方も変わっていくことがすでに先行研究によって指摘されている。[14]その要点は序章でもふれたが、もう少し詳細に述べておこう。

宝暦（一七五一―六四）年間後半頃から取替金の額が大きく増し、所司代や禁裏付が禁裏や仙洞などの各御所に支出の抑制を申し入れるようになった。その後、安永元年の九月と十二月には、これまでとくに問題とされてこなかった取替金の返納方法をとつぜん所司代が問題視し、今後、取替金を要望する際には具体的な返納方法もともに申し入れるようにしてほしい、と武家伝奏に伝えている。

やがて、安永二年に口向役人不正事件が起きると、[15]幕府は同三年から六年における各御所の支出を詳細に調査した。そして、それが参考にされたうえで、同七年度から定高制が禁裏や仙洞などの各御所に導入されることになった。これは、取替金の年額に上限を設ける制度であり、これ以後、口向の年間予算は口向定高銀七四五貫目（禁裏料の物成などと取替金の合計）を上限とすること、奥は諸所からの献上金品などと奥定高金八〇〇両を合わせたものの範囲内で賄うことが求められるようになった。

しかし実際には、以後も口向の支出が定高を上回ることがしばしばあり、そのたびに臨時の取替金による補填が行われた。その結果、寛政三(一七九一)年分から、改正された定高制が禁裏に適用されるようになった。その内容は、享保年間以来の取替金の未返済分をすべて帳消しにしたうえで、以後、口向・奥ともに定高分の取替金は貸付けではなく、「進切」、すなわちすべて無償で禁裏に渡す、ただしその代わりに、基本的には、定高以上の金銭を臨時に渡すことはしない、というものであった(16)。

先行研究の要旨は以上のようなものである。しかし、安永元年に、なぜそれまではとくに問題とされてこなかった取替金の具体的な返済方法を、所司代がとつぜん問題視したのかといったことや、それと関連することであるが、取替金導入の背景などについては十分に明らかになっていない。また、定高制の導入が、これまで見てきたような取替金に関する所司代の権限や態度に与えた影響も検討されていない。

そこでここでは、取替金の取扱いに関する以上のような変化の背景を、幕政との関係に留意しながら見ていく。そのうえで、この変化が所司代の取替金に関する権限や態度にいかなる影響を及ぼしたのかについても考えてみたい。

二 明和八年の倹約令と取替金

さて、以上のような問題を考える際に示唆を与えてくれるのが、次に挙げる[史料七][史料八][史料九]である。

[史料七](明和八(一七七一)年四月十八日条)

一、去夏旱魃ニ付、関東御料収納不足ニ付、此度倹約有之ニ付、当地之向々ハ不及申、御所向御修復等迄も御入用相減候様ニ取計候、右ニ付、此度定金高も被申付候得は、御取替等之儀、差支之程も難計儀ニ付、是迄御附申聞次第大炊頭(土井利里、所司代)了簡を以致取計来候得共、此度定候年限之内は、容易難致取計候、委細倹約之書付、此間御附を以差越書付之通之由、且又拝借被願、不依何事、年限之間ハ、仮令先例有之候共、容易ニ難及沙汰之心得ニ而取計候様ニと大炊頭より申来書付、摂政殿江申入、為心得石井(行忠、議奏)江入披見写留被返了

［史料八］（『御触書天明集成』一八三五号）[17]

去寅年夏中御料所旱損之国々多、御収納高格別相減、御勝手向御入用御不足ニ相成候ニ付、当卯年より五ヶ年之間、格別之御倹約被　仰出候ニ付、

一、諸拝借之儀、所司代幷大坂御城代は勿論、遠国奉行、諸小役人等御役被　仰付候節は、是迄御定之通拝借可被　仰付候、其外万石以上以下共、不依何事、拝借相願候とも、当卯年より五ヶ年之間は、容易ニ御沙汰ニ被及間敷候、尤去年は諸国一統旱損ニ付、銘々倹約を専ニ可被致事

但、公家衆、門跡方其外寺社等、江戸遠国ニ不限、拝借之儀は勿論、堂社御寄付等も五ヶ年之間は御沙汰ニ不被及筈ニ候事

四月

右之趣、向々え可被相達候

［史料九］（『御触書天明集成』一八三六号）

御勘定奉行・御勘定吟味役え

去寅夏中御料所旱損之国々多、御収納高格別相減、御勝手向御入用御遣方御不足ニ相成候付、当卯年より来ル未年迄五ヶ年之間、御倹約被　仰出候ニ付、諸向壱ヶ年之御入用御定高、左之通可被相心得候

金弐千両　　町奉行

（中略、船手など各部局の名称とそれに対応した金額が列挙されている）

禁裏御所方、堂上方幷

二条御米蔵とも
　銀弐百六拾五貫八百目余　　御修復御入用
　銀四拾貫百目余　　二条御城内外
　米七拾五石九斗余　　御修復御入用
（中略、材木方・賄方・西丸賄方など各部局の名称とそれに対応した金額が列挙されている）
右諸向御定金高ニて、壱ヶ年之御入用相済候様致勘弁、取計可申候、差支候儀も有之候ハヽ、翌年之金高繰越御入用ニ相立、其分は翌年御定内を相減候様可取計候、委細之儀は、御勘定奉行可被相談候
右之通、向々え申渡候間、可被得其意候
　　四月

［史料八］からわかるように、明和八年には五ヶ年の倹約令が出され、幕府から大名・寺社・公家衆などに対して五ヶ年の拝借金の制限が達せられている。また、［史料九］にあるように、倹約を狙いとして、「禁裏御所方・堂上方」の「御修復御入用」などに関して一ヶ年の予算（定高）も取り決められている。

さて、［史料七］の中で、所司代はこのような一連の支出抑制策を理由に挙げて、これまでは禁裏付から上申があり次第、自身の判断で取替金を出してきたが、今後は、すくなくとも五ヶ年の年限が来る安永四（一七七五）年までは、従来のように簡単に取り計らうことはできないと武家伝奏に申し入れている。すなわち、幕府の出した倹約令に則って、以後、取替金に対する自分の態度が厳しくなることを、所司代があらかじめ宣言しているのである。

それでは次に、これら［史料七］［史料八］［史料九］が出された後の取替金に対する所司代の態度の変化を見ていこう。直後の明和八年六月十八日条の記事には、禁裏の奥に取替金を渡してほしい、という武家伝奏からの伺いに対する所司代の回答が載せられている。この中で、所司代土井大炊頭利里は「御内儀御用御取替金、此節之事故、訳無

之唯御不足と計ニ而ハ難相調旨大炊頭申之」と武家伝奏に回答している。また、同年六月二十八日条の記事の中で、所司代は「当時之儀故、是迄之通ニハ取計ヒ難致、両人より御入目之趣以書付可申聞之由大炊頭申之」と武家伝奏に要望している。すなわち、これまではとくに必要な理由を所司代の方に断らなくても取替金を出してきたが、今回は取替金が必要な理由などを記した書付を所司代の方に提出しなければ取り計らうことはできないと述べている。

さらに、前述したように奥野がすでに明らかにしていることではあるが、安永元(一七七二)年十二月二十一日条の記事などでは、所司代が今後、取替金を望む際には具体的な返納方法もともに申し入れるようにしてほしいと要望している(18)。

このように、明和八年の倹約令以後、取替金に対する所司代の態度は実際に硬直化していった。そのため、従来ほど簡単には、禁裏や仙洞などの各御所が取替金を受けることはできなくなった。

なお、前述した安永元年十二月二十一日条の記事の中で、所司代は「禁裏　女院　新女院御取替年々相嵩ニ付、去々年川井越前守在京候節以来、御賄方等之儀申談」と述べている。「川井越前守」とは、当時、幕府財政政策の中心にいたとされる勘定吟味役川井久敬のことであり(19)、彼は仙洞御所造営のために明和七(一七七〇)年に上京していた。この記事からは、川井が在京中に取替金の増大と各御所の「御賄方」の問題について所司代と相談していたことが明らかになる。

その詳細な内容は不明であるが、取替金の増大と禁裏・女院・新女院の「御賄方等之儀」を問題にしている以上、[史料七]で、取替金に対する自分の態度が今後は厳しくなることを所司代が武家伝奏に宣言していることと明らかに関係していると思われる。すなわち、明和七年の時点で、幕府はすでに取替金の増大を問題視していたと考えられる。

三　幕府財政政策と定高制

これまで、明和八（一七七一）年に幕府から出された倹約令をきっかけにして、取替金に対する所司代の態度が厳しくなったことを明らかにしてきた。それでは、この倹約令は、どのような背景のもとで出されたものであったのだろうか。

大石慎三郎によると、宝暦―天明（一七五一―八九）年間、幕府は、町奉行や作事方、船手などといった各部局[20]に対して、年間支出を一定の金額（＝定高）に定めたうえで、その中でのやり繰りを取り決め、支出を抑えようとした。当時の幕府財政は、享保（一七一六―三六）年間以来の年貢増収策がすでに限界まで達しており、収支の均衡を図るためには、どうしても支出を減少させる必要があった。そのため、このような倹約令が、寛延三（一七五〇）年から、宝暦五年・明和八年［史料九］・安永七（一七七八）年とつづけて出された。とくに明和八年のそれについては、米収支の連続的赤字・金収入の大幅減少・支出の大幅増大・年貢率の凋落などといった「最悪の状況」を受けて出されたものであったと大石は指摘している[21]。

つまり、幕府が幕政全般において緊縮財政政策を推し進めていったため、取替金もまたその影響から逃れることはできず、その結果、取替金に対する所司代の態度も硬直化していったのである。

さて、前述したように明和八年の幕府各部局に対する定高制導入は五年間の年限付きであった。そのため、安永四年にはいったん解除となった。しかし、同年には次のように命じられている。

［史料一〇］（『御触書天明集成』一八四一号）

御勘定奉行・御勘定吟味役え

去卯年より五ヶ年之間、諸向御入用御定高被　仰出、当未年迄ニて年限ニ相成候ニ付、去午年迄四ヶ年分向々御入用増減之儀相糺候処（中略）来申年より之儀は、諸向共猶卯年之御定高を相守、向々より断下ヶ候分も償

方勘弁致し、可成丈翌年之繰越等不致様可被取計候、尤是迄減も有之候分は弥御定高内ニて相済候様猶可被心附候

閏十二月

右之通、御定高有之向々え申渡候間、可被得其意候

今後もこれまでと同様に定高を遵守するように、と命じられている。すなわち、明和八年の定高制が年限を迎えた後も、定高による支出の抑制は依然生きていたことが、この史料から明らかになる。

その後、「安永四年にそれまでの予算執行状況を子細に検討した」[22]幕府によって、安永七（一七七八）年には、次のように定高が取り決められている。

［史料一二］（『御触書天明集成』一八四三号）

御勘定奉行・御勘定吟味役え

諸向壱ヶ年御定高、去ル卯年申渡候内、年々右御定高ニては不足之趣ニ付、其分此度夫々相増、以来御定高左之通、

一、金壱万弐千両　払方御納戸

（中略、賄方、西丸賄方など各部局の名称とそれに対応した金額が列挙されている）

右之金高を以、壱ヶ年御用相弁候積り取計、繰越之儀不申立様可相心得候、尤委細之儀は、御勘定奉行可相談候

右之通、向々え申渡候間、可被得其意候

明和八年に取り決められた定高で不足をきたしている部局に対しては、あらたに増額された定高が取り決め直され、以前と同様にその範囲内でやり繰りをするように定められている。

この［史料一二］の対象には、京都は含まれていない。しかし、奥野によると、安永三年以来の調査の結果を受け

て定高制が各御所に導入されたのも同年度（安永七年度）からであり、[23]この一致は偶然のものではないと考えられる。つまり、明和八年の場合と同じように、定高制の各御所への導入は、幕府の緊縮財政政策に則ったものであったといえよう。

なお、大石によると、この一連の緊縮財政政策によって、寛延三（一七五〇）年には二万四六〇〇両あった将軍や幕府の奥向などに関する一般支出は、明和八年には一万五〇〇〇両にまで削減されている。[24]定高制の各御所への導入は取替金に上限を設け、朝廷関係の支出の増大を抑えようとしたものではあったが、この大石の指摘を踏まえれば、幕府は朝廷にだけとくに厳しい姿勢をみせたわけではなかったことがわかる。

すなわち、明和八年に始まり安永七年度の定高制導入に至るまでつづく、一連の取替金に関する制限は、あくまで幕府が当時、幕政全般において推し進めていた財政政策の枠組みのもとで行われたものに過ぎないのである。

最後に、この定高制の導入以後、取替金に対する所司代の権限がどのようなものになったのかについてもふれておこう。

前述したように、寛政（一七八九―一八〇一）年間に定高制の改正が行われ、定高分の取替金は「進切」、すなわち、幕府から禁裏に無償で渡されることになった。次の史料は、この改正に際して、寛政五年十二月十三日に所司代堀田相模守正順から京都町奉行に宛てられた達書の一部である。

［史料一二］（「御所々御入用筋書抜」第三之上巻、禁裏御賄御入用等之部）

（前略）是迄右

三御所共御入用御定高内御取替金銀は所司代証文を以相渡来候得共、以来年々御賄御入用御定高被進切ニ相成候付、是迄御取替相成候金銀渡方共違、是迄臨時被進金銀之儀は年寄衆証文ニ候得は（後略）

史料中の「三御所」とは禁裏・仙洞・女院のことである。さて、この史料から、改正される前の定高制においては、定高内の取替金は所司代の証文で、定高外の臨時の進上金は老中の証文で出すことになっていたことが明らかになる。つまり、定高外の金銀を各御所に渡す際には、老中の許可が必要とされたのである。

小括

明和八（一七七一）年以前は禁裏や仙洞などの各御所が取替金を要望する際、必要な理由や具体的な返納方法を記した書付を所司代に出す必要はかならずしもなかったが、同年の倹約令をきっかけにして、こうした書付を提出しなければならなくなった。つまり、以前ほど簡単には、所司代が取替金を用いることはできなくなったのである。このような取替金に関する制限はだんだんと厳しくなっていき、やがて安永七（一七七八）年度からは各御所に定高制が導入され、取替金の年額に上限が定められることになった。

ただし、大石が指摘するように、この時期、幕府は将軍や奥向などに関する一般支出を大幅に抑制するような厳しい緊縮財政政策をひろく推し進めていた。したがって、明和八年に始まる取替金に関する一連の制限は、あくまで、こうした幕政全般において推し進められていた緊縮財政政策の枠組みのもので行われたのに過ぎないと考えられる。とくに朝廷の財政だけを厳しく統制しようとしたものではなかったのである。

しかし、以上のような一連の制限は取替金に関する所司代の権限を定高の範囲内に限定するものではあったため、結果的には所司代の権限もが縮小することになった。

おわりに

本章で明らかにしたように、所司代は、一度に貸し付けることができる金額に上限はあるものの、自身の判断で取り計らうことができる取替金を活用することによって、老中に伺うことが難しいような、あるいは伺っていると時間がかかってしまうような禁裏からの要望にも応えることができた。

この取替金を用いることによって所司代は、各御所や公家衆からのさまざまな経済的要望に柔軟に対応することができた。つまり、この時期における所司代は、朝幕間の調整役とも言えるような役割をより主体的に果たし、朝幕間の無用な軋轢を緩和させていたと思われる。

しかし、その後、明和八(一七七一)年の倹約令を背景として、取替金に関する所司代の権限はさまざまな制限を受けるようになった。そして、ついには安永七(一七七八)年度の定高制導入によって、取替金に上限が定められた。このような取替金に関する制限や、それに代表されるような幕府の態度の硬直化は、当時、幕政全般において推し進められていた財政政策によるものであり、禁裏に対してだけとくに厳しい制限を加えたわけではなかったが、保証や支援のあり様を変化させるものではあった。このような変化が、当該期の朝幕関係にどのような影響を与えたのか、次章で検討してみたい。

(1) 大屋敷佳子「幕藩制国家における武家伝奏の機能（一）」(『論集きんせい』七、一九八二年)。

(2) 所司代に関する研究としては、伊藤真昭『京都の寺社と豊臣政権』(法藏館、二〇〇三年)や、藤井讓治「徳川政権成立期の京都所司代」(森杉夫先生退官記念論文集『政治経済の史的研究』巌南堂、一九八三年)、田中暁龍「天和・貞享期の京都所司代勤方心得とその変容」「京都所司代土屋政直と貞享期の朝幕関係」(『近世前期朝幕関係の研究』吉川弘文館、二〇一一年、初出はそれぞれ、「京都所司代就任時の勤方心得とその変容」『日本歴史』七三五、二〇〇九年、「貞享期の朝幕関係」『桜美林論考　人文研究』創刊号、二〇一〇年)、小倉宗『江戸幕府上方支配機構の研究』(塙書房、二〇一一年)、菅良樹『近世京都・大坂の幕府支配機構』(清文堂出版、二〇一四年)などがあり、近年研究の蓄積が増えつつあるが、朝廷関係の職務に重点を置いているのは田中の研究だけであり、なお十全とはいいがたい。

（3）なお、史料編纂所編『広橋兼胤公武御用日記』（一―一二巻、東京大学出版会、一九九〇―二〇一三年）が刊行されている分（寛延三（一七五〇）年六月―宝暦十二（一七六二）年九月）に関しては、これを用いた。

（4）緋宮は宝暦十二年七月二十七日に践祚し、翌年十一月二十七日に即位した。なお、「御跡仕舞」の費用とは、践祚・即位そのものに要する費用を指すのではなく、たとえば緋宮が宮でなくなることによって生じる支出など「後始末」的な費用のことを指すと考えられる。

（5）奥野高廣『皇室御経済史の研究　後篇』（中央公論社、一九四四年）、四四〇―四五二頁、日柳彦九郎「徳川時代の記録に現れたる皇室費（一）（二）（三）」（『山口商学雑誌四―六、一九二七年）。なお、前述したように、取替金は大名や寺社などに対しても用いられるものであったが、本書ではとくに注記がない場合、朝廷に対するものを指す。

（6）おもな職務は院の守護であり、地下官人が勤めた（下橋敬長述・羽倉敬尚註『幕末の宮廷』平凡社、一九七九年、一九二頁）。

（7）史料上では「取次」あるいは「執次」と表記される。前述したように、口向に勤仕する口向役人の一種であり、禁裏付を補佐した（前掲奥野著、三四二―三四八頁）。

（8）禁裏が普請を行ったことにしたのか、それとも准后が行ったことにしたのかは不明。

（9）御所に対する取替金活用の事例を、もうひとつ挙げよう（『広橋兼胤公武御用日記　六』、一〇七・一〇八・一一〇・一二八頁）。

（宝暦五年十月十四日条）

一、女御御料元文度入　内之年ハ、御収納無之ニ付、取次共取計、武辺江中立、三百両前借ニ取替有之候由、今度も此通取次共より可申立□□（虫損、候、此カ）通ニ而ハ不足御難渋被成候間、別ニ二百両取替有之候様ニ被成度候、此旨御附へ令内談、領掌候ハヽ、其上表向取次共より可申立候由、関白殿被仰聞了、謁御附、此趣示含了、御附申云、尚追而可申之由也

（同年十月十六日条）

一、御附申、此間申談　女御江御取替金之事、　禁裏御台所ハ一切難相成候、乍然格別之御入用御手支ニ成候而ハ気毒ニ存候間、　禁裏御台所之御取替ニいたし、　関東より出候様ニ讃岐守（酒井忠用、所司代）へ可申談存候（後略）

（同年十一月四日条）

一、御附申、先達而関白殿より御願、　女御御台所へ弐百両御取替之事、讃岐守へ申聞候処、於讃岐守方は難相調段申ニ付、小堀數馬（邦直、京都代官）へ申付、へ申付、利付之銀十貫目御取替相調候間、　女御之取次へ可申達存之由示了長橋よりも右之趣、御附より申入候、被承知之由可被申出哉之由以周防相談、其通被申出尤之由答了

女御の賄料が不足しているので、元文（一七三六―四一）年間の先例に倣って金三〇〇両を、またそれとは別に金二〇〇両を貸与してほしい、と武家伝奏が要望している。その後、この二〇〇両を禁裏の口向から直接出すことは難しいので、同所への取替金ということにして、そこから女御に渡すことが決定されている。

つまりこの事例においては、禁裏への取替金という名目で出された金銭を、実際には女御への取替金に用いているのである。

(10) 前掲大屋敷論文。

(11) なお、宝暦三年十二月二十八日には、所司代の「心得」で、少禄の公家衆に拝借金の貸与を行うことが決定されている（『広橋兼胤公武御用日記　四』、一七八・一七九頁）。この拝借金の元手は明記されていないが、取替金とは別の金銭を用いた、所司代の判断による拝借金があったのかもしれない。

(12) 高埜利彦『近世の朝廷と宗教』（吉川弘文館、二〇一四年）、六六―六八頁。

(13) 取替金に関するものではないが、次に挙げる宝暦十二年九月二十七日条の記事からも、禁裏からの要望に対して所司代が柔軟に対応している様子が見て取れる（『広橋兼胤公武御用日記　十一』、三二四・三二五頁）。

なお、この史料は般舟院への祠堂金（同年七月十二日に桃園天皇病没）要望に対して、所司代阿部伊予守正右が禁裏付田付筑後守景林を通して返答しているものである。

一、筑後守申、般舟院御祠（「堂」脱）金願之事、御四代中絶も有之候間、此願御取上ニ而御沙汰有之候而ハ、難相調候、此願ハ被差返、　当今之　思召ニ而此度ハ祠堂金被納度候ハヽ、又如何様共取計方可有之由、伊予守申之由也、以周防此旨三位局へ申入、　当今之思召ニ而被納候様宜取計被申出了

すなわち、ただ祠堂金を要望するだけでは取り上げることはできない、と所司代はいったん要望を差し戻している。しかし、そのうえで、今回は後桜町天皇の思召しであるので祠堂金を納めたい、というように願いの名目を変更してもらえれば、どのようにでも取り計らえると述べている。禁裏からの要望に対して、所司代が配慮を加え、要望の名目に修正を加えさせていることがわかる。

(14) 前掲奥野著、四四〇―四五三頁。
(15) ここでは、簡単にその概要を述べるにとどめたい。不正を働いていた口向役人に対して、安永二・三年に、京都町奉行らの取調べが行われた。その結果、多くの口向役人が処罰され、賄頭や勘使の一部には幕臣が任命されることになった。さらに、出納の監査を職務とする京都入用取調役の新設も行われた（前掲奥野著、四四五―四四九頁、平井誠二「江戸時代の公家の流罪について」（『大倉山論集』二九、一九九一年）。くわしくは第Ⅰ部第二章・三章で検討する。
(16) 金額に多寡はあるが、仙洞などほかの御所に対しても、同様の取決めがなされた（前掲奥野著、五七九頁など）。
(17) 高柳真三・石井良助編、岩波書店、一九三六年。
(18) 前掲奥野著、四四四頁。
(19) 山田忠雄「天明期幕政の新段階」（『講座日本近世史　五』有斐閣、一九八八年）、二〇頁。
(20) たとえば明和八年に定高が決められた「部局」は、町奉行、船手、大坂船手、元払納戸、西丸納戸、賄方、西丸賄方、作事方、材木方などである。
(21) 大石慎三郎「宝暦・天明期の幕政」（『岩波講座日本歴史11　近世三』岩波書店、一九七六年）、一五八―一六一頁。ただし、以上の点は単年度収支におけるものであり、それに限らない幕府の財力全体という意味では、明和七年の時点で、江戸城の奥御金蔵や大坂の金蔵には、三〇〇万両もの金銀が貯えられており、非常に豊かな備蓄金が存在した時期でもあった（藤田覚『日本近世の歴史4　田沼時代』吉川弘文館、二〇一二年、六二―六四頁）。
(22) 前掲大石論文、一六二頁。
(23) 前掲奥野著、四四九頁。
(24) 前掲大石論文、一六二頁。

第二章　享保―寛政期の朝廷財政と朝幕関係

はじめに

本章ではまず、第一章の成果も援用しながら、近世中期における幕府から禁裏への財政保証や支援のあり様とその変化の過程を追いかける。そのうえで、そのような変化を生じさせた幕府の意図をより具体的に明らかにしていく。

序章や第一章で述べたように、取替金の恒常化が始まった享保(一七一六―三六)年間、定高制の導入・改正が行われた安永(一七七二―八一)・寛政(一七八九―一八〇一)年間が、保証や支援の画期といえる。しかし、この間の保証や支援のあり様には、いまだ不明な点が多い。具体的にいえば、取替金については、財源など基礎的な事実に未解明の部分が残る。また、定高制にしても、導入・改正の経緯やその周辺(くわしくは後述するが、当該期には、人事の変化やさまざまな規定の作成・改正などが行われていた)には、未検討の部分が多い。

これらも含めて、近世中期の保証や支援のあり様とその変化の過程、および背景にある幕府の意図を、幕政の動向と関連付けながら、究明していく必要がある。そのうえで、保証や支援の面から見て、当該期の朝幕関係の実態がいかなるものであったのかも考えてみたい。また、その過程で、この時期における幕政の特徴についても見ていくことになる。

第一節　取替金の活用（享保—明和八年）

一　取替金の性格

支出の増大によって、不足が生じるようになった禁裏に対して、幕府は「御取替金」と呼ばれる無利子の貸付けを行った。それが恒常化したのが、享保（一七一六—三六）年間であったという[1]。本節では、禁裏に対するきわめて大きな財政支援であった、この取替金の実態について、第一章の成果を援用しながら見ていく。

奥野は取替金の初見を「基量卿記」（宮内庁書陵部所蔵）貞享三（一六八六）年五月十三日条の記事「伝奏被申云、自大樹御所、御不足銀黄金四千両、中宮御所千両、女一宮御婚礼為御用意、白銀百貫目被献上由也」などを引いて、同年としている[2]。

しかし、これは貸付けではなく、「献上」すなわち無償での提供であり、取替金の初見とはいえない。享保（一七一六—三六）年間以前においても取替金はあったのやもしれないが、「御所々御入用筋書抜」第五巻、御所々御内并女中人数等之儀に書き留められた、寛政三（一七九一）年十一月付京都町奉行宛所司代達書において老中は、「享保年中始而御取替之儀被　仰出」との認識を示し、寛政四（一七九二）年十二月十八日付で老中からの申渡しを所司代が禁裏付らに伝えている達書（「御所々御入用筋書抜」第三之上巻、禁裏御賄御入用等之部）には、同じく「御物成ニ而は御不足ニ付、享保之比より御取替之儀被　仰出」との老中の認識を示す記載がある。これらから、すくなくとも、取替金が恒常化したのは、享保年間からであるといってよいだろう。

さらにいえばおそらくは、享保の改革によって、幕府財政が一定程度回復し、多少の余裕が生まれた享保年間後半頃に、禁裏に対する保証や支援の見直しがなされ、取替金の恒常化が行われたのではないかと考えられる。

さて、このような淵源をもつ取替金は、第一章でみたように、一度に貸し付けることができる金額に上限はあるものの、基本的には老中に伺うことなく、所司代の判断で活用できた。その柔軟な特性のため、さまざまな局面でかなり自由に使われた。具体的には、老中に伺うことが難しいような案件や、老中と掛け合っていると時間がかかり、面倒が生じるような際、あるいは口向から表立って賄うことが難しいような場合などに所司代の判断で活用された。さらに、これも前章で明らかにしたことであるが、場合によっては、公家個人の拝借金にも用いられた。

二　財　源

以上のように、さまざまな局面で取替金は用いられていた。しかし、その背景となる財源は未詳であり、究明していく必要がある。

まずは、『広橋兼胤公武御用日記　六』宝暦五（一七五五）年十一月四日条[3]の記事に注目したい。全体の内容は桃園天皇女御（一条富子）への取替金に関するものであるが、そこには「弐百両御取替之事（中略）小堀数馬（邦直、京都代官）へ申付、利付之銀十貫目御取替相調候間」との記述がある。京都代官が取り扱っていた貸付金の利息（「利付之銀」）のうちから、取替金が捻出されており、京都代官取扱いの貸付金の利息が取替金の財源のひとつであったことがわかる。また、同じように、京都町奉行取扱いの貸付金の利息も財源のひとつであった可能性がある[4]。

つぎに、武家伝奏油小路隆前の公用日記「油小路隆前卿伝奏記」（宮内庁書陵部所蔵）の天明七（一七八七）年一月六日条の記事をみよう。

［史料一］

一、附武申、　仙洞ヨリ去巳年中、七社七ヶ寺御祈、毎月七ヶ日被　仰付候ニ付、被下物之事去々年冬中達、七社七ヶ寺江銀五枚ツヽ、都合七拾枚、小堀数馬諸渡銀之内ヲ以御取替被進候（後略）

「七社七ヶ寺」への下賜物銀七〇枚が京都代官預諸渡銀⑤のうちから取替金として出されている。京都代官が管理していたこの金銀も、取替金の財源のひとつであったことが明らかになる。このほか、京都代官が管理していた「除料」から徴収された物成の溜金銀も財源であった⑥。

以上から、取替金の財源としては、京都代官取扱いの貸付金の利息、京都代官が管理していた除料から徴収された物成の溜金銀、および京都代官管理の京都代官預諸渡銀が想定しうる⑦。つまり、所司代が自身の判断で取替金を活用できたのは、それだけの財源を確保することができる、京都代官をはじめとした幕府の在京部局があってこそだったと考えられる⑧。

なお、勘定所は、これら財源のすべてを把握できていたわけではなかった。

[史料一二]（「向山誠斎雑記及雑綴」（「癸卯雑記　八」））⑨

宝暦三酉年九月十三日、相模守殿（堀田正亮、老中）江上ル

御金銀有高之覚

江戸

一、金五十七万七千三百九十三両余　酉八月廿九日　有高

（中略）

大坂

一、金四十八万八千四百七十両余　酉八月廿九日　有高

（中略）

二条

一、金壱万六千五百両　御城内ニ有之分

右之外、御旧料物成金之儀ハ所司代御取計ニ御座候間、渡方・有高等、此方ニ而相知不申候

（後略）

この史料は、宝暦三（一七五三）年九月付で老中に上げられたものである。その全体の内容は、江戸・大坂・二条・駿府・甲府に貯め置かれていた金銀の額などの書上げであるが、傍線部から、次の二点が明らかになる。

① 二条城内には金一万六五〇〇両ほどが貯蓄されていたが、それとは別に、「御旧料物成金」、すなわち除料から徴収された物成の溜金銀もあった。

② この分は所司代の管轄であり、貯蓄高などを勘定所の方で把握することはなかった（＝「御旧料物成金之儀ハ―渡方・有高等、此方ニ而相知不申候」[10]）。

つまり、すくなくとも宝暦三年の時点では、勘定所は、二条城内にあった除料から徴収された物成の溜金銀について、その貯蓄額など詳細を把握していなかった（あるいはできなかった）。後述するように、口向役人不正事件を機に、勘定奉行支配で出納の監査を職務としたという京都入用取調役[11]が新設され、口向の実務上級職（賄頭・勘使）の多くも勘定所系列の幕臣が占めるようになった。それによって、間接的にではあろうが、この分の把握も一定程度は可能になったと思われる。

小　括

第一章でみたように、取替金は、上限はあるものの、老中に伺うことなく所司代が自身の判断で用いることができた。所司代は、この取替金を用いることによって、老中に伺うことが難しいような、あるいは口向から表立って賄うことができないような禁裏からの要望に対してでさえ、自身の判断で対応することができた[12]。その背景には、京都代官らによって確保されていたいくつかの財源があった。

つまり、取替金の積極的な活用とそれを裏付ける財源の設定は、禁裏からの経済的要望へのより柔軟な対応を可能にしていた。取替金、そしてそれを柔軟に活用する所司代は朝幕間の無用な軋轢を減じさせ、両者の関係をとくに安定させる役割を担っていたと考えられる。

第二節　勘定所と禁裏財政（明和八年—安永七年）

一　取替金の増大と諸制限

宝暦（一七五一—六四）年間後半から明和（一七六四—七二）年間にかけて、取替金の増大が目立つようになった[13]。安永六（一七七七）年十二月付武家伝奏宛所司代書付（「御所々御入用筋書抜」第三之上巻、禁裏御賄御入用等之部）には、「当時、御所数も多、別而近来奥為御取替物、御手張ニ相成候趣付、前書御定高相極候」とあり、とくに奥に対する取替金が増大していたという。このような口向・奥に対する取替金増大の原因は明確にはわからないが、人員（非蔵人など）の拡大[14]や御所数の多さといった点が関係していたと思われる。さらに、文政（一八一八—三〇）年間前半における支出増大の一因が、奥からの下賜物などの華美化であったことを考慮に入れれば[15]、この時期にも同様の傾向が見られた可能性がある。

こうした状況を受けて、取替金に制限が加えられるようになった。以下、その過程を具体的に見ていこう[16]。

明和八（一七七一）年四月、経費削減と拝借金の制限を命じた五ヶ年の倹約令が出た。また、同じ時期に、年間支出に上限を設ける定高制の導入が幕府の各役所に対して行われた（寛延三（一七五〇）年から断続的に行われていた）。これらを契機に、以後、これまでのように簡単には、取替金を用いることはできなくなると所司代が宣言するなど、禁裏に対する取替金もさまざまな制限を受けるようになった。この明和八年の前年の七年に、当時の幕府財政政策の中心にいたとされる[17]勘定吟味役川井久敬が、京都に仙洞御所造営奉行として派遣され、禁裏や女院などの「賄方」に関して、所司代らと相談を行っており、その際に、取替金の制限についても話し合われたと考えられる。[18]

二　口向役人不正事件

この後、安永二（一七七三）年から三年にかけて口向役人不正事件が起きた。前述したとおり、口向とは禁裏の勘定方ともいうべき部署であり、旗本から任命された禁裏付が統括した。禁裏付の下には、賄頭や勘使といった口向役人がおり、物品購入や事務手続きなどの諸務を担っていたという。[19]口向役人不正事件とは、この口向役人の不正を幕府が摘発した事件である。まずは先行研究をもとに、その概要をより詳細に述べよう。

安永二年十月、事前に関白・武家伝奏らの了承を得たうえで、京都町奉行所が不正を働いていた口向役人の一部を呼び出し、吟味を行った。その後、三〇名あまりもの口向役人の解官が朝廷の手で行われ、最終的には、幕府によって、賄頭・勘使ら四名が死罪、仙洞の勘使ら五名が遠島に処せられ、そのほか御用達らも含めた多くの者が処罰された。また、京都代官小堀邦直も処罰を受けた。[20]

事件の概要は以上のようなものであるが、死罪などに処せられた賄頭ら口向役人の罪状は、所司代から武家伝奏に渡された書付に、「御所御料御物成幷御取替被進候米銀之内、御附之者江も不申聞、私之相対を以、為致拝借、御用ニ無之品々帳面ニ記（中略）御払銀之内を掠取、致配分候付、御用之品々麁末ニいたし、奥・表江渡物等甚不埒之取計有之、　御所向を相掠候儀共」（「兼胤記」安永三年八月二十六日条）などとあるように、帳簿の不正操作などであった。

また、三井家の京両替店より出された、この事件に関する「京都聞書」（安永三年十月付）には、京都町奉行から「飯室左衛門」の倅「飯室弁蔵」への申渡しが書き留められている。[21]くわしくは次章で述べるが、その中で、京都町奉行は、口向役人が日記類などにおいて、幕府に対して「恐多」い書き方をした（詳細不明）、あるいは幕府からの指図は受けられないなどといい、所司代や禁裏付を蔑ろにしたなどと述べている。

これらを申し立てなかったことや、口向の「不取締之儀」について、賄頭らの取計いに従うままであったこと、町人からの賄賂や帳簿を不正に操作していたことなどが、父親の処罰理由であるとしている。

このふたつの史料からは、禁裏付による統括がうまくいかず、口向役人が種々の不正を働いていたことなどが問題であったことがわかる。また、事実かどうかはなお検討の余地が残るが、「京都聞書」の記述からは、幕府からの指示は受けたくないという雰囲気が口向に漂っていたことも窺われよう。

さて、この事件後、賄頭の定員は一名とされ、幕臣坂野高孝が充てられた。さらに勘使のうち二名も幕臣が任命され、以後、賄頭と、勘使のうち上座の二名（定員四名程度）は幕臣が任ぜられることになった[22]。また、この際、口向役人らに職務の心得などさまざまな注意が与えられたほか[23]、京都町奉行や禁裏付らによって構成された、禁裏財政に関する所司代の諮問機関である御所向取締掛や、勘定奉行支配の京都入用取調役も新設された[24]。さらに、後述するような、諸規定の作成・改正も行われ、状況が落ち着くまでの措置として、勘定組頭益田新助が上京することも決められた（安永三年九月二十四日付御所向取締掛宛所司代達書（「御所々御入用筋書抜」第一巻、御取締掛勤方大意其外之部））。

この事件についても、明和七（一七七〇）年に川井と所司代の間で話し合われていたと思われるが、とくに重要な点として、新任の賄頭坂野の前職が支配勘定（後職は勘定）であり、勘使二名も勘定所系列の者であったことを挙げたい[25]。つまり、この人事によって、口向の実務を担う役職のうち上級の多くを勘定所系列の幕臣が占めることになったのである。

不正事件の前、賄頭は、幕臣から一名、地下官人[26]らから一名の定員二名であったというが（「兼胤記」安永三年四月六日条）、「雲上明鑑」や「雲上明覧」などによると、実際には、地下官人らのみが勤めることも間々あったようである。[27]一方、勘使は、幕臣ではなく、地下官人らが任ぜられていた。[28]
　ところが、この事件の結果、勘定所系列の幕臣によって、賄頭は独占された。勘使についても、事件後は幕臣が半数（定員四名程度）、しかも上座の二名を占めるようになった。このような傾向は、基本的にはこの時だけではなく、以後もつづいたと考えられる。[29]
　元文―明和（一七三六―七二）年間にかけて長崎では、地下役人を把握・統制するためのさまざまな取決めの作成や、勘定役人の長崎奉行所常駐、勘定奉行の長崎奉行兼任など、多様な改革が行われ、勘定所の影響力が飛躍的に強まった。[30]後述する諸規定の作成・改正も含めて、口向役人不正事件を契機とした一連の動きと、長崎における動向とには類似する点が多く見られる。この時期における幕府の政策の一環として理解できよう。
　つまり、幕府は、比較的緩やかな状態にあった長崎や朝廷の財政に対する勘定所の監督を以前と比べて飛躍的に強め、より積極的に「江戸」（老中・勘定奉行）から制御しようとしたものと考えられる。その意味で、老中・勘定所は、口向役人不正事件を幕府役人（勘定役人）の手があまり及ばない禁裏財政に切り込む契機として扱ったものと思われる。

三　諸規定の作成・改正

不正事件前後、とくに後には、多くの規定が作成・改正された。具体的には、以下のようなものである。

①　人件費などに関する規定。一例として、[史料三]を挙げる。この史料は安永五（一七七六）年正月に所司代から御所向取締掛に渡されたものである。

[史料三]（「御所々御入用筋書抜」第一巻、御取締掛勤方大意其外之部）

（前略）禁裏其外

御所々御内之者新規被　召出、或は御加増被下候儀、且寺院江御寄附物被　仰出候節、其外前々御用被　仰付来候者之外、絵師幷祈願者等江新規御用被　仰付候類は、前以自分江可被申聞候、尤右体之儀、女中向・堂上方より吹挙等無之様、向々江被達置候様、伝　奏衆江相達候間、可被得其意候

「御内之者」つまり口向役人らの新規召出しや加増、新規の絵師らへの「御用」に関しては、事前に所司代まで届けるように、また、その際、奥の女官らや堂上公家衆からの推挙があってはならないとの内容である。

ここから、口向役人らの新規召出しなどについて、奥や堂上公家衆の関与を禁じ、事前に所司代の了解を得るようにしたことが明らかになる。[31]

②　禁裏付が把握していなかった、賄頭や勘使らの判断による公家衆に対する合力米の先借りや拝借金、物品の調達などの禁止。ここでは、物品の調達の禁止に関する具体例として、安永五年三月付付武家宛所司代達書を挙げよう。[32]

[史料四]（「御所々御入用筋書抜」第三之上巻、禁裏御賄御入用等之部）

（前略）

一、御進物・御道具類・呉服物・被下物等之類、奥向より被
仰出、無拠相増候旨、毎度御入用掛り之者申立候、右之類、取次・御賄頭等承知ニ而取計、各江不申達、調進致来候儀と相聞候、右体奥向其外共例年・例月無之品は少分之儀ニ而も取次・（「御」脱カ）賄頭等之心得ニ而は難取計旨、先々江相違、新規調進之類は其節各江申出候ハ、、取次・御賄頭等江申渡、本途直段又は吟味直段を以御入用銀高相極、其上ニ而可被申聞候

（後略）

要約すると、次のようになる。奥から出される要望によって、下賜物などの調達費用が増している。これらは、

「各」つまり禁裏付などに断らず、取次・賄頭らが自身の判断で取り計らい、調達してきたとのこと（＝「御進物・御道具類―と相聞候」）。しかし、今後は、支出が増大するような定例外の品に関しては、たとえ微少のものであっても、賄頭らだけの判断で取り揃えてはならない（＝「右体奥向―ニ而は難取計」）。

内容は以上のようなものである。ここから、以前は、禁裏付などにはなにも知らせず、取次・賄頭らの判断で下賜品などを調達していたようであるが、支出が増えるような定例外の品に関しては以後、これを禁止したことがわかる。

③　御用達に関する規定の作成。不正事件で多くの御用達が罰せられたこともあってか（前述）、「安永三午年」以後に、各御所の御用達の定員規定作成などが行われた[33]。

以上のような諸規定の作成・改正は、長崎でも行われており[34]、当該期における幕府の政策の一環であったと考えられる。

四　定高制の導入と幕府財政

以上のような動向を前提に、安永七（一七七八）年度から定高制が導入され、取替金の年額に上限が設けられた。ただし、導入の契機となった不正事件の際には、一連の「取締」によって、禁裏が「不自由」しないようにせよとの注意が、再三再四老中から所司代らに伝えられていた。また、とくに「供御」といった天皇らの食事などについては、けっして粗末にならないように気をつけよ、との注意がくり返し老中から所司代らに達せられていた[35]。これらのことから明らかなように、幕府は禁裏に一定の配慮は払っていた。

さて、この定高制導入などの背景を、もう少しくわしく見てみよう。明和七（一七七〇）年に禁裏の「賄方」に関して、所司代と内談を行った勘定吟味役川井久敬は翌年二月に勘定奉行に昇進した[36]。そのような状況の中で、取替金の制限・口向役人不正事件・賄頭らに関する新人事などが行われた。川井は安永四年十月に没したが、前述したとおり、不正事件以後、禁裏財政に対する勘定所の影響力が飛躍的に拡大しており、安永七年度からの定高制導入などにもその影響が色濃く及んでいたと思われる。この時期の一連の動きに、勘定所は深く関わっていた。

それでは、川井らが活躍した、この時期の幕府財政はいかなるものであったのか。藤田覚によると、「宝暦期の好調期」を経て、「宝暦末年以降に財政状況が悪化しはじめ、安永期に一時的に持ち直したものの、天明期にはひどく悪化した」という[37]。

また、大石慎三郎によると、この時期、幕府は、町奉行や作事方、賄方などといった各部局の年間支出に一定の上限を定めたうえで(＝定高)、その中でのやり繰りを取り決め、支出を抑えようとした。これを命じた幕令は、寛延三(一七五〇)年から、宝暦五(一七五五)年・明和八年・安永七年と出されたが、明和八年のそれは、とくに米収支の連続的赤字・金収入の大幅減少などといった「最悪の状況」を受けてのものであった[38]。第一章でも述べたように、取替金に対する制限は、こうした幕令などの影響を受けてのものであり、禁裏への定高制導入などは、明らかに以上のような幕府の財政政策の一環であったと考えられる。

小　括

取替金に対する制限・口向役人不正事件・勘定所系列の幕臣の口向実務上級職就任・諸規定の作成や改正・定高制の導入など、この時期の一連の動きは、当時の幕政の動向と軌を一にし、勘定所の強い影響力のもとで行われたものであった。

つまり、幕府財政の悪化を背景に、それまでは所司代ら在京幕府役人や禁裏に大部分を任せていた禁裏財政の管理・運営に対して、幕政(財政政策など)の規定を一定程度適用し、支出の増大を抑えようとしたものであったと考えられる。

明和八年以降の幕府（老中・勘定奉行）の方針は、①在京幕府役人や禁裏に多くを任せていた禁裏財政の管理・運営に、勘定所の監督をより一層加えること、②在京幕府役人らのコントロール強化、および（それと関連することであるが）恣意性の排除にあったといえる。これらを通して、より積極的に「江戸」あるいは「関東表」（老中・勘定奉行）が禁裏財政を制御しようとしたものと考えられる。

こうした幕府の姿勢は、幕府財政全体が緊縮に努めていたことや長崎の事例を考えあわせれば、けっして禁裏財政だけをきびしく制限しようとしたものではなかったが、それまでと比較すれば、禁裏の経済的要望に対する幕府の態度は厳しくなったといえる。

ただし、その際、天皇らの食事を粗末にしてはならない、あるいは禁裏が「不自由」することがあってはならないと老中は再三再四、所司代らに注意もしていた。このことから明らかなように、幕府は天皇・朝廷があまりに「不自由」な状態に置かれないよう、つねに一定の配慮はしていた。

第三節　定高制導入による諸問題と同制度改正（安永七年―寛政年間）

一　定高制の実施状況

明和八（一七七一）年以後、取替金に対する制限が大幅に強化され、口向役人不正事件などを経て、安永七（一七七八）年度からは定高制という一定の枠組みが設けられた。その結果、宝暦―明和（一七五一―七二）年間に比べれば、取替金の頻度は減少したと思われる。しかし、それでもしばしば用いられてはおり（寺社への下賜物や月見の費用などに活用されていたことが確認できる）[39]、口向の支出は定高制を軸とした枠組み内には収まりきらなかった。

たとえば、武家伝奏久我信通の公用日記である「公武御用雑記」（宮内庁書陵部所蔵）には、

［史料五］（「公武御用雑記」安永十年五月二十一日条）

一、出雲守（久世広明、所司代）より申達趣、　禁裏御賄御入用之義、享保年中より無御拠御取替銀有之、夫より追々相増、去午年御所役人吟味之上、私欲筋相顕、仕置ニ相成候上、取締被仰付（中略）定高被　仰出、以来先々之御振合ニ立戻り、都而質素ニ相成、御取替セ物等御省略有之、御手軽ニ相成候様、去安永六酉年暮被　仰出候処、去子年御入用高、御大礼等御入用之分相除候而も御入用嵩之、午年以来追々被　仰出候御趣意ニ相振候哉ニ相聞（中略）御取締不相弛様心得候様奥女中向、其外向々江も得と御達可有之事

との記事がある。支出の増大に対して所司代が注意を促しており、はやくも口向の支出が定高を超過していたことが窺われる。実際、天明五（一七八五）年の口向の支出は五三貫目（「油小路隆前卿伝奏記」天明六年二月七日条）、六年は六二貫目あまり（同七年二月二十八日条）、七年は六三貫目ほど[40]定高を超過していた。奥野・日柳も指摘していることだが[41]、定高は実際には守られないことが多かった。

二　幕府の対応

以上のように、取替金の増大を抑えようとして導入された定高制は、一定の成果は上げたものの、遵守はされず、支出はかならずしも定高内には収まらなかった。これに対して幕府は、①前述した［史料五］のような支出増大に対する注意を行い、②他御所への禁裏の勘使（幕臣）派遣なども試みた。その後、松平定信が老中首座になると、③倹約令、④諸規定の作成や改正、⑤定高制改正などが実施された。以下、ひとつひとつ見ていこう（①は前述したので省略する）。

②　他御所への禁裏の勘使（幕臣）派遣。「公武御用雑記」安永十年八月二十七日条に、次のような記事がある。

［史料六］

一、同申（付武家）、大宮御所御入用多分之増方ニ付、江戸表より被遣候勘使買物使兼役之者之内壱人ツヽ、右御所江差遣、彼御所取次・勘定所・賄所等ニ而取扱候御用向見聞為致度由書付相達候委在御用帳、廿九日議奏江入披見候

幕府は、支出の増大が目立つ大宮御所に禁裏の勘使（幕臣）を派遣し、監査の手を入れようとした。しかし、大宮御所からは「立入難相成」と拒否された（同九月十七日条[42]）。

③　倹約令。各御所に対して倹約を求めた。

［史料七］（「油小路隆前卿伝奏記」天明七年八月二十四日、二十五日、十月五日条）

（八月二十四日条）

一、関東自当年至来酉年三ヶ年倹約、就夫御所方御入用方取締之事、因幡守（戸田忠寛、所司代）ヨリ申越切紙二通具在御用帳、殿下（鷹司輔平、関白）江入覧了、写二通上野ヲ以附長橋了、写二通以書中院伝江相達、御内儀江可被申入旨申遣了（後略）

（二十五日条）

一、関東三ヶ年倹約幷御所方取締等書付、為心得万里小路（政房、議奏）江入披見、相役中江も可被為見申含了

一、右取締之事、御常用一々申子細候様ニてハ甚御不自由之段被恐入候、何卒返答之勘弁可有之、関白殿被命

（後略）

（十月五日条）

一、参殿下、去一日口向取扱方之儀所存書付可進被命候、右は万事御不自由ニ可被為在段甚々恐入候、口向御断申上候も御用脚不調故之事、無致方候か、三ヶ年之内右等之御用、御内儀取計候而も可有之哉之由、書付進入了控在別

幕府の三ヶ年倹約に伴って、各御所においても倹約を行うよう求める切紙が所司代から提出された。これに対して関白は、「御常用」＝定式の支出について、いちいち天皇に倹約を求めては、「不自由」を強いることになると難色を示している（傍線部）。倹約を求める幕府と朝廷の間で問題が生じていたことがわかる。

なお、ここで関白が難色を示していることからも推測されるように、幕府が朝廷に「御常用」のことにも及ぶような事細かな倹約（内容は不明であるが）を求めたのは、非常に久方ぶりのことだったのではないか。比較的、緩やかであった明和八（一七七一）年以前との落差が窺える。

④　諸規定の作成・改正。安永（一七七二―八一）年間につづいて、さまざまな規定の作成・改正が行われた。具体的には、非蔵人や女中の定員規定の作成や口向役人の定員規定の見直しなどであるが[43]、ここでは、二つほどそのほかの事例を挙げよう。

A　口向役人の隠居料に関して。「御所々御入用筋書抜」に書き留められた寛政三年十一月付京都町奉行宛所司代達書からは、次のような老中からの申渡しを所司代が禁裏付に伝えていたことがわかる。

［史料八］（「御所々御入用筋書抜」第五巻、御所々御内幷女中人数等之儀）

御所々御内之者退役或隠居相願、御宛行被下候節、前々より奥向ニ而凡取極被申出候仕来之儀（中略）追々御入用相増、御物成ニ而御取賄難相済候ニ付、享保年中始而御取替之儀被

仰出、其後次第ニ御手張ニ相成（中略）安永三午年御取締被

仰出候後も隠居・退役等之もの御宛行前々仕来之通、凡奥向ニ而取極被申出、隠居・退役之後も勤役之節之御宛行高其儘被下候類も有之、猶更不相当之儀ニ候、尤関東之御振合ニ而は、御抱入之もの退役之節は、直ニ御暇被下候儀ニ候得共、

御所向之儀は前々より御宛行被下来候儀相止候ハヽ、相歎候向も可有之ニ付、向後数十ヶ年精勤ニ而七拾歳以上

之もの江当勤同様御宛行被下候儀は格別、一役十ヶ年以上相勤、悴も相勤罷在候拾石取五拾歳以上ニ候ハヽ、三人扶持、九石以下侍分、右同様之振合ニ候ハヽ、弐人扶持、仕丁頭以下は壱人扶持、何も壱人五合扶持之積相定、一役十ヶ年以下之勤ニ而退役等願候もの、以来は御扶持不被下積被心得、是迄隠居・退役後、御宛行被下来候役柄之向は、其節々勤功之甲乙得と取調、可被相伺候（後略）

ここから、寛政三（一七九一）年十一月に、それまでは奥の判断で決めていた口向役人らの隠居料を、以後は奥の判断は取り止めにし、一定の規定に則って決定することが定められたことが明らかになる。また、その際、口向役人らと幕府の御家人である抱入の者が比較されていることも興味深い。

B　禁裏料の取箇について。寛政六年四月十四日付御所向取締掛宛所司代達書および同年八月九日付御所向取締掛宛所司代達書（ともに「御所々御入用筋書抜」第二巻、禁裏准后御料御取箇納払等之部）によると、寛政六年に所司代が、禁裏財政に関する自身の諮問機関である御所向取締掛に、次のようなことを伝えている。

これまで、禁裏料の取箇に関して京都代官から伺いがあった場合には、所司代が指図をしていた。しかし、今後は、京都代官の「吟味」に対して、御所向取締係が取調べを行い、それらを書付にし、所司代に差し出す。その後、所司代は「江戸表」（＝老中・勘定奉行）に伺い、そこからの指図に従うようにする。

これらに代表されるように、この時期にも諸規定の作成・改正が行われたが、[44] その狙いは安永（一七七二―八一）年間と同じく、勘定所による監督の強化や恣意性の排除にあったと思われる。

⑤　定高制の改正。奥野・日柳によると、寛政二年から朝廷では、幕府の求めに応じて厳しい倹約が実施され、その後、つづけて定高制改正が行われた。前述したとおり、その内容は、享保（一七一六―三六）年間以来累積している取替金の負債をすべて帳消しにしたうえで、以後、従来の定高の取替金分は貸付けではなく、「進切」すなわち、すべて無償で禁裏に渡す（口向定高銀七四五貫目・奥定高金八〇〇両をかならず提供する）、その代わりに、定高以上の金銭

を臨時に渡すことはしないというものであった。さらに、この時期には、臨時の支出の備えとして、備銀や荒年手当銀といった制度も設けられた㊺。

この改正された定高制とそれを支えた備銀などの諸制度（および④のような諸規定）は、以後の保証や支援の基本的な枠組みとなった㊻。つまり、この寛政（一七八九―一八〇一）年間半ばに、明和八（一七七一）年を境に見直された保証や支援の枠組みの再整備が完了したといえる。

三　経済的要望に対する幕府の姿勢

以上のような変化に対して、禁裏は戸惑いを見せた（③の関白など）。この時期以降、禁裏がたとえば宝暦―明和（一七五一―七二）年間前半などの「取締」以前の先例をもとに経済的要望を出しても、幕府は「取締」以前の事例は先例足り得ないとし、要望を拒否することがしばしばあった㊼。

この「取締」が口向役人不正事件直後のさまざまな処置を限定的に指すのか、それとも（その延長である）安永七（一七七八）年度の定高制導入や寛政（一七八九―一八〇一）年間の同制度改正を意味するのか、正確なところはわからない（あるいはそのすべてを含むのかもしれない）。ただし、たとえば「安永三年御取締被仰出」（文政七年五月二十一日付所司代宛京都町奉行ら書付（「御所々御入用筋書抜」第三之上巻、禁裏御賄御入用等之部））などとあるように、史料上、不正事件直後のさまざまな処置の実施を、「取締被仰出」などと記すことは、よく見られる。

ここでは、「取締」は不正事件直後の処置のことを指すと考えておきたいが㊽、いずれにせよ幕府は「取締」以前のことを先例とは認めず、要望を拒否することが間々あった。また、より直接に定高制をたてにすることも多くあった㊾。

このように、先例が「取締」以前の事例であることや定高制をたてに、幕府が禁裏からの経済的要望に難色を示すことはしばしばあった。この時期、またこれ以後の幕府は、享保年間後半から不正事件（や定高制導入・改正）までの時期における保証や支援のあり様を、過剰に手厚いものと認識していたと思われる。さらにいえば、取替金に制限が加えられるようになる前、すなわち明和八年以前のそれに対しては、とくにそのように見なしていたのではないかと推測される。

小　括

安永七（一七七八）年度に定高制が導入されたが、実際には枠組みを超えた取替金がしばしば出された。これに対して幕府は、基本的には枠組みの遵守を求め、支出増大に対して注意の喚起を行い、他御所（具体的には大宮御所）に対する禁裏の勘使（幕臣）派遣も試みた。その後、松平定信が老中首座になると、倹約令・諸規定の作成や改正・定高制改正などを実施した。

つまり、勘定所による監督の強化、在京幕府役人らのコントロール、恣意性の排除を通じて、老中・勘定所からのより積極的な制御を図るという、幕府の姿勢は継続、もしくは強化されてもいた。明和八（一七七一）年を境に見直され、口向役人不正事件などを経て再整備された、保証や支援の枠組み（改正された定高制や、それを支えた備銀などの諸制度、諸規定）が、一定の完成を見せたのが、寛政（一七八九—一八〇一）年間半ばであったといえる。

ただし、定高制改正の際には、老中が所司代らに、（改正によって）天皇・上皇らの「手元」が「不自由」することがあってはならないとくり返し厳命しており[50]、禁裏には一定の配慮をしていた。とくに天皇らの「手元」が「不自由」にならないようにせよとの表現から窺われるように、天皇家の当主とその周辺に対しては、より重点的に配慮していた。

おわりに

おそらくは享保の改革によって幕府財政に多少の余裕が生まれた結果、享保（一七一六—三六）年間後半に、禁裏への財政保証や支援の枠組みが見直された。それによって、取替金の恒常化など一定の整備がなされた（禁裏とは関係ないが、この時期には仙洞料の確定も行われた[51]）。

これらをもとに、明和八（一七七一）年以前においては、それ以後と比べれば、手厚い保証や支援が行われた。とくに宝暦（一七五一—六四）年間後半からは、取替金の増大が目立つようになった。つまり、享保年間後半に整備された枠組みが機能し、一定の成熟をみせたのが、宝暦年間後半から明和八年以前であった。

しかし、幕政上の問題（おもに財政問題）の一環として、明和八年をひとつの契機に、口向役人不正事件などを経て、禁裏への保証や支援にも勘定所のより強い監督が加えられるようになった。枠組みの再整備が始まったといえるが、それが一定の完成を見せたのが、寛政（一七八九—一八〇一）年間半ばであった（定高制改正や、それを支える備銀などの創設、諸規定の作成・改正）。ただし、この再整備においては、天皇や上皇らに一定の配慮はなされていた。

以上が、本章で明らかにした点の要約であるが、これらから次のようなことが考えられる。

幕府は天皇・朝廷に対して、相応の財政保証や支援をつねに行い（料地・取替金・定高制など）、それを裏付ける財源を設けていた。その意味で、財政的な側面からみても、近世の天皇・朝廷は、幕府と「不可分の関係[52]」にあった。取替金が積極的に活用された宝暦年間後半から明和八年以前は、その到達点のひとつといえ、とくに朝幕関係に問題が少なかった時期と考えられる。

しかし、当たり前のことではあるが、「不可分の関係」とはいっても、何の問題も生じなかったわけではない。十八世紀でいえば、明和八年がひとつの大きな境目であった。この年以降、保証や支援のあり様に対して見直しがなされるようになり、勘定所による強い監督が加えられるようになった。長崎の事例を考え合わせれば、これは、当時の幕府の政策に則ったものであり、勘定所による監督の強化などを通じて、遠国に対する「江戸」（老中・勘定奉行）からの制御をより積極的に図ろうとしたものと考えられる。幕政における勘定所の影響力拡大と捉えることができよう。当該期における幕政の特色のひとつといえるが、同時に口向の実務上級職における勘定所系列の幕臣の任用や定高制の導入など、朝廷財政の幕府財政一部局化を表しているとも考えられる。朝幕の関係が、天皇・朝廷が幕府に取り込まれるというかたちで、深まったことをも意味していよう。

さて、明和八年以前は、所司代ら在京幕府役人や禁裏に、保証や支援の管理の大部分が任されており、それは比較的、緩やかに行われていた。しかし、この年以降、幕府財政の悪化にともなって、冗費の節減を図らなければならなくなった。一方で、従来どおりの関係を保持するために、天皇・朝廷に相応の配慮も払わなければならなかった。冗費の節減と朝幕関係の保持、この二つの均衡をいかに保つかが、明和八年以降の幕府の課題となった。

そのような難しい状況下において、ひとつの基準となったのが、天皇・上皇らに対する重点的な配慮であったと考えられる。老中からは、天皇や上皇らの「手元」が「不自由」しないようにせよ、あるいは天皇らの食事は粗末にならないようにせよとの厳命がしばしば所司代らに出されていた。冗費の節減という最重要問題に優先的に対応し、禁裏財政の幕府財政一部局化とも思えるような動き（勘定所系列の幕臣の口向実務上級職任用など）を推し進めつつ、朝幕関係の保持を図るための方策のひとつが、天皇家の当主とその周辺に重点的に配慮をすることであり、これが以後の幕府の基本的な方針となったのではないかと思われる。このように当時の幕府の政策に則りつつ、朝幕関係保持のための配慮も一定程度は行う、この微妙なバランスこそが当該期の朝幕関係の実態であった。

(1) 日柳彦九郎「徳川時代の記録に現れたる皇室費（一）」（『山口商学雑誌』四、一九二七年）。
(2) 奥野高廣『皇室御経済史の研究　後篇』（中央公論社、一九四四年）、四四一頁。
(3) 『広橋兼胤公武御用日記　六』（東京大学出版会、二〇〇一年）、三八頁。
(4) 京都町奉行取扱いの貸付金のうち、元文六（一七四一）年に貸付けが開始された「御所御手当銀御貸附」金の利息は、「御所不表立御入用」に使われており、取替金の財源であった可能性が高い（くわしくは第Ⅲ部第二章を参照してほしい）。
(5) 幕府からとくに京都代官に預けられていた金銀を指す（第Ⅱ部第一章・第Ⅲ部第五章などで詳細に検討する）。
(6) 「除料」から徴収された物成の溜金銀について説明しておこう。仙洞らが没すると、その料地は幕府によって収公され、京都代官の管理下に置かれた。これを「除料」または「旧料」と呼んだ（前掲奥野著、五一九―五三七頁）。くわしくは第Ⅱ部第一章で詳述するが、この除料から徴収された毎年の物成米は売り払われ、物成銀とともに所司代の管理のもと二条城内に貯え置かれた（以下、「物成の溜金銀」とする）。その一部が取替金の財源となっていた。
(7) 前述したように、これらにくわえて京都町奉行取扱いの貸付金の利息も、財源のひとつであった可能性が十分にある。
(8) ここまでで挙げたものが財源のすべてとは限らないが、京都代官ら在京幕府役人が管理していた金銀がおもなものであったという傾向は読み取れよう。さらに、改正された定高の主要な財源は京都代官が確保する役割を担っていたことから（第Ⅱ部第一章）、おそらくは取替金についても、京都代官が管理していた金銀が、おもな財源であったと思われる。
(9) 大口勇次郎監修・針谷武志編『向山誠斎雑記　天保・弘化編　第四巻』（ゆまに書房、二〇〇四年）、九一―九六頁。
(10) 「癸卯雑記」には勘定所関連の史料が多く収められていることなどから（針谷武志「解説」前掲『向山誠斎雑記　天保・弘化編　二六巻』、三二一頁）、「此方」は勘定所（の役人）と想定して良かろう（なお、「癸卯」＝天保十四年、誠斎は勘定組頭であった）。
(11) 前掲奥野著、三四三頁。
(12) 所司代を勤めた後に老中に就任する者が多いことを考えれば、このような取替金の活用は、老中も理解していたものと思われる。
(13) 前掲奥野著、四四三頁。
(14) くわしくは第Ⅲ部第一章を参照してほしい。
(15) 第Ⅲ部第二章で後述する。

(16)　前章で検討したが、行論の都合上、もう一度くわしく見る。
(17)　山田忠雄「天明期幕政の新段階」(『講座日本近世史　五』有斐閣、一九八八年)、二〇頁。
(18)　なお、実際に、取替金に対する所司代の態度が厳しくなっていたことが確認できる(前章)。
(19)　前掲奥野著、三四二頁。
(20)　前掲奥野著、四四五―四四八、五七七頁、前掲平井論文。なお、小堀の受けた処分は「御前をはばかり」であったという(『寛政重修諸家譜』一六巻、続群書類従完成会、一一二〇頁)。
(21)　三井文庫『大坂両替店「聞書」』(三井文庫、二〇一一年)、三三五頁。なお、「飯室左衛門」は不詳だが、明和八年に賄頭であった飯室統義のことかと思われる(東京大学史料編纂所所蔵「新刊雲上明鑑」。本書では、朝幕研究会編『近世朝廷人名要覧』学習院大学人文科学研究所、二〇〇五年を活用)。
(22)　前掲奥野著、四四八頁。
(23)　たとえば、安永三年八月には、所司代から新任の口向役人らに、①禁裏付の指示の厳守、②朝廷に敬意を払い、幕府の「威光」が立つよう心がけるべきことなどの訓示が与えられている(安永三年八月付口向役人宛所司代達書「御所々御入用筋書抜」第一巻、御取締掛勤方大意其外之部)。
(24)　前述したように、京都入用取調役の職務は、出納の監査であったという(前註(11))。なお、御所向取締掛の詳細については序章を参照してほしい。
(25)　安永三年八月付所司代達書によると(「御所々御入用筋書抜」第一巻、御取締掛勤方大意其外之部)、この時、勘使に任ぜられたのは高橋八十八と山本郡七であった。前者は宝暦元(一七五一)年に普請役となり、勘使を経て、安永七年に京都入用取調役に任ぜられた。その後、天明四(一七八四)年には勘定に就任した(前述の所司代達書、前掲『寛政重修諸家譜』二一巻、二六五頁)。一方、後者は、前述の所司代達書によると、勘定吟味役下役からの就任であった。その後、安永七年に勘使病免となった(京都府立総合資料館)歴史資料課「近世領主並びに近世村町別閲覧可能関連文書一覧」『資料館紀要』三一、二〇〇三年)。また、坂野高孝は支配勘定から賄頭を経て、勘定になった(前掲『寛政重修諸家譜』二〇巻、一七〇頁)。
(26)　詳細は西村慎太郎『近世朝廷社会と地下官人』(吉川弘文館、二〇〇八年)を参照してほしいが、地下官人とは朝廷の下級官人のことである。

(27) たとえば延享元(一七四四)年に賄頭であった飯室越前守・座田薩摩守・飯室勘解由(座田・飯室勘解由は寛延二(一七四九)年、宝暦元(一七五一)年も賄頭)、宝暦七(一七五七)年の座田左兵衛大志・飯室左衛門尉・近藤和泉守などで世襲も多い(「新校正御公家鑑」(延享元年)、「改正雲上明鑑」(寛延二年・宝暦元年・同七年)、いずれも史料編纂所所蔵で、本書では、前掲『近世朝廷人名要覧』を活用した)。

(28) 前掲奥野著、三四二頁。

(29) 網羅しているかは不明だが、京都府立総合資料館歴史資料課が、賄頭・勘使なども含めた在京幕府役職の在任者一覧を作っている(前掲「近世領主並びに近世村町別閲覧可能関連文書一覧」)。

それによると不正事件以降、天保十四(一八四三)年までに勘使を勤めた幕臣は二八名おり(十五年以降は不明)、その中で前職がわかるものは二五名いる。そのうち勘定奉行の支配にあった普請役および同元締などからの就任は一四名、評定所書役からが四名、代官手付が一名、残りは勘定吟味方下役三名、留守居同心二名、小普請一名である。後職については判明したものが一九名、うち直接、支配勘定になった者が一名、賄頭や勘定奉行支配の京都入用取調役を経て勘定になった者が一〇名いる(うち六名が京都入用取調役を、四名が賄頭を経ている)。残りは賄頭三名(後々職は小十人組・不明・病免各一名。後々職が勘定である者を含めると勘使の後職が賄頭の者は七名)、京都入用取調役一名(後々職は賄頭(その後は不明)、後々職が勘定の者を含めると勘使の後職が京都入用取調役の者は七名)、進上取次上番一名、二之丸火之番二名、膳所台所人一名である。

賄頭に関しては(不正事件以降天保九年まで)、全一〇名中、二名が支配勘定、七名が勘使、一名が京都入用取調役からの就任であり、離職後、五名が勘定になった(残りは、死亡・不明各二名、小十人組一名)。

たとえば、安永五(一七七六)年に普請役から勘使に任ぜられ、天明七(一七八七)年に賄頭になった保田定市はその後、寛政四(一七九二)年に勘定に就任した。立田岩太郎は、文政三(一八二〇)年に普請役から勘使になり、同八年に京都入用取調役、同十一年には勘定となった。このように、歴代の賄頭・勘使のうちに勘定所系列の者は非常に多くいた。なお、この不正事件以降、買物使を勘使が兼ねるようにもなった(前掲奥野著、三四二頁)。

(30) 鈴木康子『長崎奉行の研究』(思文閣出版、二〇〇七年)、第五―第八章・結論。

(31) このほか、口向役人の人員規定作成なども行われた(第Ⅲ部第一章で後述)。

(32) 合力米の前借りや拝借金、あるいは物品の調達の禁止に関するほかの事例としては、「兼胤記」安永二年十二月十九日条、同三年六月十九日条などが挙げられる。なお、前述したように、このような拝借金は不正事件の際に問題になっている。また、付武家とは、禁裏付・仙洞付の総称である。

(33)　具体的にいえば、天保十五(一八四四)年二月付賄頭伺書(「御所々御入用筋書抜」第一巻、御取締掛勤方大意其外之部)には、

御賄頭

御所向御出入売人共人数高、安永三午年以後御取極有之、其後、寛政七卯年勘使所之分丈ヶ一職壱人之分は同職之者加入之儀取調申上候之処、御調之上、翌々九巳年夫々見合之者加入被仰付候付(後略)

とある。ここからは、「安永三午年以後」に御用達の数が一定数に取り決められた後、寛政九(一七九七)年には、その一部改正が行われたことがわかる。規定が作られた正確な年代は不明だが(徐々に定められたのかもしれない)、①前述したように、不正事件によって多くの御用達が罰せられており、御用達に関するあらたな規定を定める必要性が早急にあったと考えられること、②規定作成がなされてすぐに改正が伺われたとは考えにくいことなどから、規定が設けられたのは安永三年から間もない頃と思われる。このほか、「本途直段」(購入品に設定された一定の値段)の整備もなされた(くわしくは次章を参照してほしい)。

(34)　前掲鈴木著、第六—第八章。たとえば、長崎地下役人の職掌や定員に関する規定の改正(二八五—二八九頁)、職務怠慢に対する罰則規定の取決めなど(一八三—一八八頁)。

(35)　安永三年八月付口向役人宛所司代達書(「御所々御入用筋書抜」第一巻、御取締掛勤方大意其外之部)。

(36)　前掲『寛政重修諸家譜』一八巻、二五九頁。後述の川井の病没日もこれによる。

(37)　『田沼意次』(ミネルヴァ書房、二〇〇七年)、七四頁。

(38)　大石慎三郎「宝暦・天明期の幕政」(『岩波講座日本歴史11　近世三』岩波書店、一九七六年)、一五六—一六二頁。ただし、明和八年の「最悪の状況」はあくまで単年度収支に限った話であり、幕府の全体的な財力という意味においては、多くの貯えが大坂の金蔵などに存在したことには留意が必要である(藤田覚『日本近世の歴史4　田沼時代』吉川弘文館、二〇一二年、六二—六四頁。詳細は前章を参照してほしい)。

(39)　下賜物については、「油小路隆前卿伝奏記」天明七年正月六日条、月見に関しては、同六年六月五日条の記事などが、例として挙げられる。

(40) 前掲奥野著、四五二頁。

(41) 前掲奥野著、四五一頁、前掲日柳論文（一）。

(42) 前述したように、不正事件の結果、禁裏の賄頭と勘使のうち二名は幕臣（勘定所系列の者）が勤めるようになったが、仙洞などほかの御所においては、このような措置はなされず、従来どおり地下官人らが勤めていた（前掲奥野著、五七八頁）。なお、未実施ではあるが、この禁裏の勘使（幕臣）派遣が老中の指示なのか、それとも所司代らの判断であったのかは不明である。

(43) 第III部第一章で詳述する。

(44) このほか、たとえば口向役人らの見習いの召出しについても、禁裏付の判断で取り計らってきたが、今後は所司代の判断を仰ぐよう取り決められるなど（寛政三年正月付京都町奉行宛所司代達書（「御所々御入用筋書抜」第五巻、御所々御内并女中人数等之儀」）、さまざまな規定の作成・改正が行われた。

(45) 前掲奥野著、四五二―四五七頁、前掲日柳論文（一）。

(46) くわしくは第III部第一章・第二章で見ていくことになる。

(47) 一例として、文政三（一八二〇）年十月二十二日付京都町奉行・禁裏付宛所司代達書（「御所々御入用筋書抜」第五巻、摂家堂上方以下御内并女中御宛行米之外増被下米等之部」）に留められている事例を紹介しよう。北小路俊幹が没したので、かれに与えられる予定であった文政三年分の合力米の半分を拝領したいと、かれの子どもが例書を添えて願った。これに対して所司代は、例書の事例は「御取締被　仰出以前之儀」であり、先例足り得なく、要望を叶えることはできないと返答した。

(48) なお、「兼胤記」安永四（一七七五）年十月二十八日条の記事では、所司代が「一昨年以来、取締厳密」と述べており、不正事件を契機に禁裏財政に対する取締りが厳密になったと認識していたことがわかる。

(49) 定高制をたてに要望を拒否する事例は枚挙に暇がないが、その一例としては「公武御用雑記」安永九年三月九日条の記事が挙げられる。その全体の内容は、医師浦野玄瑞にあらたに宿番を命じてほしいとの禁裏からの要望に対する禁裏付の返答であるが、その中で禁裏付は、新規の宿番を命じることによる支出増大と定高の兼合い、先例がないことなどを理由に挙げて、難色を示している。

(50) たとえば、寛政三年十一月十七日付で老中からの申渡しを所司代が禁裏付らに伝えているものには（「御所々御入用筋書抜」第三之上巻、禁裏御賄御入用等之部）、「（定高を）年々被進切ニ被　仰出候間、以来（中略）被　仰出之御趣意相立、　御手元御不自由ニ不被為在候様勘弁を加可被取計候」との記述がある。

（51）　前掲奥野著、五三〇頁。

（52）　山口和夫「近世の朝廷・幕府体制と天皇・院・摂家」（大津透編『王権を考える』山川出版社、二〇〇六年）、二四二頁。

第三章　口向役人不正事件と勘定所

はじめに

前章で見たように、安永二（一七七三）年から三年にかけて、朝廷の勘定方ともいうべき部署である口向の諸役人の「不正」を幕府が摘発した事件、口向役人不正事件（あるいは「安永の御所騒動」とも呼ばれる）が起きた。この事件についでは、これまでにも多くの先学が取り上げてきた。

たとえば、辻善之助『田沼時代』は、「京都の方面に」おける「賄賂公行」の風潮を表すものとして、事件の経緯を紹介している。また、奥野高廣『皇室御経済史の研究　後編』は、「幕府をして御経済干渉をより強度ならしめ、御定高制度を設立せしめるに至つた」と指摘、安永七年以後、朝廷財政の基本的な枠組みとなった一種の予算制度、定高制導入の契機として、この事件を評価している[1]。

さらに、平井誠二「江戸時代の公家の流罪について」は、江戸時代に九件あった公家の流罪事件のひとつとして、その経緯や原因をより具体的に明らかにしている。高埜利彦「後期幕藩制と天皇」は、平井の成果などを援用しつつ、一六四年ぶりに死罪などの重罪を出した事件で、女院の繰り返しの助命要望も取りあっておらず、朝廷側の幕府に対する反発を高めたものと論じている。やや長くなるが、当該部分を引用すると、「宝暦事件が朝廷統制の要である摂家による、中小公家弾圧の構図であったのに対し、今回は、朝廷全体に幕府の直接の圧力をかける効果を持たせたものであろう。朝廷全体に横溢していた緩みと不正を、強烈な衝撃を与えることで糺そうとした意図をそこに見出すことは可能である。その結果朝廷側には、女院らの嘆願が容れられず死罪を出したことに対する、幕府への反発の感情がおそらくは生じたものであろう。この、幕府による力の弾圧と朝廷の反発の感情は、二〇年後に起こる尊号一件の導入部となる」と評価している(2)。

しかし、この事件で処罰されたのは、あくまで口向役人らであり、堂上公家衆が罰せられたほかの事件と同列に論じるべきではない。さらに、先行研究では、この時期の幕政（とくに勘定所）の動向が充分に押さえられているとはいいがたい。これらの点を考慮に入れると、「朝廷全体」の「緩みと不正」を糺すことが、幕府側の目的であったか、また事件の結果、朝廷側に「反発の感情」が生じたかは、疑問が残る。

本章では、この事件において、幕府が実際、なにを問題と考えていたのか、さらに事件の結果、具体的になにがどのように変わったのかを見ていきたい。

第一節　事件のあらましと先行研究

まずは、口向の構成と口向役人不正事件のあらましを、これまでと重なるところもあるが、ごく簡単に述べておこう。

近世朝廷の各御所はある程度個々に運営され、各々に口向と呼ばれる勘定方ともいうべき部署があった。禁裏のそれを例にすると、旗本から任命された禁裏付が統括し、その下に、賄頭（幕臣から一名、朝廷側から一名）や勘使といった口向諸役人がおり（前述の賄頭一名を除き朝廷側の者）、物品購入や事務手続きなどの実務を担っていた(3)。

冒頭でふれたように、口向役人不正事件とは、安永二(一七七三)年から三年にかけて、「不正」を働いていた口向役人らを幕府が取り調べ、処罰した事件である。前述した先行研究によれば、その簡単なあらましは、つぎのようになる。

安永二年
十月十五日　幕府からの命を受けた新任の京都町奉行山村信濃守良旺が帰洛。
十一月　不正を働いていた賄頭田村肥後守以下の口向役人五名を、京都町奉行山村が呼出し。武家伝奏を所司代(土井利里)役宅に招致。田村らに解官と揚り屋入りを申しつけるので、その旨を関白近衛内前に伝えるよう要望。
同月十六日(以降)　関白は、(解官は)朝廷側で行うと述べる。所司代の要請により解官・位記返上の命が朝廷より出る。口向役人数十名が順次取調べを受ける。後桃園天皇・後桜町上皇・女院(青綺門院、二条舎子、二条吉忠女、桜町天皇女御)からの助命内意が老中に伝えられるが、難しいとの返答。

安永三年
四月四日　女院、再び助命の内意も、関白は幕府への伝達を断る。
八月十四日　女院、再々度の助命内意。新女院(恭礼門院、一条富子、一条兼香女、桃園天皇女御)からも助命内意。
八月二十六―二十八日　田村以下処罰。死罪四名(賄頭・勘使ら)、遠島五名(勘使、仙洞取次ら)をはじめとして、軽罪のものも合わせると「仙洞御所を含み使番以下侍分六十六人、下部八十八人合計百五十四人」[4]が罰せられ、関係した御用達らも処罰された。このほか、京都代官小堀邦直も「御前をはばかり」の処分を受けたという。[5]

第二節　事件の原因

簡単なあらましは、以上のとおりである。つぎに、この事件の原因に関してであるが、取替金の増加や「貢納の米穀及び幕府御取替の米銀の一部を御付に無断で借用するため購入なき品を帳面に誌し、或は偽の書面を以て御払銀の一部を掠め取り、奥表への納入品を格下になし、尚幕府の取締の命に違背した等の罪科」であったといわれている。[6]具体的には、武家伝奏広橋兼胤の公用日記「兼胤記」安永三（一七七四）年八月二十六日条に、

［史料一］

御所役人共勤方不埒ニ相成、重御法令共致忘却、　御所御料御物成幷御取替被進候米銀之内、御附之者江も不申聞、私之相対を以、為致拝借、御用ニ無之品々帳面ニ記、其外取拵候書面を以、長橋局江申達、御払銀之内を掠取、致配分候付、御用之品々麁末ニいたし、奥・表江渡物等甚不埒之取計有之、御所向を相掠候儀共、吟味之上相顕、其上御取締之儀被　仰出候後、私欲不法之儀共、聊不相改、諸向之人江　御所御外聞も不相弁、且　関東を不奉恐仕方重々不届ニ付、此度当人幷悴共御仕置被　仰付候（中略）

右之趣、御達申候様、従年寄共申越候（後略）

との記事がある。これ自体に対してはおおきな異論はないが、三井家の京両替店より出された、この事件に関する「京都聞書」（安永三年十月付）にも興味深い記述が見られる。

この聞書の中に、獄死した「飯室左衛門」（賄頭飯室統義と考えられる）の倅「飯室弁蔵」への申渡しが書き留められ

ている。[7]「飯室左衛門」は、事件の始まりである安永二年十月十五日の段階で取調べを受け始めた者であるが（「兼胤記」同日条）、前述の申渡しによると、自身の不正を「逸々申立候」、すなわち、自白したという。これによって、事件の取調べが加速度的に進展したと思われる。[8]

それでは、この史料において、処罰の対象となった飯室の不正は、具体的にはどういったものとして書き留められているのだろうか、つぎに見ていこう。

この中で京都町奉行は、口向役人が日記類などに関して、幕府に対して不敬な書き方をした（詳細不明）、あるいは幕府からの指図は受けがたいなどと言いはなち、所司代や禁裏付を蔑ろにしたなどと述べている（「日記書留等奉対関東恐多認方いたし、又は従関東御差綺難成なと申成、所司代・御付之者をも蔑ニ取計」）。

さらに、口向の「不取締之儀」などについて、「飯室左衛門」が賄頭田村肥後守らの取計いに従うままであったことや、町人から賄賂を受けていたこと、帳簿を不正に操作し、私腹を肥やしていたことなども記されている（「御台所向其外不取締之儀、田村肥後（賄頭）・津田能登（勘使）等重立取計候ニ随ひ罷在、町人共より賄賂致受用（中略）御用ニ無之品を帳面ニ書記させ、代銀私欲いたし候段不届ニ付」）。

これらの記述からは、付武家による口向の統括がうまくいかず、種々の不正が横行していた状況が窺える。それは次の安永三年八月付で、老中からの申渡しを所司代が新任の賄頭・勘使らに伝えている［史料二］にも見られる。

［史料二］（「御所々御入用筋書抜」第一巻、御取締掛勤方大意其外）

（朱書）「安永三午年八月、土井大炊頭（利里、所司代）殿御渡」

此度被

仰付候者共江申含候趣大意

一、御倹約之儀を専ニ致し、御入用減候筋ニは無之、是迄

御所向役人私曲之取計を仕来と心得違、一統不宜取計多相聞候間、後々仕来ニ不拘、不正之仕癖を相改、役所々正統之取計ニ相成候様可致事
一、御所役人共奢侈増長いたし、御附をも蔑ニ心得、不礼之事共相聞候、是等之儀第一ニ相改、奉対関東候儀は不及申、御附より申渡候儀を厳重ニ相守、聊不礼無之様私之奢を慎、都而質素を元といたし、遊興ニ耽候風儀相直候様可致事
（中略）
右は、
御所向之儀ニ付、　御尊敬之御趣意相立、
関東之御威光重ク被行候様、都而之儀ニ心付、役所々不宜風儀を相改、正統ニ御用相勤、奢侈を相止メ、御不益無之様之心懸ケ専要ニ候（後略）

第一条目では、今回のことは、倹約の徹底が目的ではない、口向役人が「私曲」、すなわち私腹を肥やすための不正を仕来りと心得違いし、よろしくない取計いを多々行っているようなので、それらを糺すためのものだとしている。つづく第二条目では、これまで口向役人に奢りがあり、禁裏付を蔑ろにすることもあったと指摘したうえで、今後はそれらを改め、禁裏付の指示を厳重に守るようになどとしている。

以上の点から、この事件においては、口向役人の不正と付武家による統括の機能不全がおもな問題であったことが明らかになる（もちろん、その背景には冗費の節減があったと考えられる）。口向の統括は、付武家のおもな職務のひとつであったが、それがなぜうまくいっていなかったのか。その原因の一端が窺える史料が、［史料三］［史料四］である。まず、前者を検討しよう。

［史料三］（「兼胤記」安永二年十二月十七日条）

一、御附申、歳末年頭之御用、勘使所之帳面混雑付、落等も相見、仮役ニ而難相分、御手支之儀も難計、是迄御附へ不申聞取計候儀も多有之候趣ニ、段々取調、大方ニハ相知（後略）

年末年始の「御用」に関して、勘使所の帳面が混み合っており、乱れも見え、仮役(9)ではよくわからない部分がある。これまで禁裏付に伺いもせず、勘使の判断で取り計らってきたことも多くあるので、取調べを行った。そうしたところ、大まかには明らかになったという。

当然といえばそれまでだが、禁裏財政については、勘使の判断によって、取り計らわれていた部分が相応にあったことが窺える。（不正事件前の）賄頭・勘使は地下官人らの世襲が多い一方(10)、幕臣である禁裏付は交替も頻繁、前職も使番・目付などさまざまであった。専門的な能力があったわけではおそらくなく、実務を担っていたのは賄頭・勘使以下の口向諸役人であったと考えてよいだろう。

次に［史料四］を見てみよう。

［史料四］（「兼胤記」安永二年八月十七日条）

一、巳刻、両人同伴狩衣・差袴、向大炊頭（土井利里、所司代）役宅、為暇乞也

（中略）

御付高力土佐守（長昌）・院御付浅野河内守（長寿）・妻木因幡守（頼栄）等、勝手向不如意之処、京都御役被仰付、急ニ上京、其上御役料半減ニ相成、旁甚勝手向困窮之由、長橋局幷勘解由小路局被聞及、甚以気毒被為存候、尤関東より宛行之儀、兎角可被申筋ハ無之候得共、当時　御所勤之人々ニ候へハ、何とそ御役料前々之通被下候様ニハ相成間敷か之由被申聞候、何とそ被加了簡、宜被取計候様致度由示之、大炊頭承知、尚可加了簡之由也（後略）

朝廷からとやかく言うことではないと断りながらも、半減された禁裏付高木らの役料を旧来通りにしてほしい、という禁裏の女房らからの要望が、所司代に伝えられている(11)。役料半減は幕府の経費節減策の一環と思われるが、それ

を元通りにしてほしいとする点からは、日常的に接する付武家と朝廷の関係の深さが窺える。

第III部第四章で後述するように、幕末の段階で三条実万は、在京幕府役人は江戸の役人に比べて朝廷の事情に理解を示してくれると述べている。実万のこうした発言の背景には、上述したような付武家と朝廷の関係の深さがあったのではないかと推測される。

いずれにせよ、こうしたことがあり、付武家による統括が充分に機能しておらず、それが口向役人の不正を許すことになったと思われる。

第三節　朝廷側の反応

ここでは、この事件に対して朝廷側がいかなる反応を見せたのか、検討していく。前述したように、先行研究においては、女院らによる助命要望が取り上げられなかったことが朝廷側の反発を招いたとされている。しかし、本当に反発の感情が生じていたのか、かならずしも明らかではなく、かつこの助命の問題以外にも、朝廷側の反応には興味深い点が多々ある。まずは、後者に関して、［史料五］を見てみよう。

［史料五］（「兼胤記」安永二年十一月十六日条）

一、兼胤一分申入云、昨夜致参　院候処、以大和被仰出ニハ、高屋以下之者共、関東へ差下候か、牢輿拵候由風聞被聞召候、甚不便ニ思召候間、何とそ左様之儀無之様ニ天野近江守（正景、禁裏付）へ可申談、其上大炊頭へ可申遣候、併仙洞思召と申儀、如何敷も候ハヽ、無用ニ可致候由也（後略）

（十七日条）

一、謁近江守、牢輿之事相尋候処、曾以不承候、江戸江差遣候節ハ、是ニのせニ而遣候、此度之者共、江戸吟味

之沙汰無之、大方吟味もつまり候様子ニ承居候、江戸へ遣候儀ハ有之間敷由申

不正を働いていた口向役人が牢輿で江戸に送られるのではないかとの風聞を上皇が耳にし、広橋を通じて、そのようなことがないよう、禁裏付（および所司代）に申入れを行っている。これに対して禁裏付は、江戸に送られるのであれば牢輿であるが、今回はまずそのようなことはないであろうと返答している。

さまざまな風聞や疑念が御所内に存在していたことが窺え、[12]朝廷側の動揺が伝わってくるが、一方で、事件の取調中には、実際に種々のトラブルが発生していた。

［史料六］（「兼胤記」安永三年九月五日条）

一、女御御方取次・賄仮役ニ付、月高御取替此節小堀より可渡趣ニ候へ共、何とそ取次共被免出仕候迄不受取候様ニ致度候、近江守（天野正景、禁裏付）方成共被受取、其間、御内儀金銀之御用有之候ハヽ、其御用程申達、近江守より被上候様ニ被致度段、御世話人櫛笥被申聞候由、近江守へ申談候処、小堀方ニ預置、御用之節ハ申来次第、御用程宛近江守可差上由、近江守申了、関白殿へ申上了

女御（近衛維子、のち盛化門院）の世話人である櫛笥が、取次・賄[13]が仮役の間は、月極めの取替金を京都代官小堀から受け取らず、禁裏付にでも預かってもらい、その間必要な用脚は禁裏付から進上してほしい、と武家伝奏を通して要望している。

事件の影響でそこかしこに仮役がおり、それによって問題が生じていたことが窺える。このようにさまざまなトラブルが朝廷内で起こっていたが、それはただ単に事件の結果、仮役の者が多く立てられたから、という理由だけではなく、それまでは仕来りのような形で取り計らわれていたことが、今回の取調べで問題になったという側面も大きかったと考えられる。たとえば、「兼胤記」安永二年十一月十二日条で禁裏付天野近江守正景は、

［史料七］

一、近江守申、此度御台所向之儀ニ付、追而取締方ハ御沙汰可有之候へ共、夫迄之中ハ何事も取計方無替儀候、併諸役所正敷相勤候へハ、役人之取計方ハ少々自可致相違、仍書付一紙差越（中略）尤此趣以大御乳人御内儀へも申入候由也

と述べている。今回の事件の結果、あらたな規定などができるであろうが、それまでは従来通りの取計いで良い、ただし、厳格に勤めなければならないので、従来の取計いとは異なる点もあるだろうとしている。つまり、これまでの慣行がかならずしも通用しないことを警告しているのであり、実際に、そのようなケースがいくつか散見される(14)。

これまで、朝廷側の動揺とさまざまなトラブルを見てきた。つぎに先行研究が注目している、口向役人に対する女院らの助命の内意について、検討していこう。幕府がこれを取り上げなかったことが朝廷側の反発を招いたとされているが、実際はどうであったのだろうか。

前述したように、安永二年十一月に、天皇・上皇・女院（青綺門院）から助命内意が示された。その後、翌三年四月四日に行われた女院からの再度の助命要望に対して関白は、「御尤之思召ニハ候へ共、此儀ハ御沙汰無之方可然候」と述べている（「兼胤記」同日条）。

その後、八月にも助命の内意が出されている。［史料八］を見てみよう。

［史料八］（「兼胤記」安永三年八月二十四日条）

一、女院御所江参上依召也、両局被出逢被仰伝云、去冬已来揚り屋へ入候御内之者共、此節仕置有之様ニ風説有之候、不埒之者共ニ候へ共、重罪之者死刑も有之候ハヽ、死罪一等を被宥候様ニ被遊度候（後略）

一、新女院（恭礼門院）へ被召、高倉被出逢、　女院御同様ニ　思召之旨被申聞了

（同月二十五日条）

一、関白殿被命、昨夜申入　両女院　思召候趣、至于此節被　仰出候儀、実御無用之御事、迚も思召相立間敷儀、

其上、　内　院之　思召ニ而死刑一等宥候様、先達而大炊頭（土井利里、所司代）参府之砌被命候処、老中江申達有之、御沙汰無之様致度段申之旨、大炊頭より申入、御承知被成候由をも被仰上候へ共、　女院御聞入無之、達而申達候様ニ再三被　仰出候間、此上ハ無是非候、先大炊頭殿迄及内談候様被命、今日午刻可行向之由申達候処、大炊頭頃日風邪難致対談、快気次第可申越之由申来ニ付、関白殿へ申上、天野近江守へ申含、被　仰出之趣及内談之処、最早今朝仕置も関東より下知有之候間、如何様ニ御沙汰有之候而も申達候事難相成、御断申候由申越候間、関白殿へ申入、後刻　両女院被仰出候趣、大炊頭へ申達ニ不及之段被　仰出之由被命了

この二つの記事から、①女院、新女院から、死罪が出されるのであれば、一等減刑をしてほしい、との要望があったこと、②これに対して関白は、「実御無用之御事」と考えていたこと、③以前、天皇・上皇から減刑が要望されたが、老中からの返答は、その沙汰はないようにとのものであり、了解したことなどを女院に伝えたが、（女院は）聞き入れてくれなかったことなどが明らかになる。「実御無用之御事」という強い表現からは、この時の関白の心情が窺えよう。

さらに、「兼胤記」安永三年五月十九日条で関白は、「関東より御吟味筋之事ニ候へハ、左右被仰儀ニ而ハ無之候へ共、近江守了簡信濃守申談相済候事ハ、此後穏和ニ有之候様ニハ不相成事か」と述べている。京都町奉行山村信濃守良旺と禁裏付天野近江守正景の判断で済むことは、穏和に取り計らってほしいと述べている一方で、幕府の「吟味筋」は、朝廷側が口出しすべきことではない、との考えも示している。

くわえて、野宮定晴の記述も興味深い。そこには、田村以下の不正を働いていた口向役人は、「年来公用之金銀を掠め、「非道之財宝」をもって、「朝夕奢侈」にふけっており、それは「言語同断之事」と書き記されていることが、すでに指摘されている[15]。しかし、このつづきには、「此罪科、為朝廷（朱書）「最カ」落可恥可歎事か」と記されており、事件そのものには、公家衆も否定的な見方をしていたことが窺える（史料編纂所所蔵「定晴卿記」安永二年十月十五日条）。

以上の点、またそもそも処罰されたのは口向役人であり、堂上公家衆などではなかったことを考え合わせれば、不正の摘発や女院の助命要望を退けたことが、「朝廷の反発の感情」につながり、「尊号一件の導入部となっ[16]」たとは考えにくい。

第四節　事件の背景とその後の処置

第二節で見たように、この事件でおもに問題になったのは、付武家による統括がうまく機能しておらず、口向役人の「不正」が多々見られたこと、それによる無用の失費であった。それでは、なぜ安永二(一七七三)・三年であったのか。この時期に事件が起きた理由を、幕政との関わりを考慮に入れながら見ていこう。

宝暦・明和(一七五一—七二)期には、幕府財政の問題などから、勘定所の役割がより多面的かつ重要になっていった。上方などに派遣された勘定役人が現地の視察や業務改善の促進などを行い、さまざまな改善が所々で図られた[17]。その中でも明和八(一七七一)年頃にはとくに種々の改正が行われたが、京都にも当時、幕府財政政策の中心にいたとされる勘定吟味役川井久敬が同七年に派遣された。かれは禁裏や女院などの「賄方」に関して、所司代らと相談を行っており、この相談の後、八年に出された倹約令を直接のきっかけとして、取替金にも徐々に制限が加えられるようになっていった[18]。

すなわち、明和八年頃にはすでに、勘定所は朝廷関係の支出を問題視していたのであり、この前後から勘定所による朝廷の支出に関する調査がなされはじめ、その過程で口向役人の不正も具体的に明らかになったと思われる。

ところで、前述した「京都聞書」には、「安永二年巳九月上旬京都町奉行山村信濃守様御京着之上、御所御賄頭已下御役人中私欲之筋在之、信濃守様幷銅座詰中井清太夫様御立会之上御吟味相成、入牢等被仰付在之候処、翌年午九

月中落着、京都聞書之写、左之通」との記述がある[19]。ここから、京都町奉行山村信濃守良旺のほかに、銅座詰の中井清太夫が、吟味の際に立ち会っていたことが窺える。

中井は、この時期の勘定役人で、勘定として大坂表の御用を勤め、米切手統制策の掛りにも任命されるなど、さまざまな働きを見せていた。「山師」とも評されているように、有能な反面、悪評も多かったという[20]。

前述した「京都聞書」では、中井は銅座詰であったが、これはどういったことを意味するのだろうか。銅座は貿易用の棹銅を長崎に送るなどの役目を果たしていたが、ここには支配勘定ら勘定役人が出役し、管理を行っていた。すなわち、銅座詰として、勘定役人が上方に常駐していたのであり[21]、そのようなことができるのはこのポストだけ、あるいは非常に少なかったのではないか。推測になるが、かれらは銅座の管理にとどまらず、当時積極的な活動を見せていた勘定所の「目鼻」としての役割をも担っていたのではないだろうか。それがゆえに、口向役人の吟味にも中井が立ち会っていたと思われる。

このように、事件前から勘定所は朝廷関係の支出を問題視しており、取調べにも影響を及ぼしていた。それゆえ、当然のことながら、事件後のさまざまな処置にも勘定所がふかく関係していた。前章と重なる点もあるが、事件後のおもな処置を簡単に見ていこう。

① 賄頭と勘使の人事

前章で見たように、賄頭は勘定所系列の幕臣一名が勤めるようになり、勘使も上座の二名（定員の半分ほど）が勘定所系列の幕臣となった。このような傾向は、この時だけではなく、以後もつづいた。②などで後述するような諸動向も含めて、朝廷財政に対して加えられた、勘定所のより強い監督を示すものといえる[22]。

なお、仙洞御所の口向役人も事件によって処罰を受けたが、その後に勘定所系列の幕臣が入り込むことはなく、以前と同様、地下官人らが勤めた[23]。ただし、後に禁裏の賄頭が仙洞御所の口向などの「見廻」を行っており[24]、その意味で、禁裏に対して行われた勘定所の監督は、程度の差はあれ、仙洞御所にも及んでいた[25]。

② 京都入用取調役などの設置

禁裏財政に関する所司代の諮問機関であり、禁裏付らによって構成された御所向取締掛[26]、勘定奉行支配で、出納の監査を職務としたという京都入用取調役が新設された[27]。

また、御所向取締掛である京都町奉行山村信濃守良旺の同心三名が「軽キ役所」に入りこむようになった。

[史料九]（「兼胤記」安永三年九月十日条）

一、近江守（天野正景、禁裏付）申、山村信濃守組同心三人　御所軽キ役所々江出役為致候由、大炊頭申渡候由、仍勤方相尋候処、若林源内・佐久間甚八（ともに京都入用取調役）下役之様なる者ニ而、両人之者不被立入軽所ニハ、此三人之者参ニ而御用向取調候由也（関白殿へ申上、葉室へも申入置了）

その職務は京都入用取調役の下役のようなものであったことがわかる。口向の各部局のすみずみにまで、監査の手を入れようとしたものと考えられる。

③ 勘定役人の派遣

状況が落ち着くまでの措置として、勘定組頭益田新助が上京した[28]。

④ 諸規定・制度の作成や改正

禁裏付が把握しえなかった賄頭・勘使らの判断による物品の調達の禁止[29]や同様の拝借米の停止など、諸規定の作成や改正が行われた。

一例として、北小路俊名（北小路大夫）らの事例を挙げておこう。北小路らはこれまで勘使の取計らいで、毎年合力米十五石を先借りしていたが、勘使もしばらくの間は仮役の者が勤めることになったため、それも難しくなった。そこで、安永二年十二月に、これまで同様、先借りを認めてくれるよう要望した（「兼胤記」安永二年十二月十九日条）。

これに対する禁裏付の返答が、つぎの史料に記されている。

［史料一〇］（「兼胤記」安永三年六月十九日条）

一、近江守申、昨日相達、北小路大夫願、致吟味候処、去年大炊頭（土井利里、所司代）より御蔵方江申渡候趣有之、先賄頭・勘使共取計候拝借米悉取上候趣故、被申立候通ニハ相成間敷候（後略）

結局は、要望は認められなかったことが明らかになるが、傍線部からは、賄頭・勘使の取計いによる拝借米が以前は存在したこと、しかし、それは安永二年（のおそらくは不正事件の後）に、取り上げとなり、廃絶となっていたようであることがわかる。

この事例に代表されるように、付武家が把握しえない賄頭や勘使らの取計いによる運営を改めようと、諸規定・制度の作成や改正が行われた。

⑤　本途直段の整備など

幕府では基本的には、物品ごとにあらかじめ一定の値段が取り決められ（「本途直段」）、それにしたがって調達がなされていた(30)。同様のことは朝廷で必要とされた物品の購入においても行われていたが、事件の後、値段の決め直しや、これまで対象でなかった品物にも値段を設定するなど、本途直段の整備がなされ、あらためて、これを用いた物品購入が命じられた(31)。また、諸「御用」について、入札制度をより広範に適用しようともした(32)。

この①―⑤のほかにも、職務の心得といったさまざまな注意が口向役人らに与えられるなど（たとえば［史料一二］）、種々の処置がなされ、支出に関する調査も行われた。そして、最終的には、安永七年度から定高制が導入されることになった。

以上のように、事件以前から勘定所は朝廷の冗費を問題視しており、調査も行っていた。事件の取調べそのものにも勘定役人が関係しているようであり（中井の立会い）、事件後の処置にもふかく関わっていた。

すなわち、勘定所はこの事件において主導的な役割を果たしており、その最大の狙いは、あくまで無益な失費をなくすことにあった。この事件については、「宝暦事件が朝廷統制の要である摂家による、中小公家弾圧の構図であったのに対し、今回は、朝廷全体に幕府の直接の圧力をかける効果を持たせたものであろう」というように、宝暦事件との関連で捉える向きもあるが（前述）、けっしてそのようなことはなく、幕府側に「朝廷全体に」「圧力をかける」[33]意図はとくになかったと考えられる。

おわりに

この事件において直接問題となったのは、付武家による統括の不全と、口向役人の判断による恣意的な運営・不正、それによる無用な失費であった。付武家による口向の統轄は、朝幕関係の基本的なあり方のひとつであったが、この部分がうまくいかなくなっていた。本来は付武家の指示に従わなければならないはずの口向役人が、「従関東御差綺難成など」と述べたといわれるような状況ができあがっていた。

直接問題となったのは、以上のような点であるが、①事件前から朝廷の支出に関する調査が勘定所によって行われていた、②事件の吟味にも勘定役人が立ち会っていた、③さらに事件後の数々の処置にも勘定所の影響が強く及んでいた。これらの点などから、この事件は勘定所のつよい影響力のもとで進展しており、幕府側の最大の目的は、あくまで冗費の節減にあったといえる。処罰された者が口向役人（と御用達ら）であり、堂上公家衆に類が及ばなかったことや、女院らの助命要望に対する関白の態度などを考え合わせると、この事件に対する幕府の処置が朝廷側の反発を招いたとする説には、疑問が残る[34]。

藤田覚によると、「田沼時代の幕府は、本来の刑罰、処分よりも軽くしていた、という（中略）「御慈悲」「諸事穏便」を第一としたため法の権威が弱まり、人びとの規範意識が薄くなった、と言うのである。「諸事穏便」こそ、この時代の風潮をよく表現している」という[35]。

この指摘に比べると、四名に死罪を命じた幕府の処置は、やや重いと考えられる。無用な失費を断固防ごうとする幕府、とくに勘定所の意図が表れているのではないだろうか。

最後に、残された課題についても述べておこう。この時期には、財政に限らず、朝幕のほかの面でもあらたに規定が設けられている。たとえば、「兼胤記」安永三年十一月二十六日条には、

[史料一一]

一、持明院宰相(宗時)娘、為池尻前宰相(栄房)猶子酒井修理大夫(忠貫、小浜藩主)家来酒井伊織江縁組之願書、関白殿へ申入、大炊頭へ可達之
由申入了不及披露、関白殿へ入御披見計也
此儀、是迄所為区々有之、此度より雖陪臣、武家江之縁組願書出候様ニと関東より申来候由、大炊頭示越
ニ付、関白殿へ申入、持明院へ申達、願被差出了、向後諸家へ願可差出候段触示了

との記事があり、武家の陪臣と婚姻を結ぶ際でも、幕府に願書を出すよう、老中から申入れがあったことがわかる。まちまちであった、武家の陪臣と公家間の婚姻に関する規定を新設していることが明らかになる。

また、「兼胤記」安永四年正月五日条には、

[史料一二]

一、大炊頭示越、惣而寺社方修復之願、於関東申立之上、願之通相済候様ニ　御所江相願、願之通ニ被申付候様
有之度段、　御所より御沙汰有之候段、申達候儀も有之候、不寄何事、一旦関東江相願置候儀を、尚又　御
所江相願候儀有之間敷、以来右体之儀有之候ハヽ、却而願之障ニも相成筋ニより、急度可有沙汰、寺社奉行
江申渡候段、老中より申来候由書付一紙、関白殿江申入了

とあり、寺社の修復願いに関して、幕府に願ったうえで、朝廷からの口添えを要望するものもいるが、これも禁止していることが明らかになる。要望を叶えるためのひとつの手段として、朝廷を利用しようとする寺社側の動きを掣肘しているのである。

以上のように、この不正事件をひとつのきっかけに、勘定のことに限らず、朝廷に関するもろもろの問題を解決しようとする幕府側の動きが窺え、興味深い。

(1) 辻善之助『田沼時代』(日本学術振興会、一九一五年)、奥野高廣『皇室御経済史の研究　後篇』(中央公論社、一九四四年)。引用部分はそれぞれ、六五頁、四四九頁。

(2) 平井誠二「江戸時代の公家の流罪について」(『大倉山論集』二九、一九九一年)、高埜利彦『近世の朝廷と宗教』(吉川弘文館、二〇一四年)。高埜著の引用部分は八一頁。なお、以上に挙げた先行研究のほかには、三上参次『尊皇論発達史』(冨山房、一九四一年)などがある。

(3) 前掲奥野著、三四二頁。

(4) 前掲奥野著、四四七・四四八頁。

(5) 第Ⅰ部第二章。

(6) 前掲奥野著、四四六頁。

(7) 三井文庫『大坂両替店「聞書」』(三井文庫、二〇一一年)、三五・三六頁。なお、「飯室左衛門」すなわち飯室統義は、明和八(一七七一)年に賄頭であったことが、史料編纂所所蔵「新刊雲上明鑑」から明らかであり、そのまま同職を勤めていたと考えられる。

(8) 安永二年十一月三日には、勘使・修理職・賄など各部局の勘定帳面の提出が京都町奉行から求められ、実行されている(「兼胤記」同日条および同月四日条)。飯室の自白によって、事件について、さらなる確信を得ることができたため、具体的な証拠として勘定帳面の提出を求めたのではないか。

(9) まだ不正事件の取調べが行われている最中であるが、すでに賄頭や勘使の一部は解官されていた。そのため、急場のしのぎとして仮役が任ぜられていた。

(10) 第Ⅰ部第二章。

(11) なお、この要望が奥の女房らから自主的に出されたものなのか、それとも禁裏付らが頼んだ結果なのかはわからない。

(12) 疑念の一例としては、武家伝奏が江戸に勅使として赴く際に、貸与されていた拝借金がある。詳細は省くが、返納のあり様が問題になるといけないと武家伝奏が考え、禁裏付に相談しているが、結局は問題なしとされた（「兼胤記」安永二年十月三十日条）。

(13) 安永二年については不明だが、同六年の女御の口向役人は、取次・賄・鍵番兼御膳番・使番・板本であった（「新刊雲上明鑑」国文学研究資料館所蔵）。

(14) たとえば、後述の［史料一〇］などが、その一例として挙げられる。

(15) 前掲高埜著、八〇頁。

(16) 前掲高埜著、八一頁。

(17) この時期における勘定所の一連の動きは、藤田覚『日本近世の歴史4　田沼時代』（吉川弘文館、二〇一二年）が、三九―四一頁でまとめている。

(18) 明和八年の幕府財政の状況などに関しては、大石慎三郎「宝暦・天明期の幕政」（『岩波講座日本歴史11　近世三』岩波書店、一九七六年）、一五六―一六二頁。川井以下の記述については、第Ⅰ部第一章・第二章。

(19) 前掲『大坂両替店「聞書」』、二七頁。

(20) 高槻泰郎『近世米市場の形成と展開』（名古屋大学出版会、二〇一二年）、二二四・二二五頁。

(21) この時期の銅座の位置づけについては、前掲藤田『日本近世の歴史4　田沼時代』、四一頁がまとめて叙述している。

(22) 第Ⅰ部第二章。

(23) その理由は、全体的にいえば処罰された者達の罪が、禁裏のそれと比べて軽かったためと考えられている（前掲奥野著、五七八頁）。

(24) 前掲奥野著、五八四頁。

(25) 仙洞などそのほかの御所に対する勘定所の監督がどのようなものであったかについては、充分な検討ができていない。今後の課題としたい。

(26) 安永六年付京都町奉行宛所司代達書（「御所々御入用筋書抜」第一巻、御取締掛勤方大意其外）、橋本政宣『近世公家社会の研究』（吉川弘文館、二〇〇二年）、四〇八頁。

(27) 前掲奥野著、三四三頁。なお、（京都府立総合資料館）歴史資料課「近世領主並びに近世村町別閲覧可能関連文書一覧」（『資料館紀要』三一、二〇〇三年）によると、基本的には、後職は支配勘定もしくは勘定の者がほとんどである。前職に関していえば、普請役元締、普請役、勘使が多数だが、勘使から就任した者の前職は普請役であることが多い。

(28) 第Ⅰ部第二章。

(29) たとえば、禁裏付などにはなにも知らせず、取次・賄頭らの判断で下賜品などを調達することがあったが、安永五年以後支出が増えるような定例外の品に関しては、これを禁止した（第Ⅰ部第二章）。

(30) 西和夫『江戸建築と本途帳』（鹿島出版会、一九七四年）など。

(31) 前掲奥野著、四三九、四八八—五〇五頁。

(32) 具体的には、つぎのような史料がある。

（「兼胤記」安永三年七月二十九日条）

一、大御乳人被申、此度　内侍所本殿御修理・新調御道具等、武辺より町触ニ致、入札申付趣、員共承、是迄ヶ様ニ取計無之、小堀数馬抔も一向不存、歎敷由申候、何とそ万端是迄之通ニ有度由申ニ付、大典侍ニも甚不可然事と被存候、例ニ無相違様宜取計由、大典侍被申候由也、関白殿江此段申入、謁御付、内侍所之儀ハ格別之御修理、御道具抔ニも子細可有之候間、是迄勤来致附候者江被申付候様ニ有之度、御内儀より被申出候段、大炊頭へ可被申達、御付へ示了

（同年八月四日条）

一、御付より示越、　内侍所本殿御修復細工人、是迄勤来手馴候者ニ可申付候旨、大炊頭江申達候処、請負人ハ定請負方積高直ニ付、入札ニ而申付候、御修復御用は勤来候手馴候者共へ申付候積ニ候由、別紙請負方名前書付差越、関白殿江申入候処、請負方ハ誰江申付候而も大工方、御屋根等、道具方、其外勤来候者江申付候得は宜候、　内侍所ハ格別之御場所柄雨漏等有之候而も、重而之御修復迄も手を付候事難成候間、弥入念候様可申達被命、此趣以書状申達了

これまでは入札で決めてこなかった内侍所本殿の修理御用などについて、入札を申し付ける町触れが出、これに対して、

朝廷側が従来通りの者に命じてほしい、としている。所司代は、請負人は高値のため入札とするが、実際の御用はこれまで勤めてきた者に行わせると回答している。実務自体は従来通りの者が勤めるとはいえ、内侍所といった重要な場所にさえ、入札制度を導入しているのであり、この時期の財政改善を図る幕府側の姿勢がよく表れている。

(33) 前掲高埜著、八一頁。

(34) 事実か不明だが、下橋敬長は事件の発端は、口向役人の不正を近衛家の家司が見つけたことによると述べており（下橋敬長述・羽倉敬尚註『幕末の宮廷』平凡社、一九七九年、二八三・二八四頁）、口向役人の不正は朝廷側でも問題になっていた可能性がある。

(35) 前掲藤田『日本近世の歴史4　田沼時代』、一四・一五頁。

第四章　女院御所の財政運営
――天明六年「御賄所日記」を素材として

はじめに

序章でも述べたように、近世の朝廷財政に関する研究は、その重要性が認められながらも、蓄積が薄い。そのため、基礎的な部分にも不明な点が多く残っている。その中のひとつに、各御所で必要とされた物品がいかにして調達されていたのか、そして、それに幕府がどのように関与していたのかといった問題がある。

本章のおもな目的は、先行研究の中で多少触れられることはあったが、今までほとんど考えられてこなかったこの点を具体的に解明することにある。さらに、以上の問題を検討することによって、従来、ほとんど無関係とされてきた奥の財政運営と幕府（在京幕府役人ら）の関係(1)について、いくつかの新たな事実を明らかにし、これまでのものとは、また異なった評価を与えてみたい。

なお、本章では女院御所をおもな検討対象とする。第一節で述べるように、先述した課題に適した史料は少ないが、本章で用いる恭礼門院（詳細は後述）御所の賄所の日記である「御賄所日記」（宮内庁書陵部所蔵）は、記述が具体的なこともあり、非常に有用な史料といえる。女院御所のものではあるものの、序章などでも述べたとおり、近世朝廷の各御所の財政運営は、それぞれある程度独立してなされており、基本的には禁裏の財政運営のあり方に、ほかの御所は倣っていた。換言すれば、女院御所の財政運営を明らかにすることは、禁裏のそれを解明することに繋がる。本書ではこれまで、御所の代表格である禁裏に焦点を絞ってきたが、このような理由から、本章に限っては女院御所を対象にし、前記の点を追求していく。

具体的には、御所の勘定方ともいうべき部署である口向の構造にふれたうえで、必要とされた物品がどのようにして購入されていたのか、そしてその際に用いられていた金銭の出納は、いかにして行われていたのかといった点を究明していく。

第一節　「御賄所日記」と女院御所の口向

一　「御賄所日記」とおもな先行研究

まずは、前述の「御賄所日記」について説明しておく。奥野はこの史料を仙洞御所のものとしているが、(2)これは誤りである。実際にこの史料の第一巻を開いてみると、「恭礼門院御所の賄所なり」と記された、筆者不明の鉛筆書きの付箋がある。(3)この史料が女院（恭礼門院、一条富子、一条兼香女、桃園天皇女御）御所のものであることが指し示されている。

たしかに、この史料を読み進めてみると、たとえば一月十四日条に、「仙洞御所　大女院御所江御使」とあることなどから、仙洞御所のものではないことが明らかである（かつ大女院（青綺門院、二条舎子、二条吉忠女、桜町天皇女御）御所のものでもない）。さらに、史料中に記されている女官や口向役人の姓名など(4)から、前述の付箋が示しているように、女院（恭礼門院）御所の口向の一部局である賄所の公用日記であることが確認できる。

以上のような性格を持つこの史料は、天明六（一七八六）年一年分だけが残っている。女院御所に限らず、口向の部局に関する史料は非常に少なく、かつ物品の買入れ過程が詳細に記されているものは、管見の限り、この「御賄所日記」のみである。ほとんど知られていないが、貴重な史料といえる。

つぎに、女院御所の財政運営に関して、先行研究が明らかにしている事実を述べる。前述したように、朝廷の各御所の財政運営は、ある程度独立してなされていた。このうち、禁裏・仙洞御所のそれに関する研究は蓄積は薄いが、いくつかはある。一方で、女院御所についてはほとんどない⑤。そのため、基礎的な事実に関しても未解明の部分が多く残っている。そこで、まずは御所の代表格である禁裏の財政運営がいかになされていたのか、あらためてごく簡単に押えておこう⑥。

この時期の禁裏の収入は、口向・奥定高と諸所からの献上金品がおもなものであった。口向定高は口向で取り扱われ、おもに定例の食費や日用品購入費などの各種費用に充てられた。この口向を統括していたのは、禁裏付であった⑦。一方、奥の収入は、将軍家・諸大名・諸寺社など諸所からの献上金品と奥定高金八〇〇両であった。定例外の食費や諸道具購入費、下賜物、寺社への祈禱料などはここから出されることが多かった。この奥を統括していたのは、女房である長橋局であり、基本的には、所司代や禁裏付が奥の財政運営に介入することはできなかったという⑧。

この口向・奥定高を取り決めた定高制が導入されたのは、安永七(一七七八)年度からだが、以後も支出が定高を上回ることがしばしばあり、取替金による補塡が行われた。そのため、寛政三(一七九一)年分から改正された定高制が禁裏に適用されるようになった。

二　女院御所の口向

天明六年前後の禁裏の財政運営に関しては、上記のような点が明らかになっているが、女院御所についての研究はほとんどない。各御所の財政運営の構造は禁裏のそれに準じているが（たとえば、女院御所に関しても口向・奥定高などが定められている[9]、詳細は不明である。とくに、勘定方ともいうべき部署である口向の構造が、具体的に明らかにされていないことは問題といってよい。まずは、この点を検討しよう。

禁裏の口向は禁裏付が統括、取次が補佐、賄頭が労務管理や会計の総轄などを担い、その下で勘使・賄ら諸役人（賄所に勤仕する役人を「賄」と呼ぶ）が実務を担当したという[10]。恭礼門院御所の口向には、禁裏のそれと同じく取次・勘使（「勘定」とも称される）・賄ら諸々の口向役人がいたものの、付武家（禁裏付のような御所に付けられた幕臣）は置かれなかった。これは恭礼門院御所が特異であったわけではなく、基本的には、近世の女院御所はそのようなかたちを取っていたことが、種々の「雲上明鑑」などから確認できる[11]。また、恭礼門院御所には賄頭も置かれなかった。

それでは、彼らのかかわりを誰が勤めていたのか。まずは付武家について見ていこう。

この点に関しては、禁裏付の職務が箇条書きで記されている「禁中付武家百ヶ条」[12]（東京大学史料編纂所所蔵）が興味深い。この史料には、禁裏の「惣御勘定」（総合的な会計監査）に出席することが、禁裏付の職務のひとつとして記されている。この事実自体は奥野が指摘していることだが[13]、注目すべきは、次条の「一、女院御所御勘定之節も右同断」との記載である。これによると、女院御所の惣勘定にも出ることが禁裏付の職務のひとつとされており、禁裏付が女院御所の付武家としての役割を果たしていたことが窺える[14]。

また、「御賄所日記」五月二十四日条には、「一、六月分御用米証文、今朝藤木氏（大隅守、取次）へ印形取ニ遣し、各連印相調付、御附衆参上之節、調印乞請置」とあり、京都代官から渡される米（「御用米」）の受取証文に、「御附」の印が要されたことがわかる。「御附」が女院御所の口向を統括していたことを窺わせるが、一般に「御附」とは付武家全般を指す。この記事の「御附」が誰か、ここからだけでは特定できないが、前述の惣勘定における役割から、禁裏付であると思われる。それは、米ではなく、京都代官から渡される銀（「御入用銀」）（十二月二十六日条）の受取証文の事例ではあるが、十二月二十七日条に、「一、当十月分証文ニ御付之印乞請ニ水口（右近将曹、勘定）上御所へ参り」とあることからも窺える[15]。

つぎに、賄頭の役を担っていたものが誰かについてであるが、これに関しては不明な点が多い。禁裏で備銀を受け取る際には、取次・賄頭・勘使が連印し、所司代の諮問機関、御所向取締掛である京都町奉行と禁裏付が奥印、さらに所司代が裏判を加えた手形と引換えであった。この取次・賄頭・勘使が連印するというかたちは、禁裏のさまざまな手形や帳面において用いられており、基本的なものであったといえる。

一方、女院御所の備銀の貯蓄高が記された帳面には、取次・勘使の連印、御所向取締掛である京都町奉行と禁裏付の奥印が加えられていた。この連印部の比較から、賄頭の代わりは取次か勘使が担っていた、あるいは両者が分掌していたのではないかと推測される。

以上、女院御所の口向では、禁裏における禁裏付、仙洞御所の仙洞付よりは縮小したかたちではあろうが、禁裏付が付武家としての役割を果たし、その下で取次・勘定・賄などの口向諸役人が勤仕していたと考えられる。各々の職務の詳細は不明だが、奥野らによれば、禁裏の口向の支出は大きく、①勘使所（勘使方）、②賄所（賄方）の二部局のものに分けられる。賄所は味噌や塩などの食物、炭、箸、小間物、桶などの購入、勘使所は、御所の簡単な修復や紙、砂糖、墨などの諸品の買入れにあたっていたという。

女院御所の口向も禁裏同様、勘使所・賄所といった区別があったと考えられる。本章で明らかにできるのは、賄所の部分だけであるが、それでも女院御所で物品がどのように調達されていたのか、またそれに幕府がいかに関与していたのか、その一端を示すことに意味はあろう。

第二節　物品の買入れ過程

さて、「御賄所日記」から、賄所において物品がいかにして買い入れられていたのかを見ていく。女院御所に限らず、各御所は空間的には、前述の口向・奥、および儀式などを行う場所である表に分けられる。そこで、（一）表・口向で使われた品、（二）奥で用いられた品に分けて、物品の買入れ過程を具体的に究明していこう。

一　表・口向で使われた品

賄所で購入されていた品のひとつは、表・口向で使われたものである。その買入れ過程については、次のような史料がある。

［史料二］（「御賄所日記」七月二日条）

一、瀧粉六合、道喜より為相納、御清間へ渡

必要な品を御用達（川端道喜）[23]が賄所に納め、賄がそれを必要な部署（この場合は「御清間」＝台所）に渡している。御用達→賄→表・口向の各部署というルートが明らかになる。[24]

この御用達には規定があった。「御所々御入用筋書抜」に書き留められた天保十五（一八四四）年二月付賄頭伺書（第一巻、御取締掛勤方大意其外之部）によると、各御所における御用達の定員に関しては、安永三（一七七四）年の口向役人不正事件（とそれに伴う多くの御用達の処罰）以後に規定が設けられた。[25]具体的な内容は不明だが、女院御所のそれについても、この時に規定が設けられたのであろう。

また、安永（一七七二—八一）年間には「本途直段」が定められ、それぞれの物品に一定の値段が取り決められた。[26]明和八（一七七一）年頃から、勘定所による朝廷財政に対する監督が強まっており、「関東表」・「江戸」（老中・勘定奉行）からの制御がより積極的に図られるようになったが、その過程で導入された定高制はそれ以前から幕府の各役所ではひろく適用されていたものであった。[27]「本途直段」もこれ以前から幕府では導入されており、[28]朝廷の物品購入に関する「本途直段」も、幕府のやり方を導入したものと考えられる。

以上のように、賄所では表・口向で使われた品を、独占関係にあった御用達から所定の値段（「本途直段」）で購入し、各部署に渡していた。このような物品調達方法は、勘使所でも同様であったと思われる。

二　奥で用いられた品

前述したように、奥の財政運営は女官、とくに長橋局の管轄下にあり、付武家らが介入することは、基本的にはできなかったと評価されてきた(29)。それ自体は事実であろうが、賄所では奥で用いられた品も購入されていた。以下、具体的に見ていこう。

[史料二]（「御賄所日記」一月二十一日条）

一、鎕盤銅壱ツ、亀弥（亀屋弥兵衛）より奥御用ニ而御買上、梅た（梅田、女官、年寄）帳記

「奥御用」として「鎕盤銅」（詳細不明）を御用達（亀屋弥兵衛）より購入している。つづけて、七月三日・五日条の記事も検討してみよう。

[史料三]（「御賄所日記」七月三日・五日条）

（七月三日条）

一、明後五日、開明門院御方始江御非時被下候付、御菓子、源氏ませ巻紅梅、三棹ツヽ、大焼饅三拾、差上可申段、主殿
　被申出、二口屋へ申付遣

（五日条）

一、今日之御菓子、前記之通、二口相納、主殿へ相渡ス

開明門院（姉小路定子、姉小路実武女、桃園天皇生母）らへの菓子と「大焼饅」の購入が、御用達（「二口屋」）に申し付けられている。その後、五日に二口屋から納入があり、奥の女官（「主殿」）に渡されている。[史料二]のように、明

記はされていないが、これも明らかに奥の「御用」のものであろう(30)。

これらの史料から、賄所では奥で必要とされた物品も買われていたことが判明する。なお、この点は禁裏においても同様であったことが、安永五（一七七六）年三月付付武家宛所司代達書から明らかになる。

[史料四]（「御所々御入用筋書抜」第三之上巻、禁裏御賄御入用等之部）

（前略）

一、御進物・御道具類・呉服物・被下物等之類、奥向より被
仰出、無拠相増候旨、毎度御入用掛り之者申立候、右之類、取次・御賄頭等承知ニ而取計、各江不申達、調
進致来候儀と相聞候、右体奥向其外共例年・例月無之品は少分之儀ニ而も取次・（「御」脱カ）賄頭等之心得ニ而は難取計
旨、先々江相達、新規調進之類は其節各江申出候ハヽ、取次・御賄頭等江申渡、本途直段又は吟味直段を以
御入用銀高相極、其上ニ而可被申聞候

（後略）

この史料からは、①禁裏付などには何も断らず、禁裏の取次・賄頭らの判断で、奥から要望された下賜品などを調達していたとの聞こえもあったこと、②安永五年以後は、支出の増大を招くような定例外の品に関しては、賄頭らの判断による調達を禁止したことがわかる。

つまり、賄頭ら口向役人は、奥で用いられた道具類や下賜品などの調達も担っていた。実際には、彼らの下にいる賄らが御用達と取引きを行っていたと考えられるが、いずれにせよ、禁裏においても口向では、奥で用いられた物品も調達されていたことが明らかになる。

さて、ここまで、明らかに奥の「御用」の品と判断できるものについて見てきたが、「御賄所日記」には「御用」か否か判別しにくいものもある。その具体例を次に挙げよう。

［史料五］（「御賄所日記」閏十月二日条・十一日条）

（閏十月二日条）

一、主殿頼干菓子箱詰、来ル十一日ニ相納候様、亀甲屋肥後江申付遣

（十一日条）

一、主殿頼当二日ニ申付置候干菓子箱詰、亀甲屋肥後持参、相渡、代拾匁、別帳ニ記之

［史料六］（「御賄所日記」五月一日条）

一、清岡殿頼重組菓子、五種、明早朝相納候様、亀甲屋肥後へ申付遣ス、翌日相納、主殿へ渡ス、別帳記之

［史料五］では、女官（「主殿」）の要望品（「干菓子箱詰」）の納入を賄が御用達（「亀甲屋肥後」）に命じ、その後、御用達から品物を納めさせ、女官に渡している。その際、「別帳」なるものに、買入れが記録されている。［史料六］も同様であり、まず、女官（「清岡殿」）の要望品を賄が御用達に注文し、納入を受けた後、「主殿」へ渡している。その後、「清岡殿」に渡されたのであろうが、この事例の場合も「別帳」に記載されている。女官からの要望品に関しては、「別帳」に記されることがしばしばあり、(31) この分が別会計であったことが窺われる。

これらが、奥の「御用」の品なのか、それとも女官の個人的な買物なのか、両者を含めて考えてよいと思うが、いずれにせよ、女官の要望で、賄が物品の買入れを行うこともあったことが明らかになる。

このように、賄所で買い入れられていた物品の性格は、大まかにいえば、①表・口向で使われた品、②奥で用いられた品、さらに③奥の女官の要望（「頼」）によって購入された品の三つに分類できる。表や口向で使われた品は当然として、奥で用いられた物、(32) さらには奥の女官の要望による物品も賄所では買い入れられ、各所に渡されていた。賄所は実際に御用達と接点を持ち、表・口向・奥、いずれの場所で用いられた品をも調達していた。

三　代金の支払い

それでは、以上のような物品の調達の際、代金の支払いはいかにして行われていたのか。[史料七]を見てみよう。

[史料七]（「御賄所日記」十二月二十三日・二十五日条）

（二十三日条）

一、当七・八・九、三ヶ月分御払明日可相渡、銀掛下村屋長兵衛より手代喜兵衛罷出、当役代ル〳〵立会、相調置、売人方へ廻状も今日差出、御蔵方へ立会之義も七郎助（篠田七郎助、蔵役人）参上之序申達、御手当被下候ニ付、御払廿五日ニ延引

（二十五日条）

一、七・八・九月分御払有之、立会江坂市之進（ママ、市之丞カ、取締方同心）・曾我喜左衛門（蔵役人）、（中略）当役三人、列座如例、瀬兵衛（蔵方下役）御銀取扱、各印形相調済、畢而退出

掛屋下村屋の手代喜兵衛を召し寄せ、賄が交替で立ち会ったうえで、代金を調えおいた（「銀掛下村―代ル〳〵立会、相調置」）。それと同時に代金支払いの廻状が出され、さらに、京都代官管轄下の蔵方にも立会のことが、蔵役人の篠田七郎助[33]が賄所に参上したついでに伝えられた（以下、蔵役人は京都代官管轄下の蔵役人を指す）。

当初は二十四日に支払われるはずであったが、二十五日に延期となった。その後、二十五日に、代金の支払いが蔵役人の曾我や取締方同心の江坂ら[34]の立会いのもとで行われた。

ただし、この支払いがどの範囲のものなのかは確定できない。前述の①表・口向で使われた品を含んでいることはたしかであろうが、②奥で用いられた品、③奥の女官の要望によって購入された品をも含むかは不詳であり、今後の課題とせざるをえない[35]。

第三節　定高・献上金品と諸帳面

前述したように、女院御所の収入は口向・奥定高と諸所からの献上金品がおもなものであり、物品の購入代金もここから出されていたと考えられる。本節では、これらの出納方法を見ていく。また簡単にではあるが、賄所で作成されていた諸帳面についても触れておく。

一　定高と献上金品

まずは、口向の年間予算である口向定高から検討する。

[史料八]（「御賄所日記」十二月八日条）

一、去巳十一月分御入用前請取残銀・十二月分同断、出方控帳ニ有之、原田太左衛門（蔵役人）持参、手形三通ニ引替（後略）

天明五年の十一・十二月分の入用のうち、前渡しの分の残りを蔵役人の原田太左衛門が持参し、賄が手形三通と引替えにこれを受け取っている。口向の入用は、口向定高から賄われるのが原則であり、また、口向定高には、月ごとの予算が取り決められていた(36)。これらの点から、この[史料八]で原田が持参している残銀は、天明五年における口向定高の十一月・十二月分のうち、前渡しされたものの残りと考えられる。以上のように、口向定高のうち賄所で要された分は、蔵役人から賄に渡されていた(37)。

つぎに、奥の主要な収入源である奥定高と諸所からの献上金品が、どのように奥に渡されていたのか見てみよう。まずは、前者（奥定高）について検討を加える。

［史料九］（「御賄所日記」十一月十五日条）

一、奥御用金弐百両、皆弐朱也、女一宮（欣子内親王、後桃園天皇女）様御服料百枚、篠田七郎助持参、証文ニ引替請取之、勘定出仕後相渡、後刻取次・勘定立会、梅田江被相渡

奥定高（「奥御用金」）二〇〇両と「女一宮」に対する「御服料」一〇〇枚を蔵役人の篠田七郎助が賄所に持参し、賄が証文と引替えに受け取った。その後、この二〇〇両と一〇〇枚は、出仕してきた勘定（勘使）に渡され、取次・勘定立会のもとで、女官の梅田に渡された。

このように、奥定高は口向を介して奥に渡されていた。それでは、奥で実際に金を受け取った梅田（「史料二」にも現れている）とは、いかなる者であったのか。宝暦九（一七五九）年五月十一日、当時、准后であった一条富子（後の恭礼門院）の中臈「りか」が「年寄」に任ぜられ、「梅田」と改名した。[38] 彼女は寛政元（一七八九）年でも「年寄」であり、[39] 長くこの地位にいた。

高橋博によると、女院の女官には、上臈、中臈、下臈があり、上臈は禁裏の尚侍（近世においては形骸化していた）・典侍、中臈は掌侍にあたった。掌侍のトップである勾当内侍は奥の要であり、多様な職務を担っていたという。[40] 高橋の研究では、「年寄」の性格に関する具体的な記述がないので、梅田の地位について、はっきりとしたことはわからない。しかし、彼女は中臈から「年寄」になっており、かつ上臈にはなっていない。このことから、彼女は禁裏でいうところの勾当内侍のような役職にあり、実務面で大きな責任があったのではないかと推測される。

いずれにせよ、ここまでの検討から奥定高は、蔵役人→賄→勘使→（取次・勘使立会のうえで）梅田という、口向を介したルートで奥に渡されていたことが明らかになる。

つぎに、諸所からの献上金品について見る。［史料一〇］は、天明六年九月に死去した徳川家治（「浚明院」）への贈位に対する、幕府からの「御礼」銀に関するものである。

［史料一〇］（「御賄所日記」十一月二十五日条）

一、関東使（六角広籌、高家）持参候　浚明院殿御贈官之御礼物白銀百枚ヲ篠田七郎助持参、則請取、如例認置候ニ、当番石州之印
　　乞請相渡、銀子ハ勘定・取次衆立会ニ而奥ヘ被上

すなわち、「関東使」＝幕府の使者が持参してきた銀一〇〇枚は、蔵役人の篠田七郎助から賄に渡された。何らかの証文（もしくは帳面）に「石州」（取次の広瀬石見守か）の印が加えられ、篠田に渡された。現銀は勘定（勘使）・取次立会いのうえで、奥に渡された。この事例から、奥の主要な財源のひとつである献上金品は、口向を介して奥に渡されていたことが判明する(41)。

奥の財政運営は女官の統括下にあり、所司代・付武家ら幕府役人や口向役人が介入することは、基本的にはできなかったと捉えられてきた。幕府（在京幕府役人ら）と奥の財政運営については、無関係さが強調されてきたわけであるが(42)、［史料九］［史料一〇］などをみると、口向は奥の収入をかなり把握していたと考えられる（同時に現銀そのものは奥で管理されていたことも窺われる）。基本的には介入できなかったこと自体は事実であろうが、賄所で購入されていた物品の中には奥で用いられていたものも含まれていたことを考え合わせれば、付武家が統括していた口向は、奥の財政運営にまったく無関係であったとはいえない(43)。

二　諸帳面

最後に、賄所で作成されていた諸帳面に関しても、簡単にではあるが、触れておこう。

［史料一一］（「御賄所日記」十一月一日・四日・十三日条）

（一日条）

一、去巳年十二月分御勘定下帳出来ニ付、小堀元〆江手紙相添、為持差遣ス、落手候旨、返書出来（後略）

（四日条）

一、去巳十二月分御勘定帳、算当相済、小堀元〆鷹屋・矢守より返却、此間差遣候通帳類員数相違無之落手候旨、返書認遣ス

（十四日条）

一、去十二月分御勘定帳清書出来候由ニ付、取ニ遣ス（後略）

天明五年十二月分の支出などが記された勘定帳の草案が賄所で作成され、京都代官小堀の元締に差し出されている。その後、勘定が済み、関係する諸帳面とともに京都代官元締から賄所に返却されている。そして最後に、おそらくは賄所の帳面役の手によって、清書されている。

「御賄所日記」を見ていくと、このような支出などを記した勘定帳が毎月分作成されていたことがわかる(44)。この［史料一一］からは、その過程において、京都代官所による勘定がなされていたことが明らかになるが、その際に間違いが発見された場合には、書き直しをさせることもあった。

具体的にいえば、「御賄所日記」十一月十七日条の記事である。これによると、「六月分勘定下帳ニ砂糖之直段書損」などがあることを京都代官元締から知らされた賄は、修正を加えている（「諸帳見繕候而致都合返書認」）。書き損じの指摘を受けて、書き直しているのである。

以上のように、賄所の支出は京都代官所によってチェックされていた。一方で、これらの帳面が所司代や武家伝奏に提出されていたかは明記されていない。ただし、「御賄所日記」閏十月十七日条には、

［史料一二］（「御賄所日記」閏十月十七日条）

一、今日勘定取締方より呼ニ来、（中略）去年十一・十二月御勘定帳面等甚及延引候、所司代より被尋候、則致如何遅滞ニ成候哉之趣無之而は、難相済候間、延滞之訳断書相認差出候様ニとの事之由

との記事があり、勘定帳の提出の大幅な遅延に所司代が不審を抱き、その結果、延滞の理由を記した断書の提出が求められている。ここから、所司代にもこれらの帳面が差し出されていた（あるいは賄からの提出が報告されていた）のではないかと思われる。

以上のように賄所においては、月間の支出などを記した帳面が作成され、それに対して所司代や京都代官所などがチェックを行っていた。禁裏付だけではなく所司代や京都代官所などまでもが、賄所の支出に注意を払っていたのであり、口向に対する在京幕府役人のチェック体制が、何重にもわたって敷かれていたことが明らかになる。

おわりに

まず、本章で解明した点を簡単にまとめよう。

① 女院御所には付武家が置かれなかったが、惣勘定には禁裏付が出席し、「御用米」などの受取証文にも「御附」、この場合、禁裏付の加印が必要であった。禁裏の禁裏付、仙洞御所の仙洞付とはまったく同じではなく、より縮小されたものではあろうが、禁裏付は、女院御所の付武家としての役割を果たしていた。

② 女院御所の賄所における物品の買入れ・納入過程は、(A)賄が御用達に申し付け、納入を受けたのち、その物品を必要としている表・口向の各部署に渡す、(B)奥で用いられるものを賄が御用達から購入し、それを奥に納入する、(C)奥の女官の要望で、賄が御用達から買い入れ、渡すといったものであった。

「御賄所日記」の性格上、明らかになるのは賄所における物品の買入れ・納入過程だけであるが、賄所では表・口向はもちろんのこと、奥で用いられた品も買われていた。これは勘使所などでも同様であったと推定される。口向は、奥で必要とされた物品の調達の実務をも担っていたのであり、奥がどのような品をいかほど購入していたのか、かなり正確に把握していたと思われる。いくつかの例外はあろうが、口向は、御所全体で必要とされた物品の調達の大部分を担っていたと考えられる[45]。

③　奥定高・諸所からの献上金品はともに、口向を介して奥に渡されていた。現銀自体は奥で管理されていたようであるが、奥に納められる際には、口向が窓口としての役割を果たしていた。その意味で、口向は奥の収入の概要を把握できていたと考えられる。むろん、口向定高は同所において取り扱われていたので、口向は女院御所全体でどれほどの収入があるのか、大体のところは理解していたと考えられる。②も考慮に入れれば、口向は、奥の収支の概要を把握できる立場にあり、女院御所全体の物・金の流れを、かなり正確に捉えていたと考えられる。

奥野が奥定高の取扱いを「内廷会計」と評していることに代表されるように、奥の財政運営に対する幕府（在京幕府役人ら）の関わりはほとんどないと評価され、その側面ばかりが強調されてきたが[46]、じつは付武家が統括していた口向を通じて、一定の関与はあったのである。

以上が、明らかにしたおもな点である。本章では、女院御所について検討したが、前述したとおり、各御所の財政運営は、基本的には禁裏のそれに倣っていた。したがって、上記のようなあり方は、おおまかな所では禁裏においても同様であったと推測される。さらにいえば、後述するように、禁裏の口向では幕臣がより重要な位置を占めており、口向を通じた、奥の財政運営に対する幕府の関与は、より強かったと考えられる。

最後に、朝廷の奥の財政運営と口向の関係について、奥の支出増大の問題、口向役人の構成の変化などと絡めて、もうすこし論じておこう。

安永六（一七七七）年十二月付武家伝奏宛所司代書付（「御所々御入用筋書抜」第二之上巻、禁裏御賄御入用等之部）には、「当時、　御所数も多、別而近来奥為御取替物、御手張ニ相成候趣付、前書御定高相極候」などとあり、各御所に定高制が導入された一因は、奥に対する取替金の増大にあったという。これに代表されるように、この時期に限らず、各御所の奥の支出増大はしばしば問題になっており[47]、その抑制はつねに大きな課題のひとつであった。

一方、禁裏においては、安永二・三年の口向役人不正事件を契機に、口向の実務上級職である賄頭と、勘使の半分が幕臣、それも勘定所系列の者によって占められるようになった。

つまり、口向役人不正事件後の禁裏の口向においては、幕臣である禁裏付が統括者であったことに加えて、実務上級職の多くも幕臣（勘定所系列の者）によって占められるようになった。勘定所による監督がより一層強化されることになったのである[48]。

本章で明らかにした口向を通じた物・金の流れを考慮に入れれば、以上のような口向役人の人事変更には、口向に対する監督強化というだけではなく、問題になりがちな奥の物・金の流れをより正確に捉え、朝廷全体の収支をよりいっそう具体的に把握しようとする幕府（老中・勘定所）の意図も込められていたのではないかと推測される。

（1）　たとえば、奥野高廣『皇室御経済史の研究　後篇』（中央公論社、一九四四年）、三三〇―三三九、四五〇頁など。

（2）　前掲奥野著、五一七頁。

（3）　前述の誤りから、奥野が閲覧した際には、この付箋は存在しなかったと思われる。比較的新しい筆跡であり、宮内庁書陵部の関係者のものではないかと推測される。

（4）　枚挙に暇がないが、女官でいえば、後述する「年寄」の梅田、十二月十四日条などに現れる「越前」・「小大進」（高橋博『近世の朝廷と女官制度』吉川弘文館、二〇〇九年、二二〇頁によると、寛政元（一七八九）年の段階では下﨟）、口向役人でいえば、たとえば一月十一日条で「御使」を務めた「広瀬」（取次広瀬石見守）・七月十二日条の「民也」（賄徳岡民也）・十二月二十七日条の「水口」（勘定水口右近将曹）など。なお、以下とくに表記しないかぎり、取次などの役職は、女院御所のものである。

（5）　日柳彦九郎「徳川時代の記録に現れたる皇室費（一）・（三）」（『山口商学雑誌』四・六、一九二七年）などが、料地そのほかの基礎的な事実について簡単にふれてはいるが、専論はないといってよいだろう。

(6)　前掲奥野著、日柳論文、第Ⅰ部第一章・第二章など。
(7)　後述するように、禁裏付の下には、取次・賄頭・勘使などの口向役人がおり、物品の購入や事務手続きなどにあたっていたという（前掲奥野著、三四二頁）。
(8)　奥の財政運営に関しては史料がまったくといってよいほど残存しておらず、基礎的な事実すらほとんど明らかになっていない。
(9)　ただし、禁裏の口向定高が銀七四五貫目、奥のそれが金八〇〇両であるのに対して、女院御所は、それぞれ一九二貫目、四〇〇両と額は低い（前掲日柳論文（三））。
(10)　前掲奥野著、三四二頁。
(11)　朝幕研究会編『近世朝廷人名要覧』（学習院大学人文科学研究所、二〇〇五年）を参照した。なお、女院御所に付武家が置かれなかったことに関しては、女院御所研究会「平松時行『女院御用雑記』（宝暦三年）――翻刻と解題（一）」（『論集きんせい』三〇、二〇〇八年）の村和明執筆部分ですでに指摘されている。東福門院には弓気昌利らが付けられていたが、あくまで特別な地位にあった東福門院個人に付けられたにすぎないと考えるべきであろう。
(12)　文化十（一八一三）年頃作成と推定されている（石川和外「禁裏付武家」高埜利彦編『身分的周縁と近世社会8　朝廷をとりまく人びと』吉川弘文館、二〇〇七年、一四五頁）。
(13)　前掲奥野著、四七八頁。
(14)　なお、仙洞御所の惣勘定に関する記載はとくにない。
(15)　「上御所」とは禁裏を指す（八月二十一日条・二十二日条など）。
(16)　口向定高の余りの三分の一を毎年京都代官のもとに貯え、臨時の備えとしたもの（前掲奥野著、四五六頁など）。
(17)　第Ⅱ部第二章。
(18)　同右。なお、このような帳面は、仙洞御所においても作られていた（前掲奥野著、五八一頁）。当然、禁裏においても作成されていたと考えられる。
(19)　おそらくは分掌ではなく、より実務型の勘使が担っていたと思われるが、確証はない。
(20)　なお、仙洞御所の口向の構造は、ほぼ禁裏のそれと同様である（前掲奥野著、五四二―五五三頁）。
(21)　なお、御所の修復を行う際、費用が少額の場合は自弁（「御手沙汰」）であったが、多額に及ぶ際には幕府が負担した。

勘使所の受け持った修復とは自弁の場合のことであり、具体的には勘使所に属する修理職が担当した（前掲奥野著、三六四頁）。

(22) 下橋敬長述、羽倉敬尚註『幕末の宮廷』（一九七九年、平凡社）、一五二―一六四頁、前掲奥野著、三六四、四一四―四三八頁。

(23) 御用達のひとり。餅の製造・販売などを行い、当主は代々道喜と名乗った。

(24) ほかの事例としては、二月二日条など、枚挙に暇がない。

(25) 第Ⅰ部第二章でもふれた通り、「御所向御出入売人共人数高、安永三午年以後御取極有之」とある。

(26) 前掲奥野著、四三九、四八八―五〇五頁、第Ⅰ部第三章。むろんすべての物品に「本途直段」が設定されたわけではなく、よく購入される代表的なものなどに対してだけである。なお、奥野は本途直段は市中直段の一割引きとしているが（前掲奥野著、四三九頁）、つぎの史料（勝海舟『吹塵録　下巻』原書房、一九六八年、四一九頁）を見る限り、再検討が必要ではないかと考えられる。

（前略）追々御用途多相成候に付、為御増補銀百貫目つゝ年々足被進候旨、文久三亥年御達有之、右目当を以御取賄之積、安永度本途直段を以御勘定仕候儀之処、追々諸色高直相成、御出入諸売人共割増之儀相願、呉服以下諸色野菜等迄夫々割増被下候内、魚類之義は割増にては始終悉精魚のみ調進之程も無覚束候に付、御膳御間之分は、市中直段一割引にて調進之積被仰渡、本途直段に引比候得は不同は有之候得共、凡十倍余之増方相成、都て割増之分は御定高外別段諸渡銀より御出方相成（後略）

幕末期に生魚、それも天皇の食事などの分は市中値段の一割引きで調進しており、本途直段よりはるかに割高であったことがわかる。これを見る限り、本途直段は市中直段の一割引きとはいえない。

(27) くわしくは、第Ⅰ部第一章・第二章を参照してほしい。

(28) 西和夫『江戸建築と本途帳』（鹿島研究所出版会、一九七四年）、『日本財政経済史料』第八巻（一九二五年）、六三八頁など。

(29) 前掲奥野著、三二〇―三二九、四五〇頁など。

(30) 同種の事例はほかにも多く挙げられる。たとえば、八月一日条には、「一、御花壱瓶、専助納、奥へ渡」とあり、これも奥の「御用」と考えられる。なお、二口屋は禁裏の「御用」も勤めている（虎屋社史編纂委員会編『虎屋の五世紀』通史編、二〇〇三年、二七・二八頁)。

(31) たとえば、二月八日条、十一月二十七日条など。

(32) なお、奥の場合なども、前述の「本途直段」が適用されたのではないかと思われる。

(33) 七郎助とは「篠田七郎助」のことである。彼に関しては、十月十一日条の記事に「小堀御蔵方篠田七郎助」、十二月二十三日条に「御蔵方篠田七郎助」とある。よって、この「御賄所日記」において、ただ「御蔵方」と記されている場合は、(二条蔵役人ではなく)京都代官が管理していた蔵の蔵役人のことを指すと考えられる。

(34) 曾我の役職については、一月二十二日条の記事などから判明する。また、江坂らのそれについては、七月十三日条の記事などからわかる。

(35) なお、少々例外的なものだが、次のような事例もある(「御賄所日記」一月三日条)。

　一、尾張屋勘兵衛より例年之通小間物類入御覧、不相替奥御用御買上物等有之、外ニ堀かわ殿御頼分、品数七ツニ而金弐歩ト弐百文即刻被出、右手代ニ相渡シ、請取書為致、おいさへ向相渡(後略)

尾張屋が例年のとおり、小間物類を販売に来、「奥御用」の品などが購入された。ほかに女官である堀河の要望分も買い入れられた。この分の代金として金二歩あまりが出され、賄から尾張屋手代に渡された。

このように、代金の支払いが直接、行われることもあった。

(36) 前掲奥野著、四四九頁、第Ⅱ部第二章。なお、原田に関しては、一月二十二日条などの記事から役職が明らかになる。

(37) 類似の事例は多くある。一例として、十二月十四日条には、「一、当十一月・十二月分前請取銀、御下知相済、篠田七郎助持参、手形ニ引替、受取之」とあり、本年度の十一月・十二月分の入用の一部を、蔵役人篠田から受け取っている。

(38) 『広橋兼胤公武御用日記　九』(二〇〇九年)、同日条(二六頁)。

(39) 前掲高橋著、二二〇頁。

(40) 同右高橋著、序章・第四章・第八章。なお、上臈は天皇の食事の配膳や身支度など、中臈は女房奉書や献上物の管理など、下臈はそのほかの雑務を担ったという。

(41) なお、[史料一〇]の「御礼」銀については、十二月二日条に、

　一、関東浚明院(徳川家治)殿御贈官御礼銀百枚、御配被下候様被　仰出、(中略)右配分銀、勘定承ニ而、下村屋持参、廿壱匁五分壱包、廿匁廿包、銭四拾弐貫九百文

とある。この「御礼」銀の一部は（おそらくは女官らも含めたもろもろの者に）配分されることになった。その際、下村屋が両替し、持参している。この後、実際に配られたのであろう。

問題は、この銀・銭を下村屋がどこから持参してきたかである。奥から銀を受け取り、両替して持ってきたのか、それとも一時自分で立て替えておいて、あとで奥から直接か、口向を経由して支払ってもらったのか、あるいはそもそも、この「御礼」銀の配分銀は見せ金のようなもので、実際には配られず、下村屋が保管し、女官らが個人的な支払いをする際に活用したのか。詳細は不明だが、興味深い。

(42) 前掲奥野著、三二〇―三二九、四五〇頁など。

(43) 禁裏の取次の記録である「禁裏執次日々申送帳」（宮内庁書陵部所蔵）安政七（一八六〇）年二月二日条には、「一、御進献之御銀、小堀勝太郎《（正明、京都代官）》手代、勘使所江持参、当番面会請取、以表使上、証文認遣ス」とある。ここから将軍家からの献上金品は、禁裏においても女院と同じように、口向を介して奥に渡されていたことがわかる。

なお、［史料四］には、安永五年以後は、奥からの要望による呉服類なども含めた、支出が増大するような定例外の品を調達する際には、禁裏付らに申し出るようにせよとある。この時、禁裏付らが奥からの要望を断ることができたかは興味深い問題だが、不明である。難しかったのではないかと推測されるが、なお検討が要される。

(44) ほかに、十一月七日条など。この種の帳面については、第Ⅱ部第二章などでも触れる。

(45) もちろん、山科家による装束の調達といった、家職に関わるものなどは、本章で検討してきたものとは、またすこし別であろう。

(46) 前掲奥野著、三二〇―三二九、四五〇頁など。なお、「内廷会計」の部分は四五〇頁。

(47) 第Ⅰ部第二章、第Ⅲ部第一章・第二章など。

(48) 以上、口向役人不正事件と勘定所については、第Ⅰ部第二章・第三章。なお、第二章で筆者は、この口向役人の人事変更や定高制導入などの動きを「禁裏財政の幕府財政一部局化」と論じた。

第II部　朝廷財政と在京幕府役人

第一章　近世後期の京都代官と朝廷財政

はじめに

これまで、保証や支援の変遷について検討してきた。しかし、それを可能にしていた具体的な仕組みに関しては、不明な点が多い。序章などでも述べたように、保証や支援は朝幕関係を根底のところで支えていた要素のひとつといえる。したがって、その仕組みを通時的に解明することは、朝幕関係を考えるうえで重要な作業となる。そこで本章では、その一環として、ひとつの画期といえる定高制の改正があった寛政（一七八九―一八〇一）年間以降を中心に、仕組みの重要な部分、具体的には口向・奥定高の財源や京都代官の役割などを明らかにしていく。(1)

第一節　口向・奥定高の財源

一 「御所々御料高幷御賄御定高其外共覚書」について

本章において重要な史料となるのが、宮内庁書陵部所蔵の「御所々御料高幷御賄御定高其外共覚書」である。その作成年代は、安政四（一八五七）年の口向の収支と同五年十月時点での備銀などの貯蓄額が記されている点から、安政五年末頃ではないかと思われる。作成者は不明だが、この史料に記されている諸事実（定高制の由来など）が、先行研究やほかの史料と符合する点から、基本的には信頼に足るものといえる。また、幕末の史料ではあるが、序章などで述べたように、寛政年間の改正以後、文久三（一八六三）年まで、定高制自体には、それほど大きな変化は見られない。したがって、寛政年間以降の定高制のあり様を強く反映していると考えられる。これまでほとんど知られていない貴重な史料であるので、まずはその全体構成を紹介しておこう。

①　まず、禁裏料の石高や米納・銀納の内訳などがあげられた後、(2) 奥定高の額が記されている。これは規定どおり、金八〇〇両であった。

②　次に、安政四年の口向定高の財源と口向の総支出額などが書き記されている。同年の口向の総支出は銀七四四貫三六〇目であり、その内訳は、「常式」（四八一貫一一〇目あまり）・「臨時」（二三四貫一八〇目あまり）・「臨時別帳」（二九貫六〇目あまり）であった。「常式」は通常の支出で、「臨時」「臨時別帳」は臨時の支出であるが、「臨時別帳」は別に帳面を作らなければならないほど、とくに説明や補足が必要な臨時の支出と考えられる。具体的には、親王宣下など臨時ではあるが大規模ではない儀礼の費用や、それに伴う幕府への進上物、あるいは能や囃子の開催費用などに限定されていた。(3)

③　つづいて、米方の支出分に関する記述などの後、勘使所に預けられている金銀が記されている。(4) その総計は約二四貫目・一二六四両であった。

④　さらに、「無利足ニ而小堀（正明、京都代官）江御預之分」として「御備銀」・「荒年御手当銀」・「臨時御神事料残米御払代」(5) といった項目が立てられ、それぞれの由来と安政五年十月時点での貯蓄額が書かれている。貯蓄額は、順に約十八貫目・貯蓄なし・九貫目であった。

⑤　最後に、京都代官や京都町奉行取扱いの貸付金の性格などが記されている。(6)

この史料からは口向定高の財源が詳細に明らかになるが、それと同時に、この時点での定高や、それを支えた備銀などの諸制度の運営状況もわかる。具体的には、①安政四年においても、帳簿上は、口向の支出は銀七四四貫目強と、定高の範囲内でなんとか収まっていたこと（翌年の定高からの前借りなどがしばしば行われていたため、実際に収まっていたかどうかは別問題である）[7]、②臨時の備えである備銀や荒年手当銀の貯えは微少であったこと、③勘使所に預けられている金銀がそれなりにあったことなどが明らかになる。なお、③の金銭については、勘使所という場所の性格から考えて、基本的には禁裏関係の支出に充てるためのものであったと思われる[8]。

さて、まずは、この史料などを用いて、寛政（一七八九―一八〇一）年間以降における保証や支援の根幹であった口向・奥定高の財源を解明していこう。

二　口向定高の財源

奥野は、口向定高の財源を、禁裏料の物成・「取立銀」・「被進銀」、各々の割合は、三〇二貫目・八〇―九〇貫目・三六〇貫目ほどではないかとしている。一方、日柳は、「御物成幷諸取立物即ち御料よりの御収入」三八五貫目と「諸渡金銀又は町奉行所貸付利金」三六〇貫目が財源だと述べている[9]。

しかし、両者ともに財源ひとつひとつの具体的な性格に関しては、とくに言及していない。また、割合についても不明な点があり、より詳細な検討が求められる。そこで、まずは、「御所々御料高幷御賄御定高其外共覚書」を用いて、口向定高の財源の性格とその割合を、より具体的に明らかにしていく。

前述したように、この史料からは、安政四年における口向定高の財源の内訳がわかる。これをまとめると、表1のようになる。

この表によると、口向定高の財源は、

表1　口向定高の財源

分類（内容）	額（単位：貫目）
禁裏料の物成	360
被為進銀	341
京都町奉行取扱いの貸付金の利息	23
京都代官取扱いの貸付金の利息	11
京都代官取立銀	8
勘使所取立物・払物代銀	1
雑品売払代銀など	1
総計	745

① 禁裏料の物成
② 京都町奉行・京都代官取扱いの貸付金の利息
③ 京都代官取立銀および勘使所取立物・払物代銀⑩
④ 雑品売払代銀など（孤売払代銀など）
⑤「被為進銀」

であり、そのうちの約四八％を禁裏料の物成が、四六％を「被為進銀」が占めている。口向定高の主要な財源は、禁裏料の物成と「被為進銀」であったといえよう（「被為進銀」の詳細については後述する）。

三　奥定高の財源

奥定高に関しては、毎年、金八〇〇両が奥に渡されていた程度のことしか、これまで明らかになっておらず、財源も不明とされてきた⑪。

この点については、「御所御賄向其外凡取調書」⑫と題された史料を検討したい。この史料は、慶応三（一八六七）年三月に京都入用取調役⑬の渡辺啓之助らが、禁裏料の変遷や定高制の由来などを取り調べて作成した報告書である。同年八月に、山城国一国が禁裏料としてあらたに設定されたこと⑭を考えれば、そのための調査書かと思われる。

さて、この「御所御賄向其外凡取調書」の中には、奥定高の財源の内訳を記した部分がある。それが次に挙げる［史料一］である。

［史料一］（『吹塵録　下』、四二一頁）

御所御賄向其外凡取調書

（中略）

一、金八百両

是は奥御用金御定高之分、内金五百八拾七両弐分・永百文は諸渡金より、弐百拾弐両壱分・永百五拾文は町奉行所掛御貸付利金を以御出方相成申候（後略）

何年の内訳を記したものであるかは、はっきりとはわからないが、この史料が慶応三年に記されたものであることを考えれば、おそらくは慶応初年頃のものであろう。

さて、これによると、奥定高の財源は、

① 京都町奉行が取り扱っていた貸付金の利息

② 京都代官が管理していた京都代官預諸渡銀⑮

であり、前者が二一二両ほど（約二七％）、後者が五八八両ほど（約七三％）であったという。これを表にすると、表2のようになる（行論の都合上、表2は後掲する）。

ところで、京都町奉行取扱いの貸付金の中には、「新中和門院御旧料金御貸付」金と呼ばれるものがあった。定高制が禁裏に導入された安永七（一七七八）年以降における、この貸付金の元手は三五四〇両、利率は年六分であった。したがって、滞納なく取り立てることができたとすると、一年の利息は約二一二両となり、このうち一五〇両が閑院宮に渡され、残り（約六二両）は奥定高の財源に充てられることになっていた⑯。

ところが、［史料一］で奥定高の財源に充当されていた、京都町奉行取扱いの貸付金の利息は六二両ではなく、「新中和門院御旧料金御貸付」金の利息の一年分にあたる、約二一二両であった。つまり、規定と［史料一］の間に齟齬が見られるのである。

この齟齬は、なぜ生じたのであろうか。この点に関しては、「御所々御入用筋書抜」第三之上巻、禁裏奥上金幷口向御定高内江差加相成候御貸付利歩幷御所役人御手当御取締掛役所入用共御貸付元立等之訳に、安政四（一八五七）年の時点で、その利息が口向・奥定高の財源や口向役人の手当、御所向取締掛の入用に組み込まれていた京都町奉行取扱いの貸付金が列挙されている。また、そのひとつひとつの由来や利息の使途などについても、詳細な説明が加えられている。その中には、「新中和門院御旧料金御貸付」金に関する記述もある。その一部を次に挙げよう。

[史料二]

（前略）三千五百四拾両向後元高ニ相定、貸付（中略）毎年利金之内を以閑院宮江被進、残金は
御所向御取替之内江遣払之積、安永度土大炊頭殿（土井利里、所司代）江伺済ニ而、今以右利金之内年々百五拾両ツヽ、閑院宮江被進、
残金は
御所御賄御入用之内江相渡申候
（朱書）「下ヶ札」（朱書）「書面閑院宮当時御無住被進相止候付、次小堀勝太郎（正明、京都代官）手形之通、奥御用金八百両之内江差足、御遣方之積、
右利金不残勝太郎江相渡、尤年々奥上金は盆暮両度ニ四百両ツヽ、奥上相成申候」

請取申金子之事
合金弐百拾弐両壱分・永百五拾文
右は
禁裏奥御入用之内江書面金高、於御役所去辰年中御貸付利金請取申所如件
安政四巳年六月
小堀勝太郎　印

岡部備後守殿
浅野中務少輔殿（長祚、京都町奉行）（豊常、京都町奉行）

この史料は、本文・下ヶ札・京都代官の受取手形の三つに分けられる。前述したので、詳細は繰り返さないが、利息のうち一五〇両は閑院宮に渡され、残りは奥定高の財源に充当されることになっていたという。ところが、次の下げ札の部分からは、この時期、閑院宮が無住であったため、一五〇両は閑院宮に渡されず（＝「閑院宮当時御無住被進相止候付」）、京都代官の受取手形にも記されているように、奥定高の財源に充てられていたことがわかる（＝「次小堀勝太郎手形之通、奥御用金八百両之内江差足、御遣方之積」）。(17)

つまり、［史料一］だと、奥定高の約二七％にあたる二一二両ほどが、京都町奉行取扱いの貸付金のひとつである「新中和門院御旧料金御貸付」金の利息から賄われていたが、これは閑院宮家の当主が不在であったため、利息のすべてがここに回されていたからなのである。当主が健在の場合は、京都町奉行取扱いの貸付金の利息が占める割合は、もうすこし低かったのではないかと思われる。

四　臨時に渡される金銀の財源

くわしくは第III部第二章で述べるが、幕府は枠組みを超えた朝廷からの臨時の要望にも、京都町奉行・京都代官取扱いの貸付金や京都代官預諸渡銀などを用いることで、応えることがあった。その一例として、所司代・松平乗寛から京都町奉行・松浦忠らに宛てられた、文政二（一八一九）年十一月晦日付の達書を、次に挙げよう。

［史料三］（首都大学東京図書館所蔵「水野家文書」、A一―十六）

（前略）
嘉宮御儀、（宣子女王、閑院宮美仁親王女）

仙洞（光格上皇）御猶子ニ而御世話被遊、有栖川中務卿宮（韶仁親王）江縁組内約ニ付、追々支度被調度、右ニ付、円台院宮御振合を以自
江戸表支度料被進候様被遊度被　思召候、当時御倹約中、
御遠慮被　思召候得共、
御猶子之御儀ニ候得は、聊ニ而も御世話被成遣度、併推而も難被
仰進、先被及内談候、金五百両被進度、若五百両ニ而御差支も候ハヽ、可然程被　仰進度、尤後之御例ニは不相
成、全此度限宜勘考有之度旨、先達而伝　奏衆被申聞、書付被致持参候付、各々取調候趣共江戸表江相達候処、
為支度料金三百両被進候間、其段両卿江可達候、右御金出方之儀は小堀中務（正徳、京都代官）預諸渡銀之内より出候様可取計旨、
年寄衆より申来、則両卿江相達、中務江申渡候間、可被得其意候
「文政二卯年」（朱書）
十一月「晦日」（朱書）

前半には朝廷側からの要望が、後半には、それに対する老中からの指示が記されている。要望の内容は、有栖川宮韶仁親王のもとに嫁ぐことが内々に決定した嘉宮の支度料を幕府（＝「江戸表」）の方で用意してもらいたい。具体的には、できれば金五〇〇両を、難しいようならば、相応の額の金銀を用意してほしい（＝「金五百両被進度、若五百両ニ而御差支も候ハヽ、可然程被　仰進度」）とのものであった。これを所司代から伝えられた老中は、金三〇〇両を提供する、ついては、その三〇〇両を京都代官が管理する京都代官預諸渡銀のうちから捻出するようにと指示している（傍線部）。

このように、幕府は朝廷からの臨時の要望に応えるために、京都代官預諸渡銀や京都町奉行・京都代官取扱いの貸付金を活用することがあった。

第二節　京都代官と口向・奥定高

一　「被為進銀」と京都代官預諸渡銀

ここまで口向・奥定高の財源などを明らかにしてきたが、口向定高の財源として大きな割合を占めていた「被為進銀」の性格が不明な点は問題である。これについては、「御所々御入用筋書抜」に書き留められている、寛政五年十二月付けで老中から京都代官に宛てられている覚書が興味深いので、次に挙げよう。

［史料四］（「御所々御入用筋書抜」第三之上巻、禁裏御賄御入用等之部）

覚

奥御入用御定高
一、金八百両
御賄御入用御定高
一、銀七百四拾五貫目

右は
禁裏奥御入用并御賄御入用御定高之内江右御料御物成、其外町奉行所貸付利金銀并諸取立物等相渡、其余御定高之都合ニ相成候金銀、去々亥（寛政三）年分より年々被進之候条、其方共預リ諸渡金銀之内を以月々相渡候節、有田（貞勝、禁裏付）播磨守・石谷（清茂、禁裏付）肥前守以裏判手形渡置、其年々被進高相決候上、堀田（正順、所司代）相模守裏判之一紙手形ニ引替可有勘定候、以上

寛政五丑十二月

（安藤信成、老中）対馬　印
（太田資愛、老中）備中　印
（戸田氏教、老中）采女　印
（松平信明、老中）伊豆　印

内藤重三郎殿（忠恕、京都代官）
小堀縫殿殿（邦明、京都代官）

簡単にではあるが、この史料の内容を紹介しておこう。①まず、口向・奥定高の財源に、禁裏料の物成と京都町奉行取扱いの貸付金の利息、「諸取立物等」を充当するとしている、②次に、それだけでは足りない分は幕府から渡す、具体的には京都代官預諸渡銀の一部をこれに充てるとし、③最後に、実際の出納方法が記されている。すなわち、口向・奥定高の財源に充てられる京都代官預諸渡銀は、禁裏付の裏判手形と引き替えに、月々渡される。その後、年末に所司代が裏判を加えた一紙手形でもって最終的な決算を行う。

つまり、［史料四］には、口向・奥定高の財源と出納方法の一部が書き記されているのである。後者も興味深い論点であるが、[18]ここでは口向・奥定高の財源に注目しよう。この史料によれば、

①　禁裏料の物成
②　京都町奉行取扱いの貸付金の利息
③　「諸取立物等」
④　京都代官預諸渡銀

が、口向・奥定高の財源であったという。これをまとめると、表3のようになる。

ところで、前述したように、表1は口向定高の財源、表2は奥定高の財源を表している。したがって、この二つを

表1-A　口向定高の財源	表2　奥定高の財源	表3　口向・奥定高の財源
禁裏料の物成		禁裏料の物成
京都町奉行取扱いの貸付金の利息	京都町奉行取扱いの貸付金の利息	京都町奉行取扱いの貸付金の利息
京都代官取立銀 勘使所取立物・払物代銀 雑品売払代銀など 京都代官取扱いの貸付金の利息		諸取立物等
被為進銀	京都代官預諸渡銀	京都代官預諸渡銀

合わせることによっても、口向・奥定高の財源が明らかになる（なお、表1から財源の種類だけを書き抜いたものを、表1―Aとする）。これと、同じく口向・奥定高の財源を表す表3を比較することによって、表1の「被為進銀」が、表3のどれにあたるかを明らかにすることができる[19]。以下、具体的に見ていこう。

A　禁裏料の物成は、表3にも表1―Aにも記されている。

B　京都町奉行取扱いの貸付金の利息は、表3にも表1―A、表2にもある。

C　表1―Aの京都代官取立銀と勘使所取立物・払物代銀は、表3の「諸取立物等」に含まれると考えられる。また、表1―Aの雑品売払代銀と京都代官取扱いの貸付金の利息も、「諸取立物等」にあたると思われる。

D　したがって、表3の残りの京都代官預諸渡銀は、表1―Aの「被為進銀」と表2の京都代官預諸渡銀と考えられる。

つまり、「被為進銀」は、京都代官預諸渡銀のうちから捻出されていたのである[20]。よって、口向定高の内訳は、

（一）　禁裏料の物成
（二）　京都町奉行・京都代官取扱いの貸付金の利息
（三）　京都代官取立銀および勘使所取立物・払物代銀
（四）　雑品売払代銀など
（五）　京都代官預諸渡銀[21]

であり、表1の数字に従えば、その約四八％は禁裏料の物成、四六％は京都代官が管理

する京都代官預諸渡銀であった。この二つが口向定高のおもな財源であったことが明らかになろう[22]。

さて、（一）の禁裏料の物成はいうまでもないが、（二）の京都町奉行・京都代官取扱いの貸付金の利息も、安永七（一七七八）年度からの定高制導入などに伴って、幕府（将軍・老中）が、とくに何種類かの名目の貸付金を指定して、口向・奥定高の財源に組み込んだものであった[23]。

つまり、（一）と（二）（おそらくは（三）と（四）も）の性格は、（一）の禁裏料の物成に代表されるように、はじめから禁裏の収入、もっといえば定高の財源として、幕府（将軍・老中）によって設定されたものだと考えられる。

一方、（五）の京都代官預諸渡銀の性格は、それとはやや異なる。これは、「御所々御料高幷御賄御定高其外共覚書」で「被為進銀」と表記されていることからもわかるように、あくまで、別途、幕府から禁裏に渡されたものなのである。（一）―（四）のように、定高の財源としての性格をもとから持っているものではない[24]。

このような性格を持つ京都代官預諸渡銀であるが、「京都代官預諸渡銀」を訳せば、「京都代官が管理を任されているさまざまな金銀」となる。後の章（第Ⅲ部第五章）でも言及するが、京都代官は幕府から毎年一定の額の金銀を「禁裏（裡）幷御所向其外諸方御入用」などとして、とくに預けられており[25]、それこそが、この京都代官預諸渡銀であったと考えられる。

つまり、京都代官は毎年、一定の額の金銀を幕府から預けられ、そのうちから、年により若干の多寡はあるだろうが、多額の金銀を口向・奥定高の財源に回さなければならなかったのである[26]。その委細については、おそらくは将軍・老中から特段の指定もなく、代官自身のやりくりに任されていたのではないかと思われる。

二　京都代官管理の金銀

このように、京都代官預諸渡銀は、とくに幕府から京都代官に預けられていた金銀を指すものと考えられるが、このほかにも京都代官は、自身が管理する金銀をいくつか持っていた。武家伝奏徳大寺実堅の公用日記「公武御用日記」（史料編纂所所蔵）天保四（一八三三）年七月十三日条の記事を見てみよう。

[史料五]

一、付武士飛騨守（竹川明直、禁裏付）内々申、御賄金追々御不足、於御内儀も御払底ニ付、折々自口向被召御戻入可有之廉も増長深恐懼候、兼而小堀主税（正芳、京都代官）預居候内、出歩金（御定高被定已前御取替之残金か、猶可勘）当時関東之品ニ候、右御借用ニ而、他へ御預ニも成候は、其利可有調献之間、御備・荒年御手当、或御内儀上等ニ被用候は、自然御緩ニも可相成か、尤未何方へも不申事ニ候、先両人所存尋之旨、於出来は可為重畳候、宜取計有之申答置、殿下内々令噂置

口向・奥ともに不足が生じている（＝「御賄金追々御不足、於御内儀も御払底」）ことへの対策として、禁裏付が次のような提案をしている。すなわち、京都代官が管理している「出歩金」[27]を元手に貸付金の運用を行えば（＝「他へ御預ニも成候は」）、その利息を備銀や荒年手当銀、奥に渡す分（奥上銀）などに用いることができ（＝「其利可有調献之間、御備・荒年御手当、或御内儀上等ニ被用候」）、口向・奥の不足も自然と緩和される（＝「自然御緩ニも可相成か」）。

禁裏付の提案は、以上のようなものである[28]。ここから、京都代官が管理していた金銀のひとつに「出歩金」があったことが明らかになる。

また、京都代官が管理していたという点では、除料についても考える必要がある。上皇・女院らは幕府から料地を設定され（仙洞料など）、そこからの物成を収入源のひとつとしていたが、その料地は彼らが没すると、そのつど回収され、「除料」として京都代官の管理下に置かれることになっていた[29]。

寛延元（一七四八）年付、勘定所作成の「延享三寅年御代官幷御預り所御物成納払御勘定帳[30]」によると、延享三（一七四六）年の一年間で銀三二五貫三七六匁（五四二二三両）あまりが「中御門院・新中和門院御除料納」として、二条城内に納められた[31]。このようにして貯め置かれた金銀のうち、三二〇〇〇両は、「新中和門院御旧料金御貸付」金として、

元文三（一七三八）年より京都町奉行で貸し付けられ、その利息の一部は閑院宮などに渡され、残りは元手に加えられた[32]。

その後、前述したように、安永七（一七七八）年度に定高制が導入されると、一五〇両は閑院宮に渡され、残りは奥定高の財源に充当されるようになった。嘉永七（一八五四）年二月付京都町奉行作成「御除料溜金以来大坂御金蔵納取計等之儀ニ付申上候書付」（「御所々御入用筋書抜」第六巻、後院御入用幷右御旧料御物成納払等之訳）には、「右（除料）溜金御有高之内、壱万両　（二条）御城内江納置、其余之分、金三万九千六百三拾七両壱分弐朱・銀三百四拾五匁八分弐厘弐毛請取、大坂御金蔵江納方取計申候」とあり、嘉永七年の時点では、このような除料の物成の溜金銀が、二条城内に金四万九六三七両・銀三四六匁ほどあったことがわかる。

以上のように、京都代官が管理していた除料からの物成は、米は売り払われたうえで、銀と一緒に二条城内に納められ、貯め置かれていた。また、その一部は、貸付金の元手として活用されていた。ただし、注意すべきは、除料は京都代官の管理下にあったが、二条城内の貯えは京都代官の管轄外であったと考えられることである。延享二年時点での幕府各蔵の貯蓄米金などが記されている「御勝手向御用定」には、次のように記されている[33]。

［史料六］

御除料之事

中御門院御旧料

一、高九千七百石余

新中和門院御旧料

一、高千九百七拾石余

右ハ京都御代官引請、年々御物成米銀取立、米ハ不残御払ニいたし、銀方一所ニ所司代江相渡、二条御城内ニ

納置、　禁裏幷准后御方御賄料御不足之節ハ、右御除料銀を以御取替ニ罷成候

京都代官が管理していた除料からの物成米は売り払われ、物成銀とともに所司代に渡され、二条城内に納められていたという。

ここから、すくなくともこの時点では、二条城内にあった除料の物成の溜金銀は、所司代の管理下に置かれていたことが明らかになる[34]。除料自体は京都代官の管理下にあったが、物成の溜金銀は所司代の管轄下にあったのである。もちろん、除料からの収入はかなり大きいものであるので、何らかの形で、その一部が京都代官の手によって活用されていた可能性は充分にあるが、これらについては不詳な点も多い。今後の課題としたい。

なお、第I部第二章でもふれたが、［史料六］によれば、禁裏・准后で不足が生じた際には、この二条城内に置かれていた除料物成の溜金銀のうちから適宜、立て替えられていたという（＝「禁裏幷准后御方御賄料御不足之節ハ、右御除料銀を以御取替ニ罷成候」）。享保（一七一六―三六）年間後半頃から定高制以前において、朝廷からの臨時の要望に応えるために、頻繁に活用されていた取替金の財源のひとつが、二条城内にあった除料物成の溜金銀であったことがわかる[35]。

時期による変化はあるだろうが、このように中御門上皇・新中和門院の除料物成の溜金銀は、その一部が朝廷関係の支出に用いられていた。ほかの除料物成の溜金銀も同じように使われていたかは不明だが、もしもそうだとすれば、幕府による財政保証や支援を支えていた仕組みのひとつと考えることができる[36]。

おわりに

前述したように、幕初、禁裏の運営は、諸所（将軍家・諸大名・諸寺社など）からの献上金品と、幕府が設定した財

政基盤である禁裏料の物成などによって賄われていた。ところが、徐々に支出が増大していったため、享保(一七一六―三六)年間後半には、無利子の貸付金である取替金が恒常的に貸与されるようになった。その後、定高制の導入を経て、寛政(一七八九―一八〇一)年間の同制度改正によって、口向・奥定高と諸所からの献上金品がもっとも基本的な収入となった。

幕初の大きな収入源のひとつであった禁裏料が、京都代官の管理であったことはすでに指摘されているが、本章で明らかにしたように、寛政年間以降の大きな収入源のひとつである定高に関しても、京都代官が管理する禁裏料の物成と京都代官預諸渡銀が主要な財源であった。つまり、性格の多様化や金額の変化はあるものの、京都代官は禁裏の財源の大きな部分を確保する役割を、つねに担っていたといえる。禁裏料や定高制に代表されるような、幕府から天皇・朝廷への財政保証や支援は、朝幕関係を維持するための重要な要素のひとつでありつづけたが、それを可能にしていた仕組みがうまく機能するためには、京都代官が財源確保の役割を担う必要があった。

(1)　序章などでも述べたが、史料中では、口向定高は「御賄御入用御定高」、奥定高は「奥御用御定高」などと表記されることが多い。
(2)　米方の部分については、第Ⅲ部第五章で詳述する。
(3)　「常式」については、「常式等申は、年々粗差定リ候御品々之分」、「臨時」「臨時別帳」に関しては、それぞれ「臨時と申は、年々不差定御品々、且格別不廉立御用柄之品は見計、臨時之廉江組入申候」、「御能御入用并　敏宮様紅葉殿江御下中足被進御入用、其外廉立候臨時御用之分ハ別帳を以仕上ヶ仕候ニ付、年々銀高格外之不同有之候」とある。なお、「臨時別帳」についいては、第Ⅲ部第二章でもふれるが、これも参照した。
　また、第Ⅱ部第二章・第Ⅲ部第二章では、天保七(一八三六)年における口向の月々の支出額などが記された「天保七年禁裏御賄差引書」も検討することになるが、この史料では、口向の支出は、「常式」「臨時」「臨時別帳」の三つではなく、

「常式」と「臨時別帳」の二つに分けられているだけであった。「臨時別帳」が特別の支出として認識されていたことが窺われよう。

（4）具体的にいえば、「賀茂臨時祭御下行残」一貫七一匁あまり、「八幡臨時祭御下行残」一貫一〇二匁あまり、「新嘗祭御下行残」一貫四一一匁あまり、「諸下行残」一貫二四〇目あまり、「朝覲行幸利金」一八貫八四六匁・金一二六四両あまりである。はじめの四つは下行米の残余を売り払った代金であり、最後の「朝覲行幸利金」は、朝覲行幸再興の経費として幕府が支出を決めた金一万両のうち、五〇〇〇両を元手にして、天保十二（一八四一）年より始められた貸付金の利息の貯えである。

なお、藤田覚「天保期の朝廷と幕府」（『近世政治史と天皇』吉川弘文館、一九九九年）によると、仁孝天皇の光格上皇への朝覲行幸は、一万両の経費（五〇〇〇両が「御用途」、残りは「別段」）を幕府が負担することとともに、天保八年に実施が認められたが、同十一年に光格上皇が病没したため、実際には行われなかった。それゆえ、一万両は朝覲行幸に使われることはなかったが、そのまま朝廷に渡され、そのうち五〇〇〇両が、上記の貸付金の元手となった。

（5）「臨時御神事料残米御払代」に関する記述をまとめると、次のようになる（一部、「御所々御入用筋書抜」第三之下巻、臨時御神事料并臨時祭御再興御手当御賄余銀等之部の弘化元（一八四四）年付京都町奉行「石清水賀茂臨時祭并右御手当御貸付銀之儀ニ付書付」などを用いて補足した）。

延享元（一七四四）年から「臨時御神事料」として、毎年二〇〇俵が二条蔵から禁裏に渡されるようになった。毎年の未使用分は売り払ったうえで、貸付けにされ、利息は元手に加えられた。安永七（一七七八）年度から定高制が禁裏に導入されると、利息と毎年の未使用分（を売り払った代金）は口向定高の財源に充てられた。その後、文化三（一八〇六）年から、しばらくの間、利息は石清水・賀茂臨時祭の費用に充当されることになった。

なお、口向・奥定高とは別に、畳・簾などに対しても一定の予算が割り当てられていたことがすでに指摘されているが（奥野高廣『皇室御経済史の研究　後篇』中央公論社、一九四四年、三六三頁）、この史料にも「禁裏御所対屋共三ヶ一御畳御定高御遺残御備銀」（約三四貫目）などが見られる。

（6）具体的には、①「禁裏御料御林木御払代銀」「御貸付」金（京都代官取扱い）、②「新皇嘉門院御物成米代銀御貸付」金（京都代官取扱い）、③「被進金之内御貸付」金（京都町奉行取扱い）、④「朝覲行幸御用途御貸付」金（京都町奉行取扱い）である。なお、①は元利合わせて二五七貫目ほどもあり、その使途は伺い中とされている。

(7) 第III部第三章で詳述する。
(8) 実際、天保(一八三〇―四四)年間後半には、山科家に支払われる典侍らの衣服の調進代金が、「勘使所御貯銀」のうちから一時立て替えられていた(第III部第二章)。なお、「新皇嘉門院御物成米代銀御貸付」金の利息も、勘使所に預けられていた可能性がある(第III部第二章)。
(9) 前掲奥野著、三六〇頁、日柳彦九郎「徳川時代の記録に現れたる皇室費(一)」(『山口商学雑誌』四、一九二七年)。
(10) 詳細は不明である。
(11) 前掲奥野著、三六三頁、前掲日柳論文(一)。
(12) 勝海舟『吹塵録　下』(原書房、一九六八年)所収。
(13) 第I部第二章でもふれたとおり、幕臣が勤め、出納の監査を行ったという(前掲奥野著、三四三頁)。
(14) 前掲奥野著、二六八頁、前掲日柳論文(一)、奥田晴樹「幕末の禁裏御料と山城一国増献問題」(『立正大学文学部論』一三四、二〇一二年)。
(15) [史料二]中の「諸渡金」は京都代官預諸渡銀のことと考える。
(16) 第III部第二章。なお、この貸付金の詳細については、本章中で後述する。
(17) なお、受取手形の部分(「請取申金子之事」以下の部分)から、「新中和門院御旧料金御貸付」金の利息は、いったん京都町奉行から京都代官に渡され、そこで整えられたうえで、奥定高の財源に組み込まれていたことが明らかになる。
(18) この点については次章で検討する。
(19) 表1(表1―A)は安政(一八五四―六〇)、表2は慶応(一八六五―六八)、表3は寛政(一七八九―一八〇一)年間の史料であるが、定高の財源の種類は、それほど大きくは変わっていないと仮定する。序章や第III部第五章で述べた(る)ように、文久三(一八六三)年に、口向定高が一〇〇貫目ほど増額されるまで、定高制自体には、さして大きな変化はなかった。それは、前掲「御所々御料高幷御賄御定高其外共覚書」からも窺える。したがって、表1―Aと表3の比較は可能と考えられる。
　また、「新中和門院御旧料金御貸付」金は、定高制導入と同時に奥定高の財源となっており、それは安政年間の時点でも同様であった(第III部第二章)。したがって、表3の京都町奉行取扱いの貸付金の利息は、寛政年間から慶応年間まで奥定高の財源であったと考えられる。残りの京都代官預諸渡銀が寛政年間においても、奥定高の財源であったかどうかはよくわからないが、この部分に変化があったとしても、「被為進銀」の性格を検討するうえでは、とくに問題はない（後述）。

以上の点から、表1―Aと表2を合わせたものと、表3の比較は可能である。

(20) なお、表1―Aの雑品売払代銀と京都代官取扱いの貸付金の利息が、表3の「諸取立物等」ではなく、京都代官預諸渡銀に含まれる可能性もあるが、その場合でも、「被為進銀」が京都代官預諸渡銀のうちから賄われていたことに変わりはない。また、前註(19)で、慶応(一八六五―六八)年間の史料「御所御賄向其外凡取調書」をもとに作成した表2を、一般的な奥定高の財源の内訳を反映しているものと仮定したが、仮にそうでないとしても、「被為進銀」が京都代官預諸渡銀のうちから捻出されていたことに、これも違いはない。

(21) 日柳が口向定高の財源のひとつとして挙げている「諸渡金銀」と、この京都代官預諸渡銀は同一のものと思われる。日柳は「諸渡金銀」の性格について一切ふれていないが、京都代官が管理するものであったことがわかる。

(22) なお、「御所々御料高幷御賄御定高其外共覚書」には、口向定高の京都代官預諸渡銀分に関して、「寛政度御定高被進切被仰出候以後、三百六拾貫目御遣払之義、文化七午年尚又御達有之、文化・文政之比三百六拾貫目不残御遣払、御不足之分臨時祭御手当御貸付利足銀之内を以請取候義有之候得共、天保以来米価高直ニ相成、御物成銀之分、銀高相増候付、二百六拾貫目之内年々御遣残有之、右之分小堀勝太郎より町奉行所へ引渡候趣ニ御座候」とある。この記述からは、①口向定高に組み込まれる京都代官預諸渡銀は当初は、三六〇貫目が用意されていたこと、②文化・文政の頃は禁裏料の物成や京都町奉行・代官取扱いの貸付金の利息などに加えて、京都代官預諸渡銀三六〇貫目だけでは口向定高七四五貫目に届かない年もあったので、そのような際には「臨時祭御手当御貸付利足銀」すなわち石清水・賀茂臨時祭再興手当銀貸付金(詳細は第III部第二章を参照してほしい)の利息から補充されていたこと、③天保(一八三〇―四四)年間以来は米価の高騰によって、物成銀が増大し、その結果、京都代官預諸渡銀の分が三六〇貫目に満たないこともあったこと、④その場合、残余は京都町奉行に渡されていたことがわかる。文政の頃までは口向定高に組み込まれる京都代官預諸渡銀は三六〇貫目ほどであったが、その後、米価の高騰などによって、表1の三四一貫目ほどまで減少したのではないかと推測される(この場合、一九貫目が京都町奉行に引き渡されたということであろう)。

また、前述したように、表1―Aの雑品売払代銀と京都代官取扱いの貸付金の利息は、表3の「諸取立物等」ではなく、京都代官預諸渡銀に含まれる可能性もいくらかはあるが、その場合でも、口向定高の大きな財源が禁裏料の物成と京都代官預諸渡銀であったことに変わりはない。

このほか、いくつかの要因によって、口向定高における禁裏料の物成と京都代官預諸渡銀の比率も若干は変化すると想定されるが、両者が口向定高の主要な財源であったことを覆すほどの変動はないと考えられる。

ここで指摘したいのは、あくまで口向定高のおもな財源が禁裏料の物成と京都代官預諸渡銀であったということであり、ひとつひとつの数字にまったく変化がないという訳ではない。

(23)　第Ⅲ部第二章。

(24)　畿内の行政など、朝廷関係以外のものに使われることも間々あった。たとえば、老中からのものを中心に、所司代への書状などが書き留められている「来翰留」(京都府立総合資料館所蔵)には、文化十三(一八一六)年四月十一日付で老中から所司代・大久保加賀守忠真に宛てられた次のような史料がある。

其地八幡反橋・安居橋御修復之儀ニ付、町奉行差出候書付・絵図面共被越之至来被申越候趣、令承知候、右御入用銀七貫五百八拾九匁八分余を以四ヶ年繰請負ニ而御修復之積、幷仮橋流損之木材取解共御入用銀六百八拾五匁を以御入用ニ相立、右銀出方之儀は小堀中務預リ諸渡リ銀より請取、幷不御用立古木等は先格之通宮本江被下之、尤御修復中平棟梁壱人付置、中井藤三郎・御入用取調役・御取締懸り、且組之者折々見廻り候積、其外伺之通町奉行江可被申渡候、以上

四月十一日　　御老中四人

大久保加賀守殿

京都代官預諸渡銀が、京都の橋(「八幡反橋・安居橋」)の修復に関する費用にも用いられていた。

(25)　たとえば、「天保十四卯年金銀納払御勘定帳」では、「金弐千三百両・銀千四百八拾貫目」が「小堀勝太郎渡」とされている(大野瑞男編『江戸幕府財政史料集成　下』吉川弘文館、二〇〇八年、一七頁)。

(26)　前註(22)でもふれたように、いくつかの要因が、口向・奥定高の財源における京都代官預諸渡銀の占める割合に、若干の影響を及ぼす可能性はある。しかし、いずれにせよ、京都代官が自身の管理する金銀のうちから、毎年、多額の金銀を口向・奥定高の財源に回さなければならなかったことに変わりはない。

(27)　詳細不明。史料中では、取替金の残余かとしているが、意味が十分には通じない。

(28)　一般に天保年間においても、公金貸付は利息の滞納などの問題を抱えていたというが(竹内誠「幕府経済の変貌と金融政策の展開」(古島敏雄編『日本経済史大系四　近世下』東京大学出版会、一九六五年)、二一六頁)、それは京都町奉行・

京都代官においても同様であったと思われる。それにもかかわらず、禁裏付はあらたな貸付けを提案しており、興味深い。

(29) 前掲奥野著、五一九―五三七頁。

(30) 姫路市立城郭研究室所蔵「姫路酒井家文書」。同文書中の史料を用いる際、本書では大野瑞男編『江戸幕府財政史料集成　上』(吉川弘文館、二〇〇八年)を活用した。

(31) 前掲『江戸幕府財政史料集成　上』、一九六頁。

(32) 第III部第二章、および「御勝手向御用定」(前掲『江戸幕府財政史料集成　上』、一四四・一四五頁)。なお、後述するように、「御勝手向御用定」には、延享二年時点での幕府各蔵の貯蓄米金や長崎廻米の高や由来など、幕府財政に関する諸事がさまざまな項目に分けられて記されている。当該記述は、その中の「御除料之事」・「八十宮様・閑院宮江御心添之事」の項にある。

(33) 前掲『江戸幕府財政史料集成　上』、一四四頁。

(34) 実際には、二条蔵奉行などが管理していたのではないかと推測される。

(35) なお、[史料六]のつづきには「八十宮様・閑院宮江御心添之事」とあり、「右ハ前条ニ有之候御除料金之内、三千両京都町人江貸付ニ成、利金三百両ツヽ、相納、右利金を以両宮之御方御遣方御不足之節、為御心添被遣候、尤表立不申、所司代より内々之取計ニ仕候」との記述がある。この三〇〇〇両を元手にした貸付金とは、前述の「新中和門院御旧料金御貸付」金であり、ここから、定高制導入以前における、この貸付金の利息の活用は、内々のものであったことも明らかになる。

(36) したがって、京都代官による除料管理の起立や、物成を二条城内に貯えておくようになった契機などを究明していく必要がある。なお、除料物成の溜金銀の使い道に関しては、この金銀を用いた「窮民御救」の見込み書が、嘉永三(一八五〇)年十二月に京都町奉行水野重明から老中松平乗全に差し出されていることが、荒木裕行「株仲間再興令決定過程について」(『東京大学日本史学研究室紀要』別冊、藤田先生退職記念論集『近世政治史論叢』、二〇一〇年)で指摘されている。

第二章　実務役人の職務と権限
——寛政年間以降を中心に

はじめに

前述したように、幕府による保証や支援を支えていた具体的な仕組みは、これまでほとんど明らかになっていない。前章では、保証や支援の軸であった、改正された定高制の財源と京都代官が担っていた役割などを究明した。本章では、定高制やそれを支えた備銀などの諸制度が、実際にどのように運用されていたのか、おもに出納手続きなどについて、検討を加えていく。

第一節　口向定高の取扱い

まず、口向定高に関して見ていこう。前述したとおり、口向は、全体を禁裏付が統括し、取次・賄頭・勘使などの口向役人が、物品の購入や事務手続きなどにあたっていたという。(1) 出納についていえば、毎月賄頭が出す「賄銀」受取手形に禁裏付が裏判をしていた。(2) この「賄銀」が何を指すのかは、かならずしも明確にはなっていないが、口向における月々の支出を賄うための口向定高から出された金銀かと推測される。つまり、口向の月々の支出を賄うための金銀は、基本的には、賄頭が提出し、禁裏付が裏判をした受取手形と引替えに渡されていたと思われる。

　この点に関しては、「御所々御入用筋書抜」第三之上巻に、次のような史料が書き留められている。[3]

[史料一]（「御所々御入用筋書抜」第三之上巻、禁裏御賄御入用等之部）

覚

奥御入用御定高
一、金八百両
御賄御入用御定高
一、銀七百四拾五貫目
右は
禁裏奥御入用并御賄御入用御定高之内江右御料御物成、其外町奉行所貸付利金銀并諸取立物等相渡、其余御定高之都合ニ相成候金銀、去々亥年（寛政三）分より年々被進之候条、其方共預リ諸渡金銀之内を以月々相渡候節、有田（貞勝、禁裏付）播磨守・石谷肥前守（清茂、禁裏付）以裏判手形渡置、其年々被進高相決候上、堀田相模守（正順、所司代）裏判之一紙手形ニ引替可有勘定候、以上

寛政五丑十二月
対馬（安藤信成、老中）印
備中（太田資愛、老中）印
采女（戸田氏教、老中）印
伊豆（松平信明、老中）印

内藤重三郎殿（忠恕、京都代官）
小堀縫殿殿（邦明、京都代官）

まずは、この史料の内容を簡単にまとめてみよう。口向・奥定高（「御賄御入用御定高」「奥御入用御定高」）の財源に、禁裏料の物成と京都町奉行取扱いの貸付金の利息、「諸取立物等」を充てる。不足分は京都代官預諸渡銀の一部をこれに充当し、禁裏付裏判の手形と引替えに、口向や奥に月々渡す。その後、所司代裏判の「一紙手形」で最終的な決算をする。

ここから、すくなくとも口向定高のうち財源が京都代官預諸渡銀の分は、禁裏付が裏判をした受取手形と引替えに京都代官から口向に月々渡されていたこと、また、所司代の裏判がある一紙手形で最終的な決算を行っていたことが指摘できる。この［史料一］からだけでいえば、受取手形の宛先が京都代官であったことはわかるものの、差出までは明らかにならない。しかし、前述したように、取次・賄頭・勘使ら口向役人が禁裏付のもとで物品の購入などに当たっていたといわれていること、「賄銀」受取手形の提出者は賄頭であったという指摘、あるいは後述する備銀の受取手形に取次・賄頭・勘使が連印を加えていることなどから、受取手形の差出は、口向役人、それも取次・賄頭・勘使であったのではないかと思われる。

このような口向定高に関連する出納手続きと口向役人との関係を窺わせるものとしては、寛政五（一七九三）年十二月十三日付で、所司代が京都町奉行や禁裏付らに宛てた達書も興味深い（「御所々御入用筋書抜」第三之上巻、禁裏御賄御入用等之部）。そこには、「去々亥年（寛政三）被進切被　仰出候迄備中殿（太田資愛、寛政元年から四年まで所司代）証文差出御取替ニ相成候分共、　御所々限御定高、何れも去々亥年分より被進切之積、兼而年寄衆証文差出置、三御所（禁裏・仙洞・女院）共以来月々請取候之儀は全内請取之儀ニ付、御所々役人請取手形ニ御附之者裏判を以相渡」との記述がある。

この「月々請取」が、前述した口向定高の一部として京都代官預諸渡銀のうちから口向に月々渡されていた分を限定的に指すのか、それとも料地の物成なども含めた口向定高全体から口向に月々渡されていた分、つまり月々の全体的な支出を指すのかは、判断が難しい。後者（月々の全体的な支出）の可能性が高いと思われるが、いずれにせよ、この二つのどちらかが、付武家が裏判をした口向役人（禁裏でいえば、取次・賄頭・勘使か）の受取手形と引替えにされていたことは確かであろう。

以上、口向定高のうち財源が京都代官預諸渡銀の分は、禁裏付が裏判をした受取手形[4]と引替えに京都代官から口向に月々渡され、所司代が裏判をした一紙手形でもって最終的な決算を行っていたことを明らかにした。また、口向定高に関連する受取手形と口向役人との関係についても若干窺うことができた[5]。

なお、口向定高のうち財源が京都代官預諸渡銀の分に関して、月々の引渡しに用いられた受取手形には禁裏付の裏判が、最終的な決算に使われた一紙手形には所司代のそれが必要とされた点には留意したい。ここから、この月々の引渡しのようなきわめて内向きの出納（史料上ではしばしば「内請取」と記される[6]）については、禁裏付の判だけで充分であったが、そうではないものに関しては、所司代のそれが必要であったことが窺われる。所司代と禁裏付の権限の違いが垣間見え、興味深い。

第二節　備銀の取扱い

次に備銀について見ていく。口向定高のうち、消化し切れなかった残銀を余銀と呼んだが、その三分の一は備銀として京都代官のもとに貯め置かれ、臨時の支出に対する備えとされた[7]。

しかし、その出納手続きや使用の条件などについては、ほとんど明らかになっておらず、検討を加える必要がある。まずは、前章でも活用した「御所々御料高幷御賄御定高其外共覚書」（宮内庁書陵部所蔵）の備銀に関する記述を見てみよう。

[史料二]

無利足ニ而小堀江御預之分

一、禁裏御備銀

右は寛政三亥年御定高被進切被　仰出候後、年々御遣残之内、三歩ニ奥上リ、三歩一御備銀として小堀勝太郎（正明、京都代官）江御預ヶ、無御拠御遣方有之節は所司代江申聞、江戸表江相達、差図之上、取次・御賄頭・勘使連印、御取締懸リ町奉行・御附奥印、所司代裏判手形を以請取候積、取極有之

（後略）

「無利足ニ而小堀江御預之分」とあることから、すでに指摘があるように、備銀は京都代官のもとに貯め置かれていたことが確認できるが、ここでは傍線部に注目したい。この部分から、備銀を臨時の支出に用いる際には、所司代だけではなく、老中の許可も得る必要があったこと（＝「無御拠御遣方有之節は所司代江申聞、江戸表江相達、差図之上」）、実際の受取りの際には、取次・賄頭・勘使が連印し、「御取締懸リ」つまり御所向取締掛である京都町奉行と禁裏付が奥印、所司代が裏判を加えた手形と引替えであったこと（＝「取次・御賄頭・勘使連印、御取締懸リ町奉行・御附奥印、所司代裏判手形を以請取候積」）が明らかになる。

次に、武家伝奏正親町公明の公用日記である「公武御用雑記」（史料編纂所所蔵）の寛政四（一七九二）年十月十九日条の記事から、女院御所の備銀の取扱い方などについて検討しよう。

[史料三]

一、女院御所御定高年々御遣用御残銀之分、不依多少三分一之分臨時御用為御備金、内藤重三郎（忠恕、京都代官）・小堀縫殿（邦明、京都代官）江被御預置、三分二之分は奥向へ相廻可申候旨、御入用御遣払之廉々帳面ニ記、御差出可有之候事

但、右御備金重三郎・縫殿江御預之儀、帳面仕立、御預リ之金高相認、取次・勘定連印ニ、御取締掛町奉行・御附致奥印相渡、右両人請取、印形取置可申事

一、右御備金之儀は、格別廉立候臨時御用有之節は、其訳所司代江相達、承届之上ニ而出方取計御用立、翌年迄ニ御余銀ニ而出方之分戻入可致事

一、奥向御内々之御用筋ニ而も格別無御拠義有之、御納戸金御払底之節は、其訳被仰立、所司代江相達候上、時宜ニより御用立、前条同様奥御用金之内より戻入可致事

（中略）

十月

右之通、相心得取扱可申哉之段、相伺置候処、伺之通可取計旨年寄衆より申来候段、堀田相模守（正順、所司代）申聞候事

この史料には、

① 女院御所の備銀も京都代官のもとに貯め置かれていた。

② 備銀の貯蓄額が記された帳面が作成されており、そこには、女院御所の口向役人である取次・勘定[8]の連印とともに、御所向取締掛の京都町奉行と禁裏付[9]が奥印を加えていた。

③ 備銀を使用する際には、かならず所司代の許可を得なければならなかった[10]。

といった点が記されている。女院御所の口向役人の連印、御所向取締掛の京都町奉行と禁裏付の奥印が加えられた、女院御所の備銀の貯蓄額が記された帳面が作成されていたことは興味深いが、これとほぼ同じ性格の帳面が仙洞御所の分に関しても作られていたことがすでに指摘されている[11]。したがって、このような帳面は禁裏の備銀についても作成されていたと考えられる。

以上のような備銀の取扱いに関しては、「御所々御入用筋書抜」に、次のような史料が書き留められている。

[史料四]（第三之上巻、禁裏御賄御定高御余銀三分一御備銀三分二奥上之内荒年御手当銀ニ相成候訳）

（朱書）
「寛政六寅年五月廿五日、堀田相模守殿御渡」

菅沼下野守（定喜、京都町奉行）
有田播磨守（貞勝、禁裏付）
石谷肥前守（清茂、禁裏付）江
安部駿河守（信富、仙洞付）

禁裏其外
御所々御備金高

御所限書付、御附差出候ニ付、則江戸表江相達候処、右御備金以来為取締之候間、御省略中亥年より丑年迄之金高、御備之元ニ相立、此上、御余銀相加候ハヽ、其度々江戸表江申遣、右御備之内より御遣方ニ相成候節は、其訳相記、年々増減勘定帳、内藤重三郎・小堀縫殿より
御所向江差出、御附致証印、以来取締方不相弛様各江可申渡旨、年寄衆より申来候間、可被得其意候（中略）

五月

[史料五]

（朱書）
「寛政六寅年八月十四日、堀田相模守殿御渡」

三浦伊勢守（正予、京都町奉行）
有田播磨守
石谷肥前守
江

安部駿河守

禁裏其外

御所々御備銀、以来御取締之ため、去ル亥年より丑年迄之分、元ニ立、増減之趣、年々勘定帳相仕立、御取締掛り之もの致証印、

御所向江差出置候様、先達而相達候処、請払帳と唱、右相達候趣意同様之帳面ニ有之候間、別段勘定帳不相仕立、右請払帳相用可申旨、御附之もの書付差出候付、江戸表江相達候処、勘定帳之儀は、御備銀取締不相弛ため相達候儀ニ付、請払帳ニ而、

御所向御取締相弛候筋無之候ハヽ、御附之もの申聞候通、取計候様、各江可申渡旨、年寄衆より申来候間、可被得其意候

八月

この二つの史料は、老中からの申渡しを所司代が、京都町奉行・禁裏付・仙洞付といった保証や支援に深い関わり合いを持つものらに伝えているものである。

まず、最初の［史料四］によると、老中は、次の二点を言い渡している。

① 各御所の備銀の貯えに、口向定高の残金である余銀（の三分の一）があらたに加えられた際には、老中までその旨を伝えること（＝「此上、御余銀相加候ハヽ、其度々江戸表江申遣」）。

② 備銀の貯蓄額の増減などが記された帳面を作成し、京都代官から各御所（具体的には各御所の口向か）に差し出すこと。また、その帳面には付武家が印を加えるようにせよ（＝「年々増減勘定帳、内藤重三郎・小堀縫殿より御所向江差出、御附致証印」）。

これに対して、付武家は、［史料五］にあるように、②の帳面に関しては、すでに「請払帳」という類似のものが

あるので、これでもって代用してもよいだろうかと伺い、認められている⑫。

［史料四］［史料五］の内容は、このようなものであるが、ここでは、備銀に余銀（の三分の一）があらたに加えられた際には、その旨を老中まで伝えなければならなかったことに注目したい。備銀を使用する際に老中の許可が必要であったことを合わせて考えれば、備銀の管理や運用には、所司代や禁裏付ら在京幕府役人だけではなく、老中までもが関わっていたといえる。

以上、備銀について明らかになったことをまとめると、次のようになる。すでに指摘されているように、備銀は京都代官のもとに貯め置かれていたが、使用に際しては、所司代だけではなく、老中の許可も得なければならなかった。実際の受取りに関していえば、取次・賄頭・勘使が連印をし、御所向取締掛である京都町奉行・禁裏付が奥印、所司代が裏判を加えた手形と引替えであった。また、貯蓄額の増減などが記された勘定帳面も作成されていた。

第三節　荒年手当銀の取扱い

本節では、荒年手当銀について検討を加えていく。前述したとおり、口向定高の消化し切れなかった残金である余銀の三分の一は、備銀として京都代官のもとに貯め置かれ、臨時の支出に対する備えとされた。一方、残りの三分の二はそのまま奥に渡されていたが、やがて、この分のさらに三分の一、要するに余銀の九分の二が荒年手当銀として貯め置かれ、凶作の際の備え、あるいは臨時の支出に対して用いられるようになった⑬。

荒年手当銀に関しては、このような点が明らかになっているが、成立の背景や預け先などは不明である。そこでまず、文政七（一八二四）年五月二十一日付の京都町奉行・禁裏付ら「御所々御賄御入用之儀ニ付申上候書付」を見てみよう（「御所々御入用筋書抜」第三之上巻、禁裏御賄御入用等之部）。この中で、京都町奉行らは、「（荒年手当銀は）禁中之儀は、寛政八辰年、伝　奏衆より堀田大蔵大輔殿（正順、所司代）当地御在勤中、御内談有之、御料凶作等之節、関東御世話薄ため、右御余銀ニ而被除置候積ニ候処、御備銀江響候訳を以、三分二奥上リ之内計ニ而猶又三分一被除置（中略）御料荒年御手当銀と相唱、年々被除置」と述べている。この史料には、荒年手当銀は凶作に対する備えとして、寛政八（一七九六）年に創設が決定されたことなどが記されている。⑭

つぎに、「御所々御料高幷御賄御定高其外共覚書」の荒年手当銀に関する記述を検討しよう。

［史料六］

無利足ニ而小堀江御預之分

（中略）

一、禁裏荒年御手当銀

右は御定高御余銀、寛政七・八年之比百貫目余も出来仕候ニ付、御余銀三歩二奥上可相成内猶又三歩一御料荒年御手当ニ被除置、格別之荒年、御収納米至而及御不足候節、御足米関東より被進候得共、不及多分節は、右御手当金を以可被補、但、豊作相続候節、他之御遣用ニ可相成義も可有之、其節ハ一応所司代江申聞、御遣方之義、寛政八辰年取極有之候得共、其後荒年ニ而御収納米不足補ニ御遣方之義は無之、奥向無御拠臨時御入用計ニ御遣方有之（後略）

まず、「無利足ニ而小堀江御預之分」に含まれていることから、荒年手当銀も京都代官のもとに貯め置かれていたことが明らかになる。

また、傍線部から、

① 特段の凶作で禁裏料からの物成米が例年より大幅に減少し、不足が多分に生じた際は、別途、幕府が禁裏に米を提供することになっていたが、物成米の落込みがそれほどではなく、不足も多分というほどではない凶作の

際の手当として、荒年手当銀の創設が決められたこと、

②　ただし、豊作の年がつづいた際には、所司代に断ったうえで、[15]（荒年手当銀を）ほかの支出に充てても良いとの規定があったこと、

がわかる。

さらに、その後に記されている部分からは、制度の創設以降、凶作への対応に使われたことはなく、もっぱら奥の臨時の支出にばかり用いられていたことも明らかになる（＝「其後荒年ニ而御収納米不足補ニ御遣方之義は無之、奥向無御拠臨時御入用計ニ御遣方有之[16]」）。

ここまで荒年手当銀に関して、寛政八年頃に凶作に対する備えとして創設が決定され、京都代官のもとに貯め置かれていたこと、豊作がつづいた際には、ほかの臨時の支出に用いても良いとの規定があり、実際、おもに奥の臨時の支出に使われていたことを明らかにした。

第四節　月々の支出報告

口向の月々の支出が記された報告書についてもふれておきたい。口向においては、毎月、前月入用概算書と前月入用差引書が作成され、後者は禁裏付を介して賄頭から所司代と議奏に提出されていたという[17]。しかし、記載内容など、その詳細はほとんど明らかになっていない。以下、これらの点を究明していく。

定高制改正後の武家伝奏の公用日記には、この前月入用差引書と思われるものが、よく表れる。一例として、武家伝奏日野資愛の公用日記「公武御用日記」（国立公文書館所蔵）天保九（一八三八）年十月四日条の記事を次に挙げよう。

[史料七]

一、当戌八月分御賄御入用見合差引書一冊、附武家以一封差越之、御入用銀五拾貫百弐拾匁余、凡月割四拾六貫七百匁、差引三貫四百弐拾匁余増之趣也

このような帳面が、禁裏付から武家伝奏に提出されていた。その内容は、口向におけるその月の実際の支出額と、「凡月割」つまり定高制によって取り決められていた口向の当該月の予算[18]、および両者の差額が記されていたことが窺えるものの、それ以上は明らかではない。

この点については、首都大学東京図書館所蔵「水野家文書」の「天保七年禁裏御賄差引書」（整理番号：A一―一七）が参考になる。これは、賄頭から毎月提出された、「禁裏御賄御入用差引書」の天保七年正月から十二月分まで一ヶ年分をまとめたものの写しである[19]。一例として、正月分を次に挙げよう。

［史料八］

禁裏御賄当申正月分御入用差引書

御賄頭

禁裏御賄

当申正月分御入用高

一、銀七拾貫百六拾目余

安永六酉年正月分御入用高

銀七拾貫七百九拾目余

差引

銀六百三拾目余　減

（朱書）「此金拾両弐分余」

御定高凡月割正月分
銀七拾弐貫四百目余
差引
銀弐貫弐百三拾目余　減
（朱書）「此金三拾七両余」
去々午年正月分御入用高
銀七拾八貫六百五拾目余
差引
銀八貫四百九拾目余　減
（朱書）「此金百四拾壱両弐歩余」
去未年正月分御入用高
銀七拾四貫百弐拾目余
差引
銀三貫九百五拾目余　減
（朱書）「此金六拾五両三歩余」

このように、口向における、①天保七年のその月（「史料八」の場合、正月）の支出額、②定高制が禁裏に導入された年の前年である安永六(一七七七)年の当該月の支出額、③定高制によって、あらかじめ取り決められていたその月の予算(「御定高凡月割」)、④過去二年にわたる当該月の実際の支出額が記されている。さらに、①と②—④の差額も記されている。

それぞれの帳面の名称と記載内容からいって、この「禁裏御賄御入用差引書」と[史料七]の「御賄御入用見合差引書」、前月入用差引書は、ほぼ同じものであろう。つまり、前月入用差引書は、[史料八]に似た内容であり、毎月、禁裏付を通して武家伝奏のもとにも届けられていたと考えられる[20]。

以上、口向においては、毎月、その月の実際の支出額や、定高制によって取り決められていた当該月の予算、両者の差額などが書き記された帳面が作成され、賄頭から禁裏付を通して、所司代・武家伝奏・議奏に提出されていたと思われる。

このような口向の月々の支出額などが記された帳面は、内容に差はあろうが、定高制改正以前から存在したと推測される。改正以前においても、武家伝奏に提出されていたかどうかは判然としないが、すくなくとも、改正以前の武家伝奏の公用日記、たとえば武家伝奏広橋兼胤が寛延三(一七五〇)年から安永六(一七七七)年までの間、書き記した「兼胤記」などには、そのような記事はいっさい見当たらない。

「兼胤記」の記述は非常にくわしいものであり、上記のような帳面が実際に提出されていれば、当然その事実を日記に書き記したと思われる。したがって、定高制改正以前は、口向における月々の支出額などが記された帳面が武家伝奏に提出されることはなかったが、改正後は、武家伝奏にも渡されるようになったと考えられる[21]。その目的は、財務状況をより明快に理解させること、あるいは経理の監督の一端を担わせることなどが想定しうるが、詳細は不明である。今後の課題としたい。

おわりに

口向の月々の支出額などが記された帳面や、口向定高・備銀・荒年手当銀の出納手続きなどに関して見てきた。最後に、本章で明らかにした点をまとめておこう。

①多くの帳面や受取手形に、取次・賄頭・勘使が署名・捺印し、御所向取締掛の京都町奉行と禁裏付が裏印していた。第Ⅰ部第二章で、安永二・三（一七七三・七四）年の口向役人不正事件以後、賄頭と勘使の半分を幕臣（勘定所系列の者）が勤めるようになったことを指摘したが、右の帳面や手形に関する事実を踏まえれば、この人事の変化は、保証や支援に対する勘定所の監督強化という点で、より大きな意味を持ったと考えられる。

②口向定高についていえば、「月々請取」のような内向きの出納は禁裏付の裏判だけで十分であったが、最終的な決算では所司代のそれも必要であった。また、備銀・荒年手当銀のような臨時の支出に対応するためのプール金の使用に関しても所司代の許可が要された。さらに、荒年手当銀に関しては不明だが、すくなくとも備銀を用いる際には、老中の許可も必要であった。

このように、口向定高や備銀の出納（や使用）においては基本的には、禁裏付（と京都町奉行）が関わり、さらに内向きのものを除けば、かならず所司代までもが関係していた。また、臨時の支出の備えである備銀の使用については、老中も関わっていた。保証や支援の軸をなしていた定高制などの諸制度は、口向においては、口向役人や禁裏付だけではない、より重層的なチェック体制のもとで、運用されていたといえる。

各役人の権限を見ていくと、やはり注目すべきは禁裏付である。本章でふれたすべての手形・帳面に関わり[22]、さらに内向きのものについては、かれの裏判だけで充分という点に、口向における統括者としての禁裏付の地位が窺える。

一方、内向きのものには関わらないが、口向定高（の京都代官預諸渡銀分）の最終的な決算や備銀の受取手形には、所司代の裏判が必要とされた点からは、在京幕府役人のトップとしての所司代の地位が垣間見える。内向きは禁裏付まで、それ以外は所司代も関わるというのが、禁裏財政の基本的なあり方であったのではないかと思われる。

本章で見てきたもの以外にも、保証や支援に関する帳面や手形は数多く存在したと思われる。それらも含めて、全体でどのような帳面・手形があり、それに誰が署名・捺印していたのかを明らかにすることで、保証や支援の仕組みがより一層明確に見えてくると思われる。今後の課題としたい。

（1）奥野高廣『皇室御経済史の研究　後篇』（中央公論社、一九四四年）、三四二、三四八頁。
（2）前掲奥野著、四七七頁。
（3）なお、この史料は前章でも検討したが、重要な史料であり、前章とは別の論点を挙げるためのものであるので、再掲する。
（4）なお、後述する備銀の受取手形では、所司代の諮問機関である御所向取締掛の京都町奉行・禁裏付が奥印を加えている。一方、この口向定高のうち財源が京都代官預諸渡銀分の月々の受取手形に裏判をしていたのは禁裏付だけであり、京都町奉行は出てこない。あるいは本章で扱った［史料一］の時期、つまり寛政五年より後のいずれかの段階で、この受取手形に裏判をする者も、禁裏付から御所向取締掛の京都町奉行と禁裏付に変化したのかもしれないが、現時点では詳細は不明である。
（5）禁裏料の物成など、口向定高のうち財源が京都代官預諸渡銀以外の分に関しては、その出納手続きなどを具体的に明らかにすることはできなかった。
（6）たとえば、口向定高のうち財源が京都代官預諸渡銀の分に関するものに限定されるかは不明だが、前掲の寛政五年十二月十三日付の所司代達書に「月々請取候之儀は全内請取之儀ニ付」とある。
（7）前掲奥野著、四五五―四五八頁。
（8）勘定の位置付けが問題となるが、第I部第四章でふれたように、女院御所の口向の構成については不明な点が多く、［史料三」の時期（寛政四年）におけるそれも明確にはわからない。ただし、寛政六年に関しては、取次・勘定（とその他の諸役人）という構成であったので（「新刊雲上明鑑」（朝幕研究会編『近世朝廷人名要覧』学習院大学人文科学研究所、二〇〇五年））、［史料三］の時期においても同じようなものであったと思われる。なお、禁裏における賄頭が見当たらないが、現時点ではこれは勘定（＝勘使）がその分の職務をも担っていたのではないかと推測しておきたい（詳細は第I部第四章を参照してほしい）。

(9) 第I部第四章で述べたように、禁裏には禁裏付が、仙洞御所には仙洞付がいたが、女院御所に女院付はおらず、禁裏付がその代わりのような役割を（そのままのかたちではなく、より縮小したかたちではあろうが）果たしていた。

(10) この［史料三］では、所司代の許可の必要性しか明記されていないが、おそらくは禁裏と同じように、老中の許可も不可欠であったと思われる。

(11) 前掲奥野著、五八一頁。

(12) ①については、何も記されていない。この点に対しては、とくに異論がなかったのであろう。

(13) 前掲奥野著、三六三、四六四頁。

(14) 第III部第三章で用いる国立国会図書館憲政資料室所蔵「三条家文書」の「禁裏御入用金年次額」では、荒年手当銀が始まったのは寛政七年分からとなっている。寛政八年に創設が決定され、寛政七年分から適用されることになったのか、あるいはどちらかの史料の記載に間違いがあるのかだと思われる。たしかなことは言えないが、前者、すなわち寛政八年に創設が決まり、遡って七年分からの適用がなされたのではないかと推測される。

(15) 備銀のように、使用の際に老中の許可も要したかは、史料によって異同があり、定かではない。ここでは、荒年手当銀をほかの支出に用いる時には、すくなくとも所司代の許可は必要であったことを指摘するに留めたい。

(16) なお、この史料によると、寛政七・八年頃は余銀が一〇〇貫目ほども生じていたという（＝「右は御定高御余銀、寛政七・八年之比百貫目余も出来仕候ニ付」）。第III部第一章で、この時期には、定高制を軸にした諸制度がうまく機能していたことを明らかにしたが、それはこの点からも確認できる。

(17) 前掲奥野著、四七七頁。なお、年末には、「大勘定」（物勘定）と呼ばれる「総合会計検査」が行われ、京都代官・武家伝奏の雑掌・京都町奉行・禁裏付・賄頭・勘使らが参加したという（前掲奥野著、四七八頁）。

(18) 口向では、口向定高（銀七四五貫目）が月割りにされ、月ごとの予算が決められていた（前掲奥野著、四四九頁）。

(19)　提出先については明記されていない。

(20)　[史料八]の「禁裏御賄御入用差引書」と違い、[史料七]の「御賄御入用見合差引書」には、安永六年や過去二年における口向の当該月の支出額は明記されていない。これがただたんに日記に書き残されなかっただけなのか、それとも実際、「御賄御入用見合差引書」にはこの部分の記載がないのかは不明である。あるいは前月入用差引書と総称できる帳面にも、多少の記載内容の差はあったのかもしれない。

なお、「御賄御入用見合差引書」に関しては、武家伝奏徳大寺実堅の公用記録を詳細に検討した大屋敷佳子がふれてはいるが（大屋敷佳子「幕藩制国家における武家伝奏の機能（一）」『論集きんせい』七、一九八二年）、ごく簡単なものであり、記載内容や提出者、前月入用差引書との関係など、帳面の具体的な性格は、ほとんど論じていない。

(21)　史料上に記されていないだけで、実際には定高制改正以前から、このような帳面が武家伝奏に提出されていた可能性もないわけではない。しかし、たとえそうであったとしても、帳面が提出されたことを日記に書き記すようになった点は意味のある変化であろう。

(22)　口向における月々の支出報告書の作成に関わっていた形跡はないが、この報告書は禁裏付を通して所司代らに提出されており、禁裏付もその内容は確認していたと考えられる。

第III部　近世後期の朝廷財政と朝幕関係

第一章　寛政—文化期の朝廷財政と光格天皇

はじめに

寛政(一七八九—一八〇一)年間に行われた定高制改正や備銀・荒年手当銀の創設、諸規定の作成・改正については、第Ⅰ部第二章でも検討したが、最後の諸規定に関しては、あまりふれられなかった。

そこで、本章ではまず、この諸規定の内容を具体的に明らかにし、この時期に確立された保証や支援の枠組みのあり様をより総体的に見る。そのうえで、この枠組みが実際にはどの程度機能していたのかを、文化(一八〇四—一八)年間までを対象に究明していきたい。

第一節　諸規定の確立

まず、寛政年間に行われた諸規定の作成・改正について、その内容をより具体的に明らかにする。

一　人件費に関する規定

次に挙げる［史料一］は、寛政二（一七九〇）年十二月に所司代太田備中守資愛から付武家に宛てられた達書である。

［史料一］（「御所々御入用筋書抜」第五巻、御所々御内并女中人数等之儀）

（前略）

非蔵人々数之儀、元文・宝暦之比は大概六拾人高ニ有之候処、明和之比より追々相増、当時之高八拾人余ニ相成候由、且、一旦非蔵人被　仰付候得は、世禄ニ相成候之趣ニ候、左候而は向後減候期は無之、不容易事ニ候、依之、以来万一不法失錯等ニ而非蔵人被免候共、元文・宝暦之比之人数高ニ相成候迄は、新規被　召出之儀御猶予有之度事ニ存候、御宛行等は聊之儀ニ候得共、御規則無之候而は、追々御不手繰之基たるへく候、女中人別之儀も同前之事ニ候、右之趣、両卿江可相達旨、年寄衆より申来、則相達候間、可被得其意候、尤以来非蔵人并女中之人数高御宛行をも記し、分限帳之趣ニ仕立、自分方江か又は各之方、何れニ而も都合宜方ニ差置候様、年寄衆より申来候間、得其意、仕立候ハヽ、各之方ニ被差置、右控、自分方江も可被差出候、尤代リ等有之候節々届可被申聞候

十二月

非蔵人の数は、元文（一七三六―四一）・宝暦（一七五一―六四）年間の頃は六十人余りであったが、明和（一七六四―七二）年間の頃から増大し、当該期においては八十人余りになり、さらにそれが世襲されていたという。このように増加した非蔵人や女官について、定員の取決めや分限帳の作成を行い、人件費の抑制を図ろうとしていることが明らかになる（1）。ただし、あくまで免職不補充を定めているだけで、強制的な人員削減を行おうとしているわけではないことには注意しておきたい。

次に［史料二］を検討する。これは寛政十年正月十日付で、老中からの申渡しを所司代が禁裏付や仙洞付に達して

いるものである。興味深い史料であるが、非常に長文であるため、必要な部分だけを抜粋せざるをえない。そこで、最初に、この史料の全体構成について説明しておこう。

この史料は大まかに分けて、①「御所々口向人数元極無之ニ付、各追々取調御取締掛之もの評議之上、此度人数取極候」という趣旨の伺書を、所司代が老中に提出している部分、②老中からの返答が所司代に伝えられ、所司代がこれをさらに禁裏付や仙洞付に達している箇所の二つに分けられる。このうち②の部分が、次に挙げる［史料二］である。

［史料二］（「御所々御入用筋書抜」第五巻、御所々御内幷女中人数等之儀）

（前略）右、
御所々口向人数之儀、安永三午年御取締被
仰出候節、取調之上、
御所御抱之もの人数取極（中略）此度取調申遣候書面ニ而は当時相勤候人数を以取極候趣ニ付、安永之度人数ニ見合、
禁裏口向惣人数ニ而弐拾壱人相減、
仙洞ニ而は拾壱人相増、
中宮之方は寛政六年ニ見合、弐人相増候旨ニ相見、
仙洞　中宮は元人数より相増、
禁裏之方は安永度ニ見合、人数減少候故、右之通ニ而、后後御差支無之候ハヽ、伺之通相定置可然や（後略）

ここから、安永三（一七七四）年頃に各御所の口向役人らの定員規定が取り決められていたこと、また、寛政十（一七九八）年には、この安永三年の規定が参考にされつつ、ふたたび規定の取り決め直しが行われていたことがわかる。[2]

このような規定の取り決め直しが行われた理由に関しては、史料中にはとくに明記されていないが、［史料一］の場合と同じく、人件費の抑制にあったと思われる。

　このような人件費に関するものとしては、次の［史料三］も興味深い。

［史料三］（「御所々御入用筋書抜」第五巻、御所々御内幷女中人数等之儀）

（朱書）「寛政三亥年十一月、太田備中守（資愛、所司代）殿御渡」

井上美濃守（利明、京都町奉行）江

御所々御内之者退役或隠居相願、御宛行被下候節、前々より奥向ニ而凡取極被申出候仕来之儀、畢竟以前は
御所々御料御物成を以年分御取賄御不足も無之相済候事故、奥向之取計ニも可有之候得共、追々御入用相増、
御物成ニ而御取賄難相済候ニ付、享保年中始而御取替之儀被
仰出、其後次第ニ御手張ニ相成、年々御物成高よりは御取替之方相増候様相成候儀ニ付、都而御蔵米出方
御所限御取扱ニは相成間敷儀ニ候得共、安永三午年御取締被
仰出候後も隠居・退役等之もの御宛行前々仕来之通、凡奥向ニ而取極被申出、隠居・退役之後も勤役之節之御宛行高其儘被下候類も有之、猶更不相当之儀ニ候、尤関東之御振合ニ而は、御抱入之もの退役之節は、直ニ御暇被下候儀ニ候得共、
御所向之儀は前々より御宛行被下来候儀相止候ハヽ、相歎候向も可有之ニ付、向後数十ヶ年精勤ニ而七拾歳以上之もの江当勤同様御宛行被下候儀は格別、一役十ヶ年以上相勤、悴も相勤罷在候拾石取五拾歳以上ニ候ハヽ、三人扶持、九石以下侍分、右同様之振合ニ候ハヽ、弐人扶持、仕丁頭以下は壱人扶持、何も壱人五合扶持之積相定、一役十ヶ年以下之勤ニ而退役等願候もの、以来は御扶持不被下積被心得、是迄隠居・退役後、御宛行被下来候役柄之向は、其節々勤功之甲乙得と取調、可被相伺候、右之趣兼而奥向ニも心得被置候様、長橋局幷

仙洞　女院両局江も可被相達候

但、病気ニ而引籠候もの期月も無之、不取締ニ付、以来十ヶ月ニ及候ハヽ、退役相願候様可被申渡候

右之通可申渡旨、年寄衆より申来候付、御附之者江申渡候間、可被得其意候

十一月

これは寛政三年十一月付のもので、「御所々之御内之者」、つまり各御所に勤仕する口向役人らの隠居料に関する老中からの申渡しを、所司代が京都町奉行に伝えているものである[3]。

従来、口向役人らの隠居料は奥の判断で決定されることになっており、隠居後も在職中の宛行と同じだけの隠居料が与えられる者もなかにはいた。老中らはこれを問題視し、幕府においては最下級の御家人である抱入の者[4]にはとくに隠居料を与えていないことを引き合いに出して、口向役人らに退職後も在職中の宛行と同額の隠居料を与えることがあるのは「不相当」だとした。

そこで改正が図られ、隠居料を奥の判断で決定することは取り止めとなった。そのかわりに今後は、口向役人らの中の序列や勤続年数などに応じた細かな規定をあらたに取り決め、それに則って隠居料を決定していくことが定められた。

［史料三］からは以上のようなことが明らかになるが、これもまた、人件費の抑制を狙ったものだと考えられる。抱入の者を引き合いに出していることから窺えるように、「江戸」（「関東表」）のやり方に準じるようにせよというのが、老中や勘定奉行らの狙いのひとつであったと思われる。前述したように、安永七（一七七八）年度から導入された定高制も、もともとは幕府の各役所においてひろく導入されていたものであり、こうした「江戸」のやり方に準じさせようとする動きは、明和八年からつづく勘定所の監督強化、朝廷財政の幕府財政一部局化といえるような動きの一環と捉えられる[5]。

ただし、[史料三]において、口向役人らの場合は、幕府における抱入の者とは違って、隠居料の支給が完全に取り止めになったわけではなかったことに留意したい。「江戸」のやり方に准じることを求めつつも、一定の配慮は払っていたのである。

このほか、寛政二年には口向役人らの見習の任命に関する規定も設けられており、[6]この時期には人件費に関するさまざまな規定があらたに設けられ（あるいは改正され）ていた。その狙いは基本的には人件費の抑制にあったと思われる。

二　規定の遵守

ここまで寛政（一七八九―一八〇一）年間には、①非蔵人・女官の定員、②口向役人らの定員、③口向役人らの隠居料など人件費に関するさまざまな規定が取り決められ、支出の抑制が図られていたことを明らかにしてきた。それでは、こうした規定はその後も遵守されつづけたのだろうか。

まず、非蔵人・女官の定員規定に関して、[史料四]を検討しよう。この史料は文政十三（一八三〇）年正月に所司代から禁裏付に宛てられたものである。その内容は、

① まず、奥に勤仕する女官である大御乳人の子、鴨脚為丸をあらたに非蔵人として召し出したいとの禁裏からの要望を武家伝奏が禁裏付に伝えている部分、

② その後、禁裏付の書付などが所司代を介して老中に提出されている箇所、

③ 最後に、老中からの返答が所司代に伝えられ、それがさらに禁裏付に達せられている部分、

の三つに分けられる。このうち、②・③を次に挙げる。

[史料四]（「御所々御入用筋書抜」第五巻、御所々御内并女中人数等之儀）

（前略）尤今度被申立候大御乳人勤功は数年、主上御幼稚より御随従申上候間、品能被申立之御趣意相達候様、伝奏衆被申聞書付被相達候付、御附之もの差出候書付、各被取調候趣共、江戸表江相達候処、右は寛政二年相達候趣も有之、当時非蔵人人数、元文・宝暦度之人数より相減候儀ニも無之候間、此度為丸儀、新規被　召出之儀、御猶予有之候様可達段、年寄衆より申来候間、為心得相達候

正月

禁裏側は大御乳人の功労を強調することによって、彼女の子である為丸を非蔵人としてあらたに召し出すことに説得力を持たせようとしている。しかし、これに対して老中は、規定に反することになるので、要望については猶予を願うと述べている。結局は五月に大御乳人の特段の功労を考慮して、為丸の召出しが決定しているが、これはごくごく例外的な処置で、以後は元文（一七三六―四一）・宝暦（一七五一―六四）年間の頃の人数になるまでは新規の召出しはしないとしている（文政十三年五月付禁裏付ら宛所司代達書（「御所々御入用筋書抜」第五巻、御所々御内弁女中人数等之儀））。特例として、為丸については召出しを認めつつも、基本的には、寛政二年の定員規定の遵守を求めていたことが明らかになる⑺。

次に、口向役人らの定員規定について見ていこう。「御所々御入用筋書抜」第五巻、摂家・堂上方以下御内弁女中御宛行米之外増被下米等之部には、京都町奉行・禁裏付（御所向取締掛カ）宛の弘化三（一八四六）年八月十四日付所司代達書が書き留められている。その内容は、口向役人の一種である取次の加勢、渡辺甲斐を正式に取次本役に任命したいとの禁裏からの要望に対する老中の返答を示したものである。この史料中で老中は、「（禁裏からの要望は）御所々御内役々人数定之規矩ニ相響、不容易儀ニ付、難承届」と述べており、寛政十（一七九八）年に取り決め直された口向役人らの定員規定に反するとして、禁裏の要望を認めていない。ここでも定員規定の遵守が要求されている。

表1　口向役人の定員の比較　（単位：名）

	①寛政10年の規定	②幕末の定員	差※1
取次	7	7	±0
賄頭	(1)※2	(1)	±0
勘使	2+(2)	2+(2)	±0
御膳番	5	5	±0
修理職	3	3	±0
賄	6	6	±0
板元吟味方	2	3	+1
板元	8	?	?
鍵番	6	5 or 6	−1 or ±0
奏者番	4	4	±0
使番頭	3	3	±0
小間使	3	5	+2
使番	37	?	?

※1）①の人数を基準にして，②がどれだけ増減したかを示す．
※2）幕臣のみ．

この点に関して、もう少し検討を加えていく。「御所々御入用筋書抜」の中には、寛政九年改の「禁裏口向取次以下仕丁迄人数書」と題された史料があり（第五巻、御所々御内幷女中人数等之儀）、口向の各役職の職務と定員、および寛政九年時点での在職者数などが記されている。作成者は不明であるが、寛政十年に取り決め直された口向役人の定員規定の草案かと思われるので、ここから規定の内容を推測することができる。具体例として、取次に関する記述を次に挙げよう。

［史料五］

一、取次七人

但、当番・泊番共壱人、筆頭は巳刻より申刻迄日勤、外ニ壱人ツヽ日々相詰、奥向より被仰出候御用向取計、奥向三仲間・一采女・刀自以下宗旨改請状等取之、口向侍分・下部差配、支配江申渡、諸願取扱、且重立候御使等相勤申候

一方、『幕末の宮廷』には、幕末における口向役人の定員が、すべてではないが、書き記されている[8]。ここから明らかになる幕末の口向役人の定員と寛政十年に取り決め直されたそれとを比較すると、次の表1のようになる。

この表から、定員の数はほぼすべての役職で変化していないことが確認できる。幕末に至っても、定員規定はほぼ守られていたといえよう。

小括

第Ⅰ部第二章で見たように、寛政(一七八九―一八〇一)年間には、定高制の改正や、それを支える備銀・荒年手当銀の創設などが行われたが、当該期には、非蔵人や口向役人の定員規定など人件費に関するものを中心とした諸規定の作成や改正も行われた。

これらは、それまでは奥の判断や明確な枠組みがなかったものに、一定の規定を設けたものであり、中には幕府の規定が引き合いに出されたものもあった。基本的には勘定所による監督強化の一環といえ、支出の抑制を図ったものではあったが、留意すべきは、強制的な非蔵人の人数の削減など積極的な人件費の削減は行っていないことである。幕府は禁裏財政に対してだけとくに厳しい制限を加えようとしたわけではなく、無制限に支出が膨張することを嫌っただけと考えられる。

なお、このような諸規定が設けられた後も、禁裏が規定の枠を超えた要望を申し入れることは多くあった。しかし、これに対しては、老中・所司代らが規定の遵守を求め、要望を認めないことが間々あった。この時期に設けられた諸規定は、基本的には以後幕末に至るまで、遵守を求められつづけた(9)。

第二節　寛政―文化年間の禁裏財政と光格天皇

寛政(一七八九―一八〇一)年間には、定高制の改正や備銀・荒年手当銀の創設、人件費に関するものを中心とした諸規定の作成・改正などが行われた。定高制を軸とした枠組みが設けられたわけであるが、それでは、この枠組みは、実際にはどの程度、機能していたのか。

従来、定高制改正直後の口向の支出は数年にわたって定高の範囲内であったこと、また寛政十二年の支出は定高を超過すること一〇貫目以上であったことなどが明らかになっている。⑩　しかし、総体として寛政―文化（一七八九―一八一八）年間に定高制を軸とした枠組みが機能したのか、また支出にはどのような特徴があったのかといった点は解明されていない。そこで、本節ではこれらの問題について具体的に検討していきたい。

一　寛政―文化年間の禁裏財政

はじめに、定高制の状況を明らかにしていく。次に挙げる［史料六］は、老中からの申渡しを所司代が京都町奉行・禁裏付に達しているものである。

［史料六］（「御所々御入用筋書抜」第三之上巻、禁裏御賄御入用等之部）

（朱書）「嘉永四亥年九月五日内藤紀伊守（信親、所司代）殿御渡」

水野下総守（重明、京都町奉行）
内藤遠江守（正令、禁裏付）（「江」脱カ）
岡部備後守（豊常、禁裏付）

当今常々
御慰事も不被為在、春秋両度能
御覧之外、格別御手軽ニ而今三ヶ度被　仰出度、
御沙汰之通相整候様、伝　奏衆被申聞候ニ付、御附之者取調、差出候書付各江達、被取調候上、江戸表江相達候処、春秋両度之外、能
御覧可被　仰出儀は
御慰之儀ニ付、御都合次第之事ニ候得共、近年之様御賄御余銀減少候而は御備銀も難出来、奥上等相減、於奥向

も（朱書）「不」御都合ニ相成候儀ニ付、此上臨時御入用等御手張不相成様取計、御賄御余銀、寛政・文化之御時節ニ准、御備
銀・奥上等も出来候年柄は、
御沙汰之通能
御覧被　仰出候而も御差支有之間敷候間、右之趣被相心得被取計候様、伝　奏衆江程能可及挨拶旨、御附之者江
申渡、右之趣各江も可達段、年寄衆より申来候間、可被得其意候
　九月

現在、年二回ほど行っている禁裏での能の開催を、手軽なもので良いので、あと三回ほど増やしてほしいという禁裏からの要望に対する老中の返答である。

前述したように、定高で取り決められた口向の年間予算は銀七四五貫目であり、消化し切れなかった分（余銀）は、備銀、荒年手当銀、奥に渡される分（奥上銀）に配分されることになっていた。これについて老中は、近年のように、（支出の増大によって）毎年できる余銀そのものが減少してしまっては、必然的にそこからの奥上銀なども減ってしまい、奥においても不都合なことになると述べている。

そのうえで、臨時の支出が嵩まないようにし、寛政―文化（一七八九―一八一八）年間のように、余銀が充分にできるほど余裕がある年に限っては、能の開催回数を増やしても問題はないとしている。

ここから、寛政―文化年間においては基本的には、口向の支出は定高の範囲内に余裕をもって収まり、充分な余銀が生じていたことなどが明らかになる。その結果、当該期には、備銀や荒年手当銀の貯えは多くあった[11]。こうした状況が生じた理由は、史料中にはとくに明記されていないが、前述した定高制を軸とした諸制度・諸規定がうまく機能したこと、松平定信の申入れによって禁裏で行われた倹約[12]の成果によるものと推測される。

一方で、寛政（一七八九―一八〇一）年間末期から文化（一八〇四―一八）年間初期にかけては、徐々に支出増大の兆候が

見え始める。たとえば、前述した、寛政十二年の口向の支出が定高を一〇貫目以上超過していたという奥野の指摘もそのひとつであるが、このような状況を示す事例はほかにも散見されるので、いくつか挙げておこう。

まず、武家伝奏広橋伊光の公用日記である「伊光記」（史料編纂所所蔵）の文化六（一八〇九）年九月十八日条には、「御取締之事（近来、恐悦事等ニ而御用途多相成候間、一統取締候様以関白殿被　仰出候）」とある。ここから、近年「恐悦事等」＝吉事の多発などによって支出が増大しているので、取締りを図るようにとの天皇の命が関白を介して公家衆に伝えられていたことがわかる。周知のとおり、光格天皇は多くの子供を儲けたが、それは支出の増大を招くものでもあったことが窺われよう[13]。

また、「伊光記」の文化三年十二月二十三日条にも注目すべき記事が載せられている。

［史料七］

一、拝領・拝借之人々、当年は御事多候間、両様共不及御沙汰候、宜申達以但馬被申出候（於長橋は気毒ニ被存之由也）

「廿五日、園池・交野・岡崎拝借、桜井・堤・慈光寺・山井・穂波・豊岡等拝領、各不及御沙汰旨、懇申渡候」

山口和夫によると、十七世紀後半以降、公家衆は、①上層である摂家、②「旧家[14]に、外戚関係・職制登用などで知行を得、納言昇進の家例を築いた一部新家」などが加わって構成される中間層、③三〇石三人扶持で、職制登用されることもほとんどない新家で構成される下積み層、の三つの階層に固定された。このうち、③のいわば下級公家衆は、家職の組織も官位執奏による収入もほとんどなかったため、近世を通じて困窮に喘ぐことが多かった[15]。

このような下級公家衆からの拝領金・拝借金願いは近世を通じて多く見られ[16]、かれらが生計を立てるうえで、必須のものであったと思われる。しかし、この［史料七］においては、かれらの願いは支出の増大を理由に却下されている。

支出増大が下級公家衆の生活に悪影響をもたらしていたことを示す一例といえるが、ここでは拝領金・拝借金を下級公家衆に出す余裕がなくなるほど、支出が増大していた点に注目したい。

二　光格天皇と禁裏財政

このように寛政（一七八九—一八〇一）年間末期から文化（一八〇四—一八）年間初期にかけては、徐々に支出の増大が始まっていた。前述したように、その原因のひとつは吉事の多発であったが、ほかにはどういった要因が挙げられるのだろうか。

この点を検討するうえで、「伊光記」の文化二（一八〇五）年五月十四日条の記事は、非常に興味深い。その内容は、近年の支出増大によって苦しい状況にある奥に、備銀のうちから金三〇〇両ほどを渡してもらえないだろうか、との要望を武家伝奏が所司代に伝えているものである。このうち、奥側が近年の支出増大の要因を述べている部分が、次の［史料八］である。

［史料八］

（前略）其訳は、和歌御用等、毎月度々被為有、元日より御執行之事有之、其上、於　当御代は御敬心ニ付、毎月御法楽一箇度相加候、且恒例所々御祈禱之外、其由緒相正寺社は御吟味之上、御祈禱被　仰出候儀も彼是有之候、右御初穂、前々は自口向も差出候へ共、御取締以後は推而被　仰下儀も御取締之ゆるみニ相拘候間、無其儀候、又御祈禱不被　仰付候儀も実々　御心障ニ被為有候ニ付、不得止自奥上之内多分被出之候、其上、御近代ニ相超候年久御在位ニ被為有候間、彼是御委被　仰出候儀も有之、廉立候事ニハ無之候へ共、御事多、無拠自然ト相増候儀も有之候（後略）

ここから、奥の近年の支出増大は、光格天皇による、①頻繁な和歌会の開催、②法楽の増加、③寺社への祈禱料の増大、④長年の在位によって、頻繁に発せられる要望がその要因であったことが窺える。以下、それぞれについて検討していこう。

まず、①頻繁な和歌会の開催に関して。盛田帝子は、寛政(一七八九—一八〇一)期には光格天皇が自身を中心とした歌壇を形成していたことを明らかにしている[17]。光格天皇の狙いのひとつは、公家社会における自身の存在感の強化にあったと思われるが、こうした活動は当然、さまざまな出費を伴うものでもあった[18]。

次に、②法楽の増加・③寺社への祈禱料の増大について。藤田覚によると、光格天皇はその存命中、さまざまな神事・儀礼を復古・再興させ、朝廷権威の上昇を図ろうとした[19]。この②・③のような、法楽の増加や、由緒は正しいが、これまではとくに祈禱を命じていなかった寺社に、あらたに祈禱を命じたりするような動きもまた、そうした運動の一環であったのではないかと思われる。

最後に、④長年の在位によって、頻繁に発せられる要望に関して。ここから、長年の在位によって諸事に精通し、それをもとに頻繁に要望を繰り返す光格天皇の姿が見て取れる。光格天皇自身が積極的に発言をし、存在感を示していたことが窺えよう。

このように［史料八］からは、光格天皇の積極的な諸活動が支出の増大を招いていたことが明らかになる。

小　括

寛政(一七八九—一八〇一)年間末期から文化(一八〇四—一八)年間初期にかけては、吉事の多発・頻繁な和歌会の開催・法楽や寺社への祈禱料の増大・光格天皇自身が細かな要望を頻繁に繰り返したことといった要因によって、支出の増大が始まった。

それでも、この寛政年間末期—文化年間においては、まだ相応の余銀が生じており、備銀や荒年手当銀にも十分な貯えがあった。これらによって支出の増大に耐えることができたと考えられる。

逆にいえば、光格天皇が積極的に行ったさまざまな活動は、上記のような幕府が整備した財政的な基盤があって初めて成立するものであった。

おわりに

だいたい寛政(一七八九―一八〇一)年間半ば頃までには、定高制の改正や備銀・荒年手当銀の創設のほか、人件費に関するものを中心としたさまざまな規定などが創設・改正された。第I部第二章などで明らかにしたように、明和八(一七七一)年頃からはじまった財政保証や支援の枠組みの再整備が完了したのが、この時期といえる。

このようにして設けられた定高制を軸とした枠組みは、当初はうまく機能し、臨時の支出の備えである備銀や荒年手当銀にも多額の貯えが生まれた。しかし、その後、寛政年間末期から文化(一八〇四―一八)年間初期頃になると、徐々に支出が増大していった。これは、光格天皇自身による、頻繁な和歌会の開催・法楽や寺社への祈禱料の増大・吉事の多発、長年の在位によって、諸事に精通した結果、頻繁に繰り返されることになった種々の要望などが要因であった。

寛政―文化年間において光格天皇は、歌壇の形成や神事・儀礼の復古・再興など、さまざまな活動を積極的に行い、天皇・朝廷の権威を強化していったが[20]、このような天皇の活動の前提として、上記のような幕府の手によって整備された一定の財政的な裏付けがあったことには、注意が必要である。すくなくとも、財政面で見れば、光格天皇の諸活動は、幕府によって許容される範囲内で行われたものであったと評価できる。

(1)　なお、近世の女官は大きく、御差以上の「女房」と御末以下の「女中」に分けられるという(高橋博『近世の朝廷と女官制度』吉川弘文館、二〇〇九年、三頁）。ただし、この史料中の「女中」は女官の総称として使われていると思われる。「御所々御入用筋書抜」第五巻には、「御所々御内幷女中人数等之儀」という項目があるが、ここで取り上げられているものも狭義の「女中」ではなく、女官全般である。「女房」・「女中」という区別があったのは事実だろうが、史料中に「女中」と出てきた場合は、女官一般を指すこともしばしばあると考えられる。

（2）安永三年に規定が設けられていたのにも関わらず、「御所々口向人数元極無之ニ付」と記されているのは何らかの手違いか、あるいは安永三年のものが正式なものではなかったことを指し示すと考えられるが、詳細は不明である。

（3）第I部第二章でも言及したが、行論の都合上、もう一度挙げる。なお、史料中に「侍分」とあるが、口向役人は上級職である「侍分」と、下級職である「仕丁（もしくは下部）」に分けられていた。侍分は取次・賄頭・勘使・御膳番・修理職・賄・板元吟味方・板元・鍵番・奏者番・使番番頭・使番・小間使の総称であり、仕丁は根来同心・六門番などの各門番・使番の若党など「そのほかいろいろのもの」の総称である（下橋敬長述・羽倉敬尚註『幕末の宮廷』平凡社、一九七九年、三一五頁）。

（4）原則的には、退役後は扶持を離れ御家人の身分を失い、家督相続も許されていなかった（高柳金芳『江戸時代御家人の研究』遊山閣、一九六六年、三二、六九―七一頁）。

（5）第I部第二章。

（6）寛政三年正月付京都町奉行宛所司代達書（「御所々御入用筋書抜」第五巻、御所々御内幷女中人数等之儀）。

（7）元文・宝暦年間の頃と比べて、非蔵人の人数はそれほど減少していないと史料中に記されているが、前述したように、寛政二年の規定はあくまで免職不補充を定めただけのものであり、積極的な人員削減を図ったものではなかった。

（8）前掲『幕末の宮廷』、一五二―一八〇、三〇九―三一五頁。

（9）無論、求められつづけただけであって、為丸の事例のように、例外的な措置が認められることもあったと思われる。

（10）奥野高廣『皇室御経済史の研究　後篇』（中央公論社、一九四四年）、四五七・四五八頁。なお、奥野は寛政七・八・九年の支出についても言及しているが、序章で述べたとおり、典拠としている史料の年代比定を間違えており、当該部分の記述は誤りである。

（11）弘化二年禁裏付作成「御所口向之者御救之儀再応申上候書付」（「御所々御入用筋書抜」第五巻、新規之儀は江戸表江可被仰進儀其外之部）によると、文化年間には、荒年手当銀の貯えは一〇〇貫目あまりあることもあった（次章でも検討する）。

また、文化三年正月付京都町奉行・禁裏付宛所司代達書（「御所々御入用筋書抜」第三之上巻、禁裏御賄御定高御余銀三分一御備銀三分二奥上之内荒年御手当銀ニ相成候訳）によると、同年の時点で備銀の貯えは一五〇貫目強あった（実際には、一六六貫目ほどあった。くわしくは、第III部第三章で後述する）。

(12) 前掲奥野著、四五五頁。

(13) 具体的には賄料や親王宣下の費用などが想定される。また、子供が多ければ、それだけ凶事も多くなる。そのような費用もまた、支出の増大につながっていたのだろう。

(14) 旧家とは、文禄―慶長（一五九二―一六一五）年間以前からの家であり、それ以後、あらたに創設された家が新家である。

(15) 「天皇・院と公家集団」（『歴史学研究』七一六、一九九八年）。

(16) 橋本政宣『近世公家社会の研究』（吉川弘文館、二〇〇二年）、四〇五頁。

(17) 「光格天皇と寛政期の宮廷歌会」（『近世雅文壇の研究』汲古書院、二〇一三年、初出は「光格天皇と宮廷歌会」『雅俗』九、二〇〇二年）。

(18) 出費の具体的な内容としては、和歌会自体の開催費用のほか、その後行われたであろう酒宴の費用などが想定される。

(19) 藤田覚『近世政治史と天皇』（吉川弘文館、一九九九年）、『天皇の歴史6　江戸時代の天皇』（講談社、二〇一一年）。

(20) 前掲盛田著、前掲藤田『近世政治史と天皇』、『天皇の歴史6　江戸時代の天皇』。

第二章　文政—天保期の朝廷財政と江戸幕府

はじめに

前章では、寛政（一七八九—一八〇一）年間に改正された定高制を軸とした保証や支援の枠組みが、実際にはうまく機能した（あるいはしつづけた）のか、しなかったのか、といった基本的な問題について、文化（一八〇四—一八）年間までを対象に検討した。

その結果、定高制やそれを支える備銀・荒年手当銀などの諸制度は、当初はうまく機能し、備銀・荒年手当銀にも多くの貯えができたこと、ただし、寛政末年頃からは、吉事の多発や光格天皇の諸活動（頻繁な和歌会の開催や寺社への祈禱料の増加など）によって、支出の増大が始まったことを明らかにした。

本章では、その後の文政—天保（一八一八—四四）年間について検討していく。この時期に関しては、口向の支出が定高を超過しがちであったことをすでに奥野が明らかにしている[1]。しかし、やや断片的であり、奥も含めた当該期における禁裏の全体的な支出の動向と定高制を軸とした諸制度の運営状況、およびその背景といった基礎的な事実ですら、十全に明らかになっているとはいいがたい。さらに、当該期の保証や支援に対する幕府の姿勢も不明である。そこで本章では、おもにこれらの点を解明していく。

そのうえで、前章の成果と合わせて考えることで、寛政―天保年間までを通して、改正された定高制を軸とした保証や支援の枠組みがどのように機能したのか、また機能しなくなったとすれば、その際に、幕府はいかなる対応をとったのかといった点を、具体的に明らかにしていきたい。

第一節　文政―天保年間の定高制

一　文政―天保年間の状況

本節では、文政―天保（一八一八―四四）年間における禁裏の全体的な支出の動向と定高制を軸とした諸制度の運営状況、また、それに対する幕府の対応を検討していきたい。まずは、全体的な支出の動向と、定高制を軸とした諸制度の運営状況を究明していく。前述したように、この時期に関してはすでに奥野が、口向の支出が定高を超過することが多かったことを明らかにしている。それでは、その原因はどこにあったのだろうか。また、奥の状況はどのようなものであったのだろうか。

この点を見ていくうえで重要な史料となるのが、「御所々御入用筋書抜」第五巻、新規之儀は江戸表江可被仰進儀其外之部に書き留められた弘化二（一八四五）年「御所口向之者御救之儀再応申上候書付」である。これは、禁裏付から所司代に差し出された伺書であり、その内容は、金銭貸借上のトラブルから、京都町奉行に訴えられるような者が出るほど窮乏に喘いでいる口向役人らに、いくらかの御救金を与えてほしいとの要望である。この中で、禁裏付は定高制を軸とした諸制度について、次のように述べている。

［史料一］

（前略）私共（禁裏付）も心配仕候得共、

御所御定高は御賄一杯之御用途ニ而、迚も御救等可取扱儀も難仕、御時節柄彼是勘弁仕候処、
禁裏荒年御手当銀、文化之比は百貫目余ニも相満候得共、其後追々奥向御遣方、終ニは不残御遣払罷成、御手薄ニ付（後略）

荒年手当銀の貯えは、文化年間には一〇〇貫目あまりあることもあった。しかし、その後、奥から繰り返し出される臨時の要望に応えるために、この貯えがたびたび活用された。その結果、すくなくとも弘化二年頃までには、荒年手当銀の貯えは、一度はほとんどなくなってしまったという。前述したように当初、定高制はうまく機能し、文化年間頃には備銀や荒年手当銀にも多くの貯えが存在した。ところが、この［史料一］からは、その後の支出急増によって、その貯えが次々と食いつぶされていったことが明らかになる。

次に、文政七（一八二四）年五月二十一日付の「御所々御賄御入用之儀ニ付申上候書付」と題された史料を検討する。これは、禁裏財政に深い関わり合いを持つ禁裏付・京都町奉行らから所司代に差し出された書付である。その趣旨は、倹約の徹底をおもな内容とした支出抑制策の提言であるが、史料の前半部においては、禁裏や仙洞御所の収支の動向や現状が記されている。その一部が、次に挙げる［史料二］である。

［史料二］（「御所々御入用筋書抜」第三之上巻、禁裏御賄御入用等之部）

（前略）然ル所、近来
御所々一体前々と違ひ、口向御賄御入用方も追々増方ニ相見、去々午年之儀は閏月、其上臨時御入用多之年柄ニ付、夫々口向之もの共相励、御入用不嵩様精々厚勘弁取計仕候得共、何分右之次第ニ而、
仙洞　大宮御所之儀は御定高ニ相増候得共、去未年御定高内ニ而仕埋取計、
禁裏之儀は御定高内ニ而相済候得共、纔之御余銀ニ而是迄荒年御手当銀之内より年賦御戻入之積を以奥上りニ相成候分、口々有之候得共、右午年分年賦御戻入等も出来不致、且又、奥御入用之儀も追々被進物・被下もの・其

外共諸事御手張之御様子、一体奥向御締相弛候哉、御料荒年御手当銀之内より年々之様御不足丈ヶ奥上り相成、当時荒年御手当銀有高、
禁中之分銀八貫六百目余、　院中之分銀弐貫三百目余ならては無御座、誠ニ御手当薄ニ罷成、元来右御手当銀之儀は前書申上候通之儀ニ付、初発起立幷御遣方之所ニおいては当地限御聞済之儀ニ御座候得共、御手薄ニ相成候儀は、素々御手張故之儀哉と奉存申上候儀ニ而、殊当年之儀は閏月も有之、近年之御振合ニ而は、差当当暮奥向御差支眼前之儀と奉存候、左候迚外ニ御銀出方も無御座、先年御定高被進切被　仰出候節被仰渡之御趣意も有之候得は、別段江戸表江可被仰進品も無御座、必至御手支之程甚以恐入（後略）

長文の史料であるので、まず簡単にではあるが、その内容を説明しておこう。

この時期においては、口向・奥ともに支出の増大が目立つようになっていたが、とくに奥については、下賜物などに関する出費がかさんでいたこと（＝「奥御入用之儀も追々被進物・被下物・其外共諸事御手張之御様子」）がその原因であった。そのため、年々荒年手当銀のうちから、いくらかの金銀が奥に補塡されていた。その結果、荒年手当銀の貯えは段々と食い潰されていき、文政七年五月には八貫六〇〇目ほどまでに減少してしまっていた。

また、とくにこの年は閏月もあり、その分おのずと支出が増大することになるため[2]、このままでは年末に奥の方で差支えが生じることは明白であった。しかし、そうはいってもほかに不足分を補うあてもなく、しかも、ひととおりの臨時の支出や閏月の分は定高内で賄う、という寛政（一七八九―一八〇一）年間の定高制改正以来の原則もあるので（＝「先年御定高被進切被　仰出候節被仰渡之御趣意も有之候得は」[3]）、この不足分の補塡を老中に要望することもできなかったという。

以上がこの史料の簡単な要約であるが、ここから次のような点が明らかになる。すなわち、文化（一八〇四―一八）年間には一〇〇貫目あまりあることもあった荒年手当銀の貯えは、口向・奥の支出急増のため、次々と食い潰されて

いき、文政七年の時点ではきわめて少額になっていた。そのうえ、基本的には定高内で通常の支出も臨時のそれもすべて賄うようにする（ただし、大嘗祭や御所の造営などの巨額な臨時の支出は例外とする）、という寛政年間以来の原則があったため、老中に定高外の金銀を要望することも難しかった。傍線部にあるように、この時期には、寛政年間に確立された定高制を基軸としたあり方が、その均衡を失おうとしていたといえる。

次に挙げる［史料三］（天保五（一八三四）年一月五日付京都町奉行・禁裏付宛所司代達書）は、このような状況を端的に示している。

［史料三］（首都大学東京図書館所蔵「水野家文書」、Ａ一―一五）

（前略）

禁裏御賄御入用近年御除銀無之、（余カ、以下同様）奥上金少分之由、寛政之度御定高被進切之比は、

仙洞御在位中之儀、　御降誕之　宮方も御少御時節、御除銀出来候得共、当時、

仙洞　父帝　大宮国母之御儀、且

当今寒気御厭被為在（中略）御降誕も度々被為在、御内実之御母儀、贈物も有之、御内儀御入用相嵩、御除銀出来之時節も有之間敷、御定高増被進候様相成間敷哉之旨去辰年（天保三）二月、伝　奏衆被申立候付（中略）右調方之儀、御附之者江申渡候処、当時御用途、寛政・文化之頃ニ見合相増候廉取調差出候付、再応各江相達、各被申立候趣幷伊勢守一名を以被申立候書付、御附・御賄頭差出候書付相添、自分致勘弁候趣共、委細江戸表江相達候処、右御定高之儀は、寛政之度御所向熟得之上、被進切相成、其砌は勿論、近来文化之比も相応之御除銀出来、御備御手当銀等も有之事ニ付、素より切詰候御定高ニも無之候之間、右ニ而御取賄可有之筈之儀、殊ニ近来被進金之内、御貸附ニ相成、右利分等奥上も相増候処、奥向御入用壱ヶ年平均凡七拾貫目程之御不足ニ相見、口向御入用も増方多ニ相成、不容易事ニ付、被申立候趣は難被及御沙汰候（後略）

武家伝奏から出された口向定高の増額要望に対する老中の返答を、所司代が禁裏付と京都町奉行に達しているものである。この史料は、二つ目の中略部（「伝奏衆被申立候付（中略）右調方之儀」）を境に大きく二つに分けられる。前半部は、天保三年に出された口向定高の増額要望の具体的な内容である。増額を望む理由としては、支出増大のため、口向定高銀七四五貫目から口向の実際の支出を引いた分である余銀もほとんど生じなくなり、その結果、余銀から毎年奥に渡される金銀（＝奥上銀。前述したとおり、余銀の九分の四は奥に渡されることになっていた）もそれに応じて少額になってしまったことを挙げている。

一方、後半部では老中が、

① 寛政―文化（一七八九―一八一八）年間の頃は、（今と比べて支出も少なかったため）余銀も多く生じていたこと（＝「其砌は勿論、近来文化之比も相応之御除銀出来」）。

② 近年は「被進金」の一部を貸し付け、[4]その利息を奥に渡しているが、それでもなお、奥においては年間七〇貫目にも及ぶ不足が生じていたこと。

を指摘し、増額要望を断っている。

ここから、天保年間初期においては、支出の増大によって、当初期待されたようなかたちでは、定高制とそれを支える荒年手当銀などの諸制度が機能していなかったことがわかる。それは、首都大学東京図書館所蔵「水野家文書」の「天保七年禁裏御賄差引書」（整理番号：Ａ一―一七）からも明らかになる。この史料は、賄頭が毎月作成した「禁裏御賄御入用差引書」の天保七年正月分から十二月分まで一ヶ年分をひとまとめにしたものの写しである。

この史料からは、第II部第二章でも述べたとおり、①天保七年の口向における月々の実際の支出額、②定高制導入の一年前にあたる安永六（一七七七）年の月々の支出額、③定高制によって規定されていた月々の予算、[5]④過去二年の月々の支出が記され、②―④の項目においては、それぞれ①との差額も併記されている。また、とくに天保七年に関

表1　口向の支出と定高

		天保7年	定高凡月割	天保6年	天保5年	安永6年
定高内の「常式」「臨時」分支出	正月	70貫160目	72貫400目	74貫120目	78貫650目	70貫790目
	2月	58貫590目	55貫300目	70貫240目	63貫120目	52貫950目
	3月	41貫100目	53貫目	41貫550目	40貫860目	50貫620目
	4月	50貫670目	44貫目	52貫30目	33貫80目	41貫160目
	5月	56貫360目	37貫500目	39貫260目	56貫750目	36貫590目
	6月	58貫390目	46貫目	51貫620目	59貫400目	50貫490目
	7月	69貫690目	80貫目	72貫940目	83貫600目	79貫250目
	8月	50貫740目	46貫700目	52貫180目	50貫310目	46貫30目
	9月	42貫830目	42貫700目	39貫10目	35貫660目	40貫110目
	10月	49貫540目	53貫100目	48貫400目	37貫880目	47貫100目
	11月	46貫740目	45貫700目	49貫170目	47貫590目	60貫490目
	12月	102貫840目	110貫600目	103貫570目	114貫690目	108貫240目
	小計	697貫650目	687貫目	694貫90目	701貫590目	683貫820目
定高内の「臨時別帳」分支出	4月，儲君治定より親王宣下まで入用	8貫120目	(58貫目)	記載なし	記載なし	記載なし
	4月，親王宣下の入用	16貫550目				
	5月，親王宣下につき，関東へ進上物の入用	9貫550目				
	12月，内々囃子能の入用，および有卦明祝につき，下賜物などの入用	22貫610目				
	小計	56貫830目	(58貫目)	不明	不明	不明
総計		754貫480目	745貫目	不明	不明	不明

しては、口向定高で賄われた「臨時別帳」分の支出についても記述がある。これらは銀高で記されており、まとめると表1のようになる。

この表から、親王宣下や内々の能開催などの費用は、定高内の臨時別帳分の支出として賄われていたことがわかる。このような分も含めた天保七年の口向の総支出は七五四貫四八〇目であり、定高をわずかではあるが超過していた。天保五・六年に関しても通常の支出だけで七〇一貫目・六九四貫目もあり、同じような状況であったと思われること[6]、また、天保年間の多くの年において、口向の支出は定高を超過していたとの奥野の指摘[7]を合わせて考えれば、この時期の状況では、前述したような年間七〇貫目にも及ぶ奥の不足を補塡することは、とうてい不可能であった。

なお、第III部第四章で検討する天保三（一八三二）年十月付武家伝奏宛所司代書状（国立国会図書館憲政資料室所蔵「三条家文書」、整理番号：一―七）によると、奥においては、半年で平均三・四〇貫目もの不足が生じていたという。この史料と前掲［史料三］の記述をあわせて考えると、この時期の奥の不足はだいたい年間六〇―八〇貫目であったと推定される。

二　支出急増の要因

このように文政―天保（一八一八―四四）年間にかけては支出が急増したため、定高制はその均衡を失い、荒年手当銀の貯えも底をつくようになった。前述したように、こうした支出急増の要因のひとつは、奥から公家衆や所司代らに与えられた下賜物の増加であった(8)。しかし、それだけであったのだろうか。

前掲した［史料三］の天保五年正月五日付所司代達書には、「寛政之度御定高被進切之比は、　仙洞御在位中之儀、　御降誕之　宮方も御少御時節、御除銀出来候得共（中略）然ル処、当時　仙洞、　大宮、重御続柄　宮方も多被為在候と之儀は　仙洞御在位中御見合も無之、無御拠御用途も可有之候」とあり、天皇と関係の深い係累が多数存命していたことが、支出の急増につながっていたことがわかる(9)。その理由までは史料中には記されていないが、関係の深い係累が多ければ、病気平癒の祈禱料や親王宣下の費用など、さまざまな経費もそれだけ多く必要になる。それが大きな負担となっていたと考えられる(10)。

また、周知のとおり、徳川家斉は非常に多くの子供を儲けたが、その子供に吉凶事があるたびに、家斉やその夫人らのもとには禁裏から贈物が届けられていた。一例として、武家伝奏徳大寺実堅の公用日記「公武御用日記」（史料編纂所所蔵）天保四年六月十九日条を次に挙げよう。

［史料四］

一、四折非蔵人調筆、今朝同役被覧殿下

（家斉女）喜代姫、酒井河内守（忠学、姫路藩主）江入輿御祝儀、

大樹江

御太刀、一腰、御馬代黄金二枚、一疋

内府江

御太刀、一腰、御馬代黄金一枚、一疋

亜相江

御太刀、一腰、御馬代黄金一枚、一疋

御台江

紗綾紅白、十巻

簾中江

紗綾紅白、十巻

喜代姫江

三部抄、羽二重、十疋

（後略）

徳川家斉女喜代姫と姫路藩主酒井忠学の婚姻に際して、禁裏から家斉らへ贈物があったことがわかる。こうした贈物もまた支出急増の一因になっていたと思われる。

さらに、なによりも物価高騰の問題がもっとも大きかったと考えられる。大口勇次郎によると、寛政元（一七八九）

年から同十年までの幕府財政の収支は、松平定信による緊縮財政政策の成果もあって、全体としては「二万六千両余の黒字」であった。ところが、その後、寛政十一年から文化(一八〇四—一八)年間にかけては、家斉の娘への支出や米価低落、物価高騰などの要因によって支出が急増し、収支の均衡が崩れるようになった(11)。そのうえ、文政元年から貨幣改鋳が行われるようになると、物価はさらなる上昇を見せるようになり、支出の増大もつづいた。それでも、貨幣改鋳による差益が膨大なものであったため、幕府財政の収支はそれなりに安定を保つことができた(12)。

しかし一方で、禁裏では安永七(一七七八)年度に定高制が導入されて以来、口向・奥ともに定高の額が変更されたことはなく、固定されたままだった。そのため、物価高騰の直撃を受けることとなり、支出増大にさらなる拍車がかかったと推測できる。つまり、幕府の貨幣改鋳政策が、口向や奥の支出急増の大きな一因になったと考えられる(13)。

小　括

文政(一八一八—三〇)年間頃から、口向において支出が定高を超過しがちであったことは、すでに奥野が明らかにしているところであるが、奥においても支出は大きく増大していた。これら口向・奥の支出の急増は、下賜物の増加や吉凶事の多発、あるいは禁裏が親王宣下などの費用を負担する天皇の係累が多数存命したことといった内的要因がひとつにはあった。しかし、おそらくはそれ以上に、貨幣改鋳による物価の高騰という外的要因が大きかった。幕府の政策が禁裏財政に多大な影響を及ぼしたのである。

このような要因による支出の急増のため、奥からは、臨時の要望が相次いで所司代や禁裏付らに伝えられるようになったが、これに対しては、荒年手当銀などを活用することで要望に応えることが多かった。

こうしたことが繰り返された結果、荒年手当銀の貯えは急激に目減りしていくことになり、文政七年頃には非常に少なくなっていた。そのため、これまでのやり方のままで、以前のように臨時の要望に応えることは、段々と難しくなっていった。つまり、文政年間後期には、寛政（一七八九—一八〇一）年間に立てられた、基本的な支出はすべて定高や、その余りの一部を貯蓄したものである備銀・荒年手当銀などで賄うとの原則は、崩れつつあった。

第二節　支出急増と京都町奉行・京都代官

一　支出急増の影響

第一節では、支出急増によって、文政年間後期には、定高制が口向・奥ともにその均衡を失うようになったことを明らかにした。それでは、これが禁裏の運営や公家衆の生活に与えた影響はどのようなものであったのだろうか。

前章でも述べたが、山口和夫によれば、十七世紀後半以降、公家衆は三つの階層に固定された。そのうち、三〇石三人扶持で、職制登用されることもほとんどない新家で構成される下積み層、いわば下級公家衆は、家職の組織も官位執奏による収入もほぼ皆無であったため、近世を通じて経済的に苦しむことが多かった[14]。

こうした下級公家衆は、しばしば禁裏の口向や奥に拝借金・拝領金を願ったが[15]、それに関する興味深い記事が、武家伝奏徳大寺実堅の公用日記「公武御用日記」の天保四（一八三三）年七月九日条に載せられている。

[史料五]

一、参　内前、詣殿下（鷹司政通、関白）、

（中略）

小禄之輩（穂波宰相・沢三位・藤井三位・山井三位・交野三位・石野三位・入江三位・慈光寺三位・高丘少将・町尻少将）御救金拝領願書覧之、外ニ一紙（文化十四年巳後度数書付）同覧之、如例可取計被命「後刻、以伊予、属長橋候」「十二日、九ヶ度已下之分、明十三日万端、其余不及御沙汰旨、以伊予被申出、小ろく之分、明日午半刻無遅被召設了」

救済のための拝領金を支給してほしい、との下級公家衆からの願書が、関白の一覧を受けたうえで、奥を統括する女官である長橋局に提出されている。その後、文化十四（一八一七）年以来、救済のための拝領金を一〇回以上与えられている者には、今回は支給しないことが決定されている。

ここから、文化十四（一八一七）年から天保四（一八三三）年までの一七年間に一〇回以上救済のための拝領金を支給されている者が、かなり存在していたことが明らかになる。[16] 彼らはそれ以上のペースで拝借金を貸与されていたと思われ、この時期における下級公家衆の窮乏の様相が窺われる。こうした窮乏からの救いのひとつが口向や奥からの拝領金・拝借金であったろうが、この［史料五］のように、かれらの願いはしばしば却下されていた。その理由の一端は、口向や奥の支出の急増にあったと思われ、支出急増が、下級公家衆の生計に悪影響を及ぼしていたことが窺われる。

また、口向の支出の急激な増大は、次に挙げる史料に見られるような事態も引き起こしていた。これは禁裏付から武家伝奏に宛てられた書状で、武家伝奏徳大寺実堅の記録である「御用帳」（史料編纂所所蔵）の弘化二（一八四五）年十一月分に収められている。

［史料六］

女中衣、典侍・内侍・命婦之分、一領ツ、裳共調進可被　仰付、御達之趣承知仕、取調候処、先例御達高御余銀
を以出来之儀ニ而、御余銀無之節ハ調進被　仰付候上、御余銀出来迄、代料渡方差延置候之儀ニ御座候処、近例
文政十二丑年打袴二腰、同十三寅年采女衣二通り、天保二卯年内侍単衣調進被　仰付、代料四貫九百六拾目余之
処、引続年々御余銀少く代料渡方延引相成、山科殿難渋之趣、度々被申立、無余儀勘使所御貯銀幷加茂八幡両臨
時祭御下行残銀之内より、度々ニ銀三貫九百目取替渡置、天保九戌年御余銀出来ニ付、翌亥年、右御余銀之内よ
り前書取（「替」脱カ）之分三貫九百目、御貯銀幷両祭残銀之内江夫々戻入ニ仕、全残銀之分、山科殿江相渡、皆済仕、且天保
十四卯年冬采女衣皆具二人前調進被　仰付、此料壱貫弐百四拾目余、御余銀出来之節迄、御貯銀之内を以取替渡

置、其後御余銀出来不仕、戻入方未差延御座候、且又、当春御神事用女房衣、典侍・内侍・命婦料都合五人前皆具石清水臨時祭迄ニ出来候様（中略）御達之趣、酒井若狭守（忠義、所司代）江申聞、縦令御余銀出来候而も拾弐貫目は奥上銀、其外御余銀ヲ以御遣方可相成廉々も有之、当巳年之儀も臨時御入用之程難計、迚も多分之御余銀は出来申間敷

（後略）

この史料は典侍らの衣服の調進に関するものである。山科家は高倉家とともに装束を家職とし、朝廷に勤仕する女官の衣服の調進も担っていたが、この史料によると、その代金は、余銀、すなわち、口向定高の年間予算のうち、消化し切れなかった分から支払われることになっていた。しかし、文政十二（一八二九）年などの事例では、十分な余銀が生じなかったため、代金の未払いが生じた。これに対して、山科家からたびたび苦情が申し立てられたため、代金の一部は、「勘使所御貯銀」[17]などのうちから立て替えられたが、支払いが完了したのは天保十（一八三九）年のことであった。また、天保十四年の分に関しても、余銀が生じるまで、「勘使所御貯銀」のうちから代金が立て替えられたが、その返納は弘化二（一八四五）年の時点でも済んでいなかった。

［史料六］の内容は以上のようなものである。［史料三］でふれたように、定高制改正当初は多額の余銀が生じる年の方が多かったため、余銀のうちから代金を支払うという規定でも、とくに問題は生じなかったと思われる。ところが、文政十二年などの事例までには、支出の急増によって、それ以前と比べて、余銀が十分に生じなくなってしまっていた。そのため、なかなか代金が支払われなくなった。口向の窮乏が、代金支払いの遅延を引き起こしていたといえよう[18]。

このように、支出の急増やそれに伴う荒年手当銀などの貯えの減少は、下級公家衆の生計の圧迫や、諸代金の支払いの遅延といった問題をもたらしていた。

二　京都代官預諸渡銀と貸付金の活用

それでは、文政—天保（一八一八—四四）年間の口向と奥は、実際にはどのように運営されていたのであろうか。

まずは、次に挙げる［史料七］［史料八］を検討する。［史料七］は前述した［史料三］（天保五（一八三四）年一月五日付京都町奉行・禁裏付宛所司代達書）の後略部である。一方、［史料八］は、弘化二（一八四五）年三月十八日付で、禁裏付らから勘定奉行らに宛てられたものである。「御所々御入用筋書抜」第三之上巻、禁裏御賄御入用等之部に書き留められており、その全体の内容は、口向の日用品のごくわずかな使い残しを年々取り集め、それを売り払って得た代金の処理方法に関するものである。[19] この中には、近年の禁裏財政の状況が説明されている部分が存在する。［史料八］はその一部である。

［史料七］（首都大学東京図書館所蔵「水野家文書」、A一—一五）

（前略）出格之訳を以去辰年（天保三）より来丑年（天保十二）迄拾ヶ年之間、御除銀（「余」カ、以下同様）之内より奥上可相成増金代銀之儀、御除銀惣高拾弐貫目ニ不満年柄は、小堀主税（正芳、京都代官）預諸渡銀之内より拾弐貫目之都合ニ相成候様御足銀被進候間（中略）御附之者江申渡、右之趣各江も可達旨年寄衆より申来候間、可被得其意候

正月

［史料八］

（前略）天保三辰年より十ヶ年之間、御余銀高拾弐貫目ニ不満年柄は、不残奥上相成、拾弐貫目以上出来之節は、奥上銀拾弐貫目引之、其余御備銀・荒年御手当銀・奥上銀等ニ相成候様、天保五午年正月御下知有之、年限相立、猶又去ル寅年（天保十三）より十ヶ年之間、前同断取計候様、同年十月御下知之通、取計候儀ニ御座候（後略）

この二つの史料から、天保三（一八三二）年から十年間、余銀が一二貫目以上生じた年は、一二貫目は奥に渡し、残

りの分はこれまでの規定のとおり備銀・荒年手当銀・奥に渡す分に振り分け、一二貫目に満たなかった年はすべて奥に渡したうえで、不足分は京都代官が管理している「小堀主税預諸渡銀」すなわち京都代官預諸渡銀[20]のうちから補塡を行い、毎年かならず一二貫目は奥に渡すことができるようにするよう、天保五年に老中から下知があったことがわかる。また、その後、この制度が年限を迎えると、天保十三年からもう十年間は同じように続けるよう、老中から下知が下ったことも明らかになる。

すなわち、この時点で老中は、備銀や荒年手当銀といった寛政（一七八九—一八〇一）年間以来の制度を充実させることよりも、奥に渡す金銀（奥上銀）を一定額以上確保することに、より重点を置いたのである[21]。

定高の余り分の一部を貯蓄する備銀や荒年手当銀は、ひろく見れば定高制の枠組み内ともいえるものであり、定高制を支えるものであった。しかし、京都代官預諸渡銀は、かならずしも枠組み内のものであるとはいえない。［史料七］［史料八］の制度は、枠組み内のものとはかならずしもいえない京都代官管理の京都代官預諸渡銀のうちから奥への補塡を行う、というものであった[22]。つまり、当該期の幕府は、定高制を軸にして寛政年間に設けられた枠組み内でのやりくりに固執することよりも、禁裏に一定の財政補塡を行うことに重きを置いたといえる[23]。

ただし、ここで留意したいのは、この措置は年限中にも関わらず、弘化三（一八四六）年の天皇の代替り時には中断され、しばらくの間、復活しなかったことである（安政四（一八五七）年分から再開）。なぜ中断されたのか、その理由は明確にはわからないが、当該期には江戸大火などがつづけて発生しており、おそらくは幕府財政の悪化によるものと思われる[24]。幕府からの保証や支援は、幕府財政の状況につよく規定されていたということが、この点にもよく表われている。

さて、前述したように（［史料三］）、天保五年頃になると、禁裏に渡していた金銭の一部を貸し付け、その利息を奥に渡していた。支出の急増に対応するために貸付金を活用していたことがわかるが、この貸付金はおそらくは京都町奉行が取り扱っていたものではないかと思われる（くわしくは後述）。

このように、口向や奥において支出が急増し、苦しい局面を迎えるようになった際に、（幕府の財政状況に規定されてはいたが）京都町奉行や京都代官が取り扱っていた貸付金や、京都代官預諸渡銀が活用されていた。このような事例はほかにもいくつか見られるので、その具体例をひとつ挙げておこう。［史料一〇］は、武家伝奏日野資愛の公用日記である「公武御用日記」（国立公文書館所蔵）の天保七（一八三六）年十一月二十五日条と同年十二月六日条の記事である。

［史料九］

（天保七年十一月二十五日条）

一、先日被申出候当冬奥上り銀六十貫目之事、附武家へ申渡置候処（後略）

（同年十二月六日条）

一、当冬奥御入用六十貫目之事、御貸金之内より三拾五貫目、来正月御賄銀之内より弐拾五貫目、都合六拾貫目御用立、御戻入方等之儀、伊豆守（松平信順、所司代）申聞候旨趣之書取、附武家以書面差越、七日、関白殿へ参入、以牧備前守申入写進、入宜沙汰被命、九日、以伊予申入

武家伝奏が禁裏付に対して、臨時に六〇貫目ほどを奥に渡してほしい、と要望している。その後、この要望を禁裏付から伝えられた所司代は、三五貫目は貸付金のうちから、残りの二五貫目は、翌年の口向定高の正月分予算のうちから立て替えることを決定している。くわしくは後述するが、京都町奉行と京都代官は、多くの禁裏関係の貸付金を取り扱っており、この貸付金も同様のものではないかと考えられる。(25)

三　公金貸付と禁裏

このように口向や奥の定高が均衡を失い、苦しい局面を迎えるようになった際、その不足分を補うために、京都町奉行や京都代官が取扱いを任されていた貸付金がさまざまな形で活用されていた。それでは、こうした貸付金とは、いったいどのような性格のものであったのだろうか。

『向山誠斎雑記』には「天保十三年貸附元高帳」[26]と題された史料が載せられている。これは各地の町奉行や代官が天保十三（一八四二）年の時点で取り扱っていた貸付金の一覧であるが、この中には、京都町奉行が取り扱っていた貸付金の一覧も含まれている。これを表にまとめると表2のようになる。

また、「御所々御入用筋書抜」第三之上巻、禁裏奥上金幷口向御定高内江差加相成候御貸附利歩幷御所役人御手当御取締掛役所入用共御貸付元立等之部には、安政（一八五四—六〇）年間の時点で、京都町奉行・京都代官が取り扱っていた貸付金のうち、その利息が口向・奥定高の財源や口向役人の手当、御所向取締掛の入用に組み込まれていたもののすべてが列挙されている。そこには、貸付金ひとつひとつの由来や利息の使途などが詳細に説明されており、非常に興味深い[27]。これを表にしたものが、表3—A・Bである。なお、京都町奉行取扱いのものが表3—Aで、京都代官取扱いのものがBである[28]。以下、この二つの表を用いながら、京都町奉行や京都代官が取り扱っていた貸付金の実態を明らかにしていく。

まず表2から、京都町奉行全体では、約七六〇六貫目・七万八九四二両（計約二〇万五七〇四両）の貸付金を取り扱っていたこと、その中で利息が定高の財源に組み込まれていたものは、一二四九貫目・三五四〇両（計約二万四三五七両）、安永四—文化二（一七七五—一八〇五）年までの間、組み込まれていた（6）「禁裏・女院臨時御神事料米代銀御貸附」金を合わせると、二〇〇一貫目・三五四〇両（計約三万六八九〇両）に及んでいたことがわかる[29]。これは京都町奉行が取り扱っていた貸付金の総額の約一二％（「禁裏・女院臨時御神事料米代銀御貸附」金を合わせると一八％）にあたる。

さらに、ほかにも、（7）「別御手当銀御貸附」金などの利息は、禁裏関係の支出にも使われていたと思われる[30]。と

表2　京都町奉行取扱いの貸付金一覧　（天保13年時点，「両」は金高，「貫」・「目」は銀高）

	名目	元手	表3との対応関係※1	使途※2
1	禁裏・女院余米代御貸附	21貫目・7貫目	5	口向定高
2	御林木御払代銀御貸附	3貫目	3	口向定高
3	小堀主税預御除料銀御貸附	60貫目	2	口向定高
4	御所御手当銀御貸附	1158貫目	4	口向定高
5	新中和門院御旧料金貸附	3540両	1	奥定高（一部）
6	禁裏・女院臨時御神事料米代銀御貸附	752貫目	6	貯蓄（ただし，安永4年から文化2年の間は口向定高，同3年から5年頃までの間は石清水・賀茂臨時祭入用）
7	別御手当銀御貸附	301貫579匁	7	口向役人の手当や御所向取締掛の臨時の支出など
8	小堀主税預諸渡銀之内御貸附	32貫65匁		
9	禁裏江被進金之内御貸附	1000両		
10	御入用取調役江被下候御手当銀御貸附	17貫700目		
11	石清水・賀茂臨時祭御再興御手当銀御貸附	2402貫127匁		
12	仁和寺宮御修復料貸附	402貫755匁		
13	曇華院殿御頼付貸附	2000両		
14	光照院殿御頼付貸附	50貫目		
15	閑院宮御頼付貸附	650両		
16	仁和寺宮御頼付貸附	641両3分・永133文		
17	両御役所臨時御用御手当銀御貸附	122貫目		
18	二条御殿番預銀座年寄欠所金銀之内御貸附	593両3分・753貫293匁		
19	三条五条橋御手当銀御貸附	623貫779匁		
20	二条御蔵筵代銀御貸附	75貫目		
21	加茂川縁御年貢銀之内堤御修復遣残之分御貸附	127貫目		
22	新銭座運上払残古物御払代元銀座欠所金御貸附	1370両		
23	金銭延売買会所証拠金貸附	200両		
24	両御役所三十ヶ年賦金銀取立在方町方共上納御免付仕払金銀貸附	944両・1貫249匁		
25	京都火災後町中当分為凌拝借被仰付右返納銀之分貸附	472貫905匁		
26	中井正次右衛門上納金御貸附	8002両1分・永246文		
27	京廻御土居藪御物成銀御貸附	187貫350目		
28	田安御屋形被差出金公儀御貸附	30000両		
29	公儀御貸下ヶ金御貸附	30000両		
30	唐物取締付糸割符会所入用渡方貸附	36貫623匁		
総計		約7605貫725匁・78942両		

※1）「表3との対応関係」に記されている数字は，表3-Aの「番号」と対応する．

※2）「使途」については，表3-Aから確定した．

表 3-A 京都町奉行取扱貸付金一覧[※1]

（「両」は金高，「貫」・「目」は銀高）

		①（利息の使途）変更後					②変更前			
番号	名目	開始年	元手	貸付先	利率	使途	開始年	元手	元手の由来	使途
1	新中和門院御旧料金御貸附	安永度	3540 両	町人	年 6 分	閑院宮へ 150 両，残りは奥定高	元文 3 年	3000 両	新中和門院料の物成の残米（※ 2）	一部は閑院宮へ，残りは元手に加える
2	小堀勝太郎預御除料銀御貸附	安永度	60 貫目		年 7 分 2 朱	口向定高	寛延元年	60 貫目	京都代官が管理する除料からの収入の一部	過書座に貸し付け
3	御林木御払代銀御貸附	安永 4 年	3 貫目		年 7 分 2 朱	口向定高	宝暦 6 年	744 匁	京都代官が管理する除料のうち，山城国浄土谷村などの林木を売り払った代銀	元手に加えていき，安永 3 年に 352 匁だけ禁裏に渡す
4	御所御手当銀御貸附	安永 4 年	1158 貫目			口向定高	元文 6 年	90 貫目	三輪市十郎預銀座元年寄欠所銀の一部	「御所方不表立御入用」
5	禁裏余米代銀御貸附	安永度	7 貫目	大津代官	年 1 割	口向定高	宝暦 3 年	40 貫 260 目	禁裏や女院料の物成のうち，使い残されたわずかな米を取り集めて売り払った代金の一部	19 貫 260 目を大津代官に貸し付け，その後，利息の一部を女院御所に渡す
			21 貫目		年 7 分 2 朱	口向定高				残り 21 貫目は京都町奉行で貸し付け，利息は京都代官に渡す
6	臨時御神事料残米御払代御貸附	安永度	752 貫目		年 7 分 2 朱	貯蓄（ただし，安永 4 年から文化 2 年の間は口向定高，同 3 年から 5 年頃までの間は石清水・賀茂臨時祭入用）	寛延 3 年		臨時神事料の未使用分を売り払った代金	元手に加える
7	御所役人欠所銀御貸附	安永 5 年	300 貫目	町方		口向役人の手当や御所向取締掛が使う臨時の支出など	①と同じ年（※ 3）	①と同じ額	安永三年に起きた口向役人不正事件で生じた欠所銀の一部	①と同じ

※ 1） ただし，安政年間の時点で口向・奥定高，御所向取締掛の入用，口向役人の手当に関係があるものに限る．

※ 2） くわしくは本文参照．

※ 3） この「御所役人欠所銀御貸附」金の利息の使途は，貸付開始当初から，「口向役人の手当や御所向取締掛が使う臨時の支出など」であったので，本来，ここには「安永 5 年」と記すべきだが，わずらわしいので，このように記した．以下，「①と同じ」などとあるものは，すべて同じ意味である．

表3-B　京都代官取扱貸付金一覧※1　（「両」は金高，「貫」・「目」は銀高）

番号	名目	開始年	元手	貸付先	利率	使途	元手の由来
a	鳴瀧村御林木御払代銀	安永5年	6貫398匁6分3厘8毛		年1割2分	口向定高	寛保元年に立木や下草を売り払った代金から，禁裏庭廻りなどの費用を引いた分
b	修学院村・岩倉村御藪竹御払代	不明（ただし，文化6年より使途変更）	9貫223匁1分2厘		年1割2分	文化6年からは全額口向定高	藪竹を売り払った代金
c	鳴瀧村御林立木御払代	寛政10年	18貫25匁5厘1毛		年9朱	口向定高	立木を売り払った代金
d	桜町院御支払残銀	安永4年	6貫659匁3分1厘5毛		年1割	口向定高	桜町上皇料の物成の残米※2
e	新皇嘉門院御物成御払代	文政10年	36貫920目2分3厘5毛		年5分	口向定高※3	新皇嘉門院料の物成の残米※2
f	御林木御払代	（文化9年より）	9貫104匁9分6厘（元利合わせて256貫目余）		年1割	取立て捗らず，取計らい方，取調べ中	林木を売り払った代金

※1）ただし，安政年間の時点で，口向・奥定高，御所向取締掛の入用，口向役人の手当に関係があるものに限る．

※2）くわしくは本文参照．

※3）「御所々御入用筋書抜」のほかの史料（後述の［史料一一］の前略部など）から，この貸付金の利息は実際には勘使所に貯蓄されていた可能性もある．

くに（9）「禁裏江被進金之内御貸附」金は、前述した［史料三］の「被進金之内、御貸附ニ相成、右利分等奥上も相増」と同じものであると考えられ、その利息は奥に渡されていたのであろう。ともあれ、この表から、京都町奉行取扱いの貸付金の中で、禁裏関係の貸付金の占める割合は、それなりに高いものであったことが明らかになる㉛。

次に表3―Aを検討しよう。この表から、安政年間の時点で、京都町奉行が取り扱っていて、その利息が口向・奥定高の財源や口向役人の手当、御所向取締掛の入用に組み込まれていた貸付金の多くは、元文―宝暦（一七三六―六四）年間にかけて、貸付けが開始されていたことが明らかになる。幕府の公金貸付政策が広がりを見せ始めるのは宝暦（一七五一―六四）年間からだといわれているが㉜、京都町奉行においてもほぼ同様であったと考えられよう。

また、たとえば、（4）「御所御手当銀御貸附」金などのように、一部の貸付金の利息は、貸付け開始当初から禁裏に渡されていた。前述したように、享保(一七一六—三六)年間後半頃から禁裏への取替金の貸付けが恒常化するようになるが[33]、その財源のひとつは、京都町奉行取扱いの貸付金の利息であったのではないだろうか[34]。

さらに、定高制が禁裏に導入された安永(一七七二—八一)年間に、多くの貸付金の利息が口向・奥定高の財源に組み込まれたことも指摘できる。この表3—Aの貸付金の中には、安永年間以前からその利息を禁裏に渡していたものもあったが、一方で、そうではないものもあった。定高制の導入とともに、そのような貸付金の利息までもが定高の財源として活用されることになったのである。

また、

①　一般的な公金貸付の利率は年一割程度といわれるが[35]、それに比べて表3—Aの利率は少々低いこと、それに対して、表3—B(京都代官取扱いの貸付金)の利率は一割程度と一般的なものであること

②　京都町奉行から大津代官に貸し付けられているものがあること

なども指摘できるが、その詳細については別稿を期したい。

一方、表3—Bは、安政年間の時点で、京都代官が取り扱っていて、その利息が定高の財源などに組み込まれていた貸付金の一覧である。この表から、使途が取調べ中の(f)を除いて[36]、利息は口向定高の財源に組み込まれていたこと、また貸付けの開始年代は、寛政末年以降のものが半分ほどを占めていたことがわかる。竹内誠によれば、寛政(一七八九—一八〇一)年間に公金貸付はより一層の展開を見せるが、それは同時に利息の支払いの滞納を引き起こしたという[37]。前述したように、安永(一七七二—八一)年間には、京都町奉行が取り扱っていた貸付金の利息が定高の財源に組み込まれるようになったが、これらにおいても利息の滞納が起こり、定高の財源としては十分でなくなったのではないか。表3—Bの京都代官が取り扱っていた貸付金のうち、貸付開始が寛政末年以降のものは、その補塡のためのものであったと推測される。

また、表3―Bから、京都代官が取扱いを任されていた貸付金の多くは、大きく分けると、

①　(a)の「鳴瀧村御林木御払代銀」貸附金や、(b)の「修学院村・岩倉村御藪竹御払代」貸附金のような、京都代官が管理する禁裏料などの村々の林木や立木といったものを売り払って得た代金などを元手にした貸付金

②　(d)の「桜町院御支払残銀」貸附金と、(e)の「新皇嘉門院（文政六（一八二三）年四月三日病没、同七年贈皇后）御物成御払代」貸附金

の二つに分類できる。このうち、②の性格が少々わかりにくいと思われるので、説明を加えておこう。

上皇らは幕府から料地を設定され（仙洞料など）、そこから収納される物成を収入源のひとつとしていた。ただし、その料地は彼らが没すると、そのつど回収され、「除料」として京都代官の管理下に置かれることになっていた[38]。しかし、このような規定だと、彼らが年の途中で没してしまった際、その年に収納されるはずであった物成の一部は使途を失うことになる[39]。このように使途を失い、取扱いが宙に浮くことになった物成を、ある時期に売り払って得た代金を元手にした貸付金が、表3―Bの(d)や(e)なのである。

さて、京都代官が取扱いを任されていた貸付金はこのように分類できるが、一方で、京都町奉行も、（3）「御林木御払代銀御貸附」金（表2では（2））のように、①と同じく、林木を売り払って得た代金を元手にした貸付金を取り扱っていた。つまり、ここからだけでは、貸付けを取り扱う役所が決まる基準を明確にすることはできない。いったいどのような基準があったのであろうか。

「御所々御入用筋書抜」第三之下巻、禁裏御蔵米御不足補方御貸付之訳には、文政十（一八二七）年三月付で、所司代から京都代官に宛てられた達書が書き留められている。その内容は、前述した表3―Bの(e)「新皇嘉門院御物成御払代」貸附金の取扱いをめぐるものであるが、この中には、貸付金を取り扱う役所を決定するための、禁裏付・京都町奉行・京都代官らによる評議の様子が記されている箇所がある。やや長文ではあるが、重要なものなので、次に挙げ

よう。

［史料一〇］

（前略）御貸附方等御自分（京都代官）江申談候処、近年凶作打続、難渋之次第申立、取立方六ヶ敷、此上御貸附銀引請被扱候儀は迷惑ニ有之候間、外御貸附方勘弁は無之哉、年四・五分位ニ而御貸附相成候ハヽ、利解申聞為借請、利足は冬春之内取立次第、勘使所江相渡、相応之銀高相成候節、猶又御貸附方可申談旨、御自分被申聞候段、御賄頭申出、兼而宇治田原郷御林伐透御払木代御貸附方之儀、御自分取扱六ヶ敷趣ニも相聞、御取締掛り評議有之候ニ付、於町奉行所掛御貸附ニ而は、今一段利分相増可申哉と須田大隅守（盛昭、京都町奉行）江被申談、則同人より町奉行定役之方申談候処、右御役所貸附金銀之儀は支配国限之貸附ニ而、市中之儀は近来拝借等相願候者も無之、私領之儀は貸附難渋之者多、利足上納等差支、自新貸出も捗取不申儀ニ而御役所積銀ニ相成、年々利不足相立候分も不少候付、年分折詰候利足取立候様之貸附は出来兼、利倍御貸附等之儀は猶更取扱出来兼候趣大隅守申聞、御自分被申立候年四・五分程之利足ニ而は余程減利相成候付、此上成丈御益相増、以後遅滞無之様之御貸附方も可有之、御米為繰合御貸附之儀、御代官ニ而出精取扱候儀は当然之儀ニ付、格別勘弁之儀、猶又御賄頭より御自方（「分」脱カ）被及示談候付、再応勘弁被取調候処、身元宜者等高歩ニ而は相断、年五分之上当時相増貸出方無之候付、追而相応之御貸附方有之候は其節可及談、夫迄は年五分之利足を以御貸附之積可取計哉之旨、御自分被申聞（中略）前書ニ被申聞候通身元相応之者江利解申聞為借請候積ニ付、利倍ニハ難取計趣被申聞、此上取計方も無之旨、御自分被申聞候通、年五分之利足を以御貸附ニいたし（後略）

これによると、当初、貸付けは京都代官に任される予定であったが、京都代官がこれを拒否した。そのため、次に京都町奉行に要請が廻った。これに対する京都町奉行の回答は、次のようなものであった。

京都町奉行が取り扱っている貸付金の貸付先は、管轄下にある「支配国」の畿内四ヶ国（山城・大和・丹波・近江）

の在方の百姓や町人に限られている。しかし、近年は京都町中で貸付けを願う者はいない。また、畿内四ヶ国の私領にしても、利息の取立てがうまくいっていない。したがって、とても新規の貸付けを行うような余裕はない。

京都町奉行がこのように断ったため、「新皇嘉門院御物成御払代」すなわち料地からの物成の売払代関係という元手の性格もあり、ふたたび京都代官に取扱いが要請された。京都代官はここにいたってようやく、身代のある者に限って、しかも低利で良いのならば、と条件を付けながらも、貸付けの取扱いを了承した(40)。

つまり、この事例では、所司代・禁裏付・京都町奉行・京都代官らが評議を行い(41)、町奉行か代官か、その時点でより都合が良い所に貸付けの取扱いを任せている。具体的な判断基準は、おそらくは元手の性格が第一で、それに両者が取り扱っている貸付金の運用状況や管轄地域の経済的な体力、すなわち、貸付けに耐えうる資本が域内にどれほどあるか、などといった要素を判断材料に加えて決定されたのではないかと推測されるが、こうしたやり方が一般的なものかどうかも不明であるので、今後の検討が必要である。

さて、この史料からは、文政(一八一八―三〇)年間にもなると、百姓や町人の困窮が深刻化していたため、貸付金の利息の滞納が目立つようになっていたこともわかる(42)。前述したように、京都町奉行・代官取扱いの貸付金の利息は、さまざまな局面で活用されており、禁裏の財源のひとつでもあった。したがって、こうした利息の滞納は、禁裏の運営にとって、無視できない問題のひとつであったと思われる。どのような対策が講ぜられていたのだろうか。

次に挙げる［史料一一］は、弘化元(一八四四)年付で京都町奉行から所司代に宛てられた「石清水賀茂臨時祭幷右御手当御貸付銀之儀ニ付書付」である。その内容は、石清水・賀茂臨時祭のために運用されていた貸付金(表2の「石清水・賀茂臨時祭御再興御手当銀御貸附」金)の運用状況を所司代に尋ねられた京都町奉行が、それに応えて説明を行っているものである(43)。この中で京都町奉行は、次のように述べている。

［史料一一］(「御所々御入用筋書抜」第三之下巻、臨時御神事料幷臨時祭御再興御手当御賄余銀等之訳)

（前略）右御貸附銀之儀は、私共支配山城・大和・近江・丹波四ヶ国之内、百姓・町人共江貸渡候儀ニ御座候処、借り請人共難渋、多年々利未納高相増、在方之向は、別而滞勝ニ有之、（中略）近来は、京地町人共身元相応之者江銀高見計、為引請候付、近頃貸渡之分は先ツ利銀滞無御座候得共、京地之儀は元来手狭之所、臨時祭御貸附之外、
公儀御貸下ヶ金弐口ニ而六万両、
禁裏江被進金御貸附弐口ニ而六千両、是又身元相応之者江為引請候付、追々相嵩、臨時祭御手当銀、去々寅十二月より之御貸附高銀弐千四百七拾三貫弐百四拾壱匁余幷別廉ニ立置候分銀百弐拾七貫五百四拾七匁余、弐口合銀弐千六百貫七百八拾八匁余之内、三百九拾六貫弐百目は借請人共難渋ニ而利銀納方相滞（後略）

天保（一八三〇―四四）年間後期にも至ると、貸付先であった支配国四ヶ国の町人や百姓の困窮がより一層深刻化していたため、利息の取立てはますます難しくなっていた。そこで、京都町中の身代のある町人ら（＝「身元相応之者」）に限って、適当な額の貸付けを行うようにしたため、近年の分の利息はある程度円滑に取り立てることができていた。しかし一方で、「公儀御貸下ヶ金」貸付金など六万六〇〇〇両も、京都町中の身代のある町人らに貸し付けたため、彼らへの貸付総額は巨額のものになった。

つまり、天保年間後期においても利息の滞納といった問題が生じていたこと、また、その対策として京都町中の身代のある町人らに限って貸付けを行っていたことが明らかになる。こうした対策により、京都町中の者に貸与されていた貸付金の額がさらに膨張し、一層の利息の滞納といった問題を引き起こしていた。

小　括

文政（一八一八―三〇）年間後期には、寛政（一七八九―一八〇一）年間に立てられた、基本的な支出はすべて定高やそれ

を支える備銀・荒年手当銀などで賄うようにするとの原則は、崩れつつあった。このような状況に対して幕府は、無理にこの原則を堅持しようとはしなかった。少額しか貯えのなかった荒年手当銀などの代わりに、京都町奉行や京都代官が管理していた貸付金の利息や京都代官預諸渡銀を積極的に活用することで、禁裏から出される臨時の要望に応えようとした。

口向定高を銀七四五貫目、奥定高を金八〇〇両と取り決めた定高制とそれを支えた荒年手当銀などの諸制度は、一定の財政基盤を禁裏にあらためて保証し、その枠組み内でのやりくりを求めたものであった。しかし、文政（一八一八―三〇）年間後期にこのやりくりがうまくいかなくなると、幕府は口向定高の増額は認めなかったものの（「史料三」）、無理にこの枠組み内でのやりくりに固執はしなかった。つまり、当該期の幕府は、日常的なレベルにおいては、禁裏の要望につねに一定程度は応えられるよう対策を練り、それを実行していたといえる。

さて、その際、活用されていたもののひとつは、京都町奉行や京都代官が取り扱っていた貸付金であった。この貸付金は臨時の支出に使われるとともに、口向・奥定高の財源でもあった。ところが、このような公金貸付の広がりは、貸付先である百姓・町人の困窮もあって、利息の滞納という問題を引き起こし、その解決のためにさらなる貸付けが必要とされるようになった。その結果、天保（一八三〇―四四）年間後期の京都町奉行においては、少なくとも役所全体の貸付金の一二％以上（「禁裏・女院臨時御神事料米代銀御貸附」金を合わせると一八％）が、このような貸付金であった。

おわりに

寛政（一七八九―一八〇一）年間に改正された定高制を軸とした保証や支援の枠組みは、実際にうまく機能したのか。

機能しなくなったとすれば、それはいかなる要因によるものであり、それに対して幕府は、どのような対応をとったのかなどという点は、研究史上の主要な課題のひとつといえる。前章では、その点を寛政―文化(一七八九―一八)年間を対象に検討した。本章では、その後の文政―天保(一八一八―四四)年間頃を対象にし、次のような点を明らかにした。

文政(一八一八―三〇)年間後期に、支出の急増によって、定高制はその均衡を失った。その結果、文化(一八〇四―一八)年間には多くあった、臨時の支出の備えである荒年手当銀などの貯えも少なくなった。そのため、従来のやり方のままで、なお繰り返されていた禁裏からの臨時の要望に対応することは、段々と難しくなっていった。

これに対して幕府は、口向定高の増額要望は認めなかったものの、前述したような禁裏からの臨時の要望に一定程度は応えようとした。その財源としては、荒年手当銀などの代わりに、京都町奉行や京都代官取扱いの貸付金の利息や、京都代官管理の京都代官預諸渡銀が、積極的に活用された。さらに、天保三(一八三二)年から弘化三(一八四六)年の孝明天皇即位までは、余銀からの分配に加えて京都代官預諸渡銀を適宜活用するかたちで、奥定高金八〇〇両のほかに、毎年最低、銀一二貫目をかならず奥に渡すことができるようにした(安政四(一八五七)年分から再開)。

なお、京都町奉行や京都代官が取り扱っていた貸付金の利息は、定高の財源としても活用されており、京都町奉行が取り扱う貸付金全体の中でも相応の割合を占めていた。また、前述したように、京都代官預諸渡銀は京都代官が管理していた。つまり、日常的なレベルにおいて、幕府からの財政保証や支援を支えていたのは、京都町奉行や京都代官ら在京幕府役人であったと考えられる。

以上が本章で明らかにした点であるが、前章までの成果を合わせると、次のようなことが考えられる。改正された定高制(寛政三年分から適用)とそれを支える荒年手当銀などの創設は、支出の制御を狙って、禁裏に一定の財政基盤をあらためて保証し、その枠組み内でのやりくりを求めたものであったが、それは天皇が「不自由」することがないよう、配慮されたものであった㊹。その後、この枠組み内でのやりくりが難しくなると、幕府は、口向定高の増額こそ認めなかったものの、枠組み内でのやりくりに強く固執はしなかった。京都代官預諸渡銀といった、かならずしも枠組み内のものとはいえない金銀を用いることで、枠組みを超えた禁裏からの要望にも、ある程度は対応した。

つまり、幕府は、幕府財政の状況が許す範囲内ではあるものの、基本的には禁裏があまりに「不自由」な状態に置かれないよう、一定程度の財政保証や支援を、適宜変更を加えつつ、行っていたといえる。

(1) 奥野高廣『皇室御経済史の研究　後篇』(中央公論社、一九四四)』、四五九—四六三頁。
(2) 定高制においては、一ヶ年の予算を月割りにし、月ごとの予算が決められていたが、閏月に関する予算はなく、余銀のうちから賄われることになっていた(前掲奥野著、四四九、四五五頁)。
(3) このような原則が寛政年間の定高改正時に立てられていたこと自体は、すでに奥野が明らかにしている(前掲奥野著、四五二—四五七頁)。
(4) 臨時に禁裏に渡された金銀を貸し付けていたものと思われるが、詳細は不明。
(5) 前掲註(2)でみたように、定高制では月ごとの予算が取り決められていた。
(6) この史料はあくまで天保七年の調査書であるためか、天保五・六年分に関しては、臨時別帳分の支出の記述がないが、五・六年においても親王宣下は行われており、臨時別帳分の支出は相応に存在したと考えられる。なお、この表からは、口向定高には「常式」「臨時」分の支出と臨時別帳分の支出があり(詳細は第II部第一章を参照してほしい)、前者分として六八七貫目が用意され、残り五八貫目が臨時別帳分の支出の備えとされていたことも明らかになる。
(7) 前掲奥野著、四六〇—四六三頁。
(8) 武家伝奏徳大寺実堅の公用日記「公武御用日記」(史料編纂所所蔵)の天保四年五月二十三日条には、次のような記事が載せられている。

一、大宮(欣子、後桃園天皇女)御所常御殿御修復出来ニ付、自

大宮、掛り之者共へ賜物被為有度　思召之由、過日御世話卿同役被示、先例無之間、注一紙、先覧殿下非蔵人執筆

大宮御所

常御殿御修復出来ニ付、

大宮より賜物

一、花瓶・花台　太田備後守（資始、所司代）

（中略）

猶可伺于　院中被命

「廿四日、参　院同役同、参上、附院伝伺、少時可為如何被示之間（中略）領掌也（後略）」

中略部には、京都代官ら修復に携わったもの三九名の名前と下賜物が列挙されている。大宮御所の常御殿の修復が完了した祝儀として、所司代らに褒美が与えられているが、これは先例にはないものであった。すなわち、下賜物の増加の傾向が禁裏だけではなく、ほかの御所においても見られる。このような傾向は、当該期の朝幕関係の特別な良好さ（藤田覚『天皇の歴史6　江戸時代の天皇』講談社、二〇一一年、二七八頁）を象徴的に示しているとも思われる。

（9）周知のとおり、光格天皇は多くの子供を儲けた。

（10）表1でみたように、親王宣下の費用は、口向定高のうちから臨時別帳分の支出として出されることが多かった。

（11）「寛政―文化期の幕府財政」（尾藤正英先生還暦記念会編『日本近世史論叢』下、吉川弘文館、一九八四年）。

（12）「天保期の幕府財政」（お茶の水女子大学『人文科学紀要』二二―二、一九六九年）。

（13）なお、たとえば天保三（一八三二）年においては、禁裏・仙洞・大宮と三つの御所があったことからわかるように（朝幕研究会編『近世朝廷人名要覧』学習院大学人文科学研究所、二〇〇五年）、この時期は御所の数自体も少なくはなかった。朝廷全体でみれば、この御所数の多さは支出の増大を招いていた最大の要因であったと推測される。

（14）「天皇・院と公家集団」（『歴史学研究』七一六、一九九八年）。

（15）橋本政宣『近世公家社会の研究』（吉川弘文館、二〇〇二年）、四〇五頁。

（16）同年同月十三日条の記事から、少なくとも穂波・山井・交野・石野・慈光寺・町尻に支給されていることが確認できるが、正確な数は不明である。

（17）勘使所に預けられていた金銀ではないかと思われるが、詳細は不明である。

(18) 山科家に衣服の代金を支払うことよりも、余銀のうちから奥に渡す金銀（奥上銀）を、一定額確保することを優先している点も見逃しがたい。

(19) なお、結局、この代金は荒年手当銀に組み込まれることになった。

(20) 幕府からとくに京都代官に預けられていた金銀。第II部第一章で検討したが、第III部第五章でもふれる。

(21) 京都代官預諸渡銀を用いて禁裏からの臨時の要望に応えることは、これ以前からしばしば行われていた。たとえば、文政二（一八一九）年十一月付の所司代松平乗寛から京都町奉行松浦忠に宛てられた達書（首都大学東京図書館所蔵「水野家文書」、A一―一六）によると、有栖川宮韶仁親王との婚約が内定した嘉宮（宣子、閑院宮美仁親王女）の支度料を幕府の方で用意してもらいたい、との朝廷からの要望に対する老中の返答は、金三〇〇両を京都代官が管理する京都代官預諸渡銀のうちから捻出して渡すように、とのものであった（第II部第一章）。

(22) なお、京都代官預諸渡銀は、畿内の行政関係など、朝廷関係以外の支出にも用いられていた（第II部第一章）。また、奥定高金八〇〇両のほかに、毎年最低、銀一二貫目をかならず奥に渡すことができるようにしたこと自体は、奥野も指摘しているが（前掲奥野著、三六三頁）、その典拠となる史料も挙げておらず、一行程度でごく簡単にふれているだけである。この変化に対する積極的な意義付けが行われているとはいいがたい。さらに、補塡の財源が京都代官預諸渡銀であったこと、年限があったことなどについては、まったく言及していない。

(23) 文化三年には、余銀のうち本来は備銀に分配されるべき分を活用して、毎年、奥に一二貫目以上を渡すようにしている（文化三年正月付御所向取締掛宛所司代達書（「御所々御入用筋書抜」第三之上巻、禁裏御賄御定高御余銀三分一御備銀三分二奥上之内荒年御手当銀ニ相成候訳））。また、文政十一年分からについても、「先帝様御代ニは、文政十一子年より御備銀御預ヶ高或は御賄御定高御余銀等之内より奥上ヶ之積り、翌丑年十二月達し有之、右子年分拾弐貫目は御備銀御預ヶ高之内より請取、奥上り相成候処」と、奥上銀を一二貫目以上にするために、備銀や余銀などを活用するという制度を設けた。しかし、（備銀の貯えも余銀も少額であったため）これもすぐに機能しなくなり、実際には少額しか奥に渡すことができなくなったという（嘉永四年四月付三条実万宛賄頭上申書（国立国会図書館憲政資料室所蔵「三条家文書」一―六八））。
　これらは一見、［史料七］［史料八］の制度と似ているが、文化三年の方は多額の備銀の貯えを前提に、毎年余銀から備銀になるべき分を、奥に渡しているだけである。要するに、この一二貫目は、すべて余銀のうちから賄われているのであり、定高制を軸にした枠組み内に収まるものである。また、文政十一年の方も同様に枠組み内のものといえる（また、不足した場合、京都代官預諸渡銀から補塡するという規定もなかったと考えられる）。

一方、［史料七］［史料八］の制度は、不足分を京都代官預諸渡銀という、かならずしも枠組み内のものとはいえないもののうちから賄っており、従来の枠組み通りのものではない。ここに大きな違いがある。

(24) くわしくは、第III部第四章を参照してほしい。

(25) なお、貸付金を活用しているほかの事例としては、「仙洞御快然御内祝」の費用の一部を貸付金の利息で立替えている例（徳大寺実堅「公武御用日記」天保四年六月二十三日条）などが挙げられる。

(26) 大口勇次郎監修・針谷武志編『向山誠斎雑記　天保・弘化編一七巻』（ゆまに書房、二〇〇四年）、二四―三四頁。

(27) その具体例として、「御林木御払代」貸附金に関する記述を次に挙げる。

一、元銀三貫目

是は御代官小堀十左衛門（政良、京都代官）支配御除料山城国浄土谷村領神足村請御林木伐透御払代銀七百四拾四匁、十左衛門より請取、宝暦六子年より月六朱之利足ニ而貸附、利銀元江加、安永三午年迄ニ御貸附高銀三貫三百五拾弐匁四分三厘六毛ニ相成、同四未年右御貸附之内、銀三貫目以来元高ニ相定、是迄之通貸附、三百五拾弐匁余は御所御入用御取替之内江御遣払、此後取立候利銀共、右同様御遣払之積、土大炊頭（土屋利里、所司代）殿江伺済ニ付、年々利銀御所御入用之内江相渡来申候

請取申銀子之事

合銀弐百拾六匁

右は

禁裏御賄当巳六月・七月分御入用之内江書面銀高、於御役所去辰年中御貸附利銀請取申処、如件

安政四巳年六月　小堀勝太郎　印

浅野中務少輔（長祚、京都町奉行）殿

岡部備後守（豊常、京都町奉行）殿

なお、この史料に記されている貸付金は、あくまで京都町奉行・京都代官取扱いの貸付金の一部であり、ほかに「石清水・賀茂臨時祭御再興御手当銀御貸附」金などが、「御所々御入用筋書抜」の別の史料から確認できる。

(28)　京都町奉行取扱い分は安政四年で、京都代官取扱い分は五年か。なお、表3―Aでは、ひとつひとつの貸付金を「①（利息の使途）変更後」と「②変更前」に分けて表記している。すなわち、②に記されている情報は、貸付けそのものが始まった年、その際の元手・由来・利息の使途である。対して①は、口向・奥定高の財源や口向役人の手当、御所向取締掛の入用に利息を渡すようになった始めの年、その際の元手・利息の使途などである。

また、表3―Aの（6）に関しては、第三之上巻、禁裏奥上金幷口向御定高内江差加相成候御貸附利歩幷御所役人御手当御取締掛役所入用共御貸付元立等之部には記述がないが、その利息が朝廷関係のものに使われていたことが、「御所々御入用筋書抜」第三之下巻、臨時御神事料幷臨時祭御再興御手当御賄余銀等之訳の「石清水賀茂臨時祭幷右御手当御貸付銀之儀ニ付書付」（弘化元（一八四四）年付、京都町奉行差出）や、それに付随する史料と思われる「石清水賀茂臨時祭御再興御手当御貸付幷臨時御神事料残米御払代御貸付銀共取計方仕訳書」（京都町奉行作成）などからわかるので、表に載せた。また、（7）については、禁裏奥上金幷口向御定高内江差加相成候御貸附利歩幷御所役人御手当御取締掛役所入用共御貸付元立等之部の安永四（一七七五）年付京都町奉行宛所司代申渡なども適宜参照した。

さらに、同じく表3―Bの(f)に関しては、「御所々御入用筋書抜」第三之下巻、禁裏御蔵米御不足補方御貸付之訳の「宇治田原郷御林伐透御払代銀御貸付之儀ニ付申上候書付」（文化九（一八一二）年十月付、京都代官作成）や、安政五年に作成された、朝廷財政に関する調査書と考えられる「御所々御料高幷御賄御定高其外共覚書」（宮内庁書陵部所蔵）といった史料も参照した。

(29)　なお、表3―Aによると、（1）―（6）の貸付金の利息は、安永（一七七二―八一）年間から定高の財源に充当されていた。

(30)　（8）「小堀主税預諸渡銀之内御貸附」金も、一部の利息を禁裏に渡していたのではないかと思われる。

(31)　なお、（12）「仁和寺宮御修復料貸附」金―（16）「仁和寺宮御頼付貸附」金の五つは、名目金の運営を京都町奉行が代行していたものと思われるが、詳細は不明である。

(32)　竹内誠「幕府経済の変貌と金融政策の展開」（古島敏雄編『日本経済史大系四　近世下』東京大学出版会、一九六五年）、二〇八頁。

(33)　くわしくは、第I部第二章を参照してほしい。

(34)　なお、取替金の財源については、第I部第二章で詳述した。

(35) 前掲竹内論文、一八一頁。
(36) この貸付金に関しては第Ⅱ部第一章でもふれたが、前掲「御所々御料高幷御賄御定高其外共覚書」によると、安政五(一八五八)の時点で元利合わせて二五六貫目ほどあり、その使途は取調べ中であった。なお、表3―Bの(f)においては、この「御所々御料高幷御賄御定高其外共覚書」の記述も参照した。
(37) 前掲竹内論文、二二一頁。
(38) 前掲奥野著、五一九―五三七頁。
(39) たとえば、七月に没したとすると、大雑把にいって、八月から十二月にかけて必要であったはずの支出が不要になり、その分の物成は宙に浮く。
(40) 実際、ほかの貸付金に比べて利率が低いことが、表3―Bからわかる。
(41) なお、かれらの一部は、前述の御所向取締掛として評議に参加していたのかもしれないが、詳細は不明である。
(42) 一般に幕府の公金貸付は、文化(一八〇四―一八)末年に至ると、貸付先の町人や百姓の困窮、貸付金額の膨張などにより、利息の滞納がより一層目立つようになっていたが(前掲竹内論文、二二六頁)、同様の状況が京都町奉行や京都代官取扱いの貸付金においても見られる。
なお、表3―Bの(f)「御林木御払代」貸附金の記述によると、この貸付金は「貸付先不納多、取立方捗取不申候」との状況であったという。
(43) 所司代が京都町奉行にこのようなことを尋ねている理由は、不明である。
(44) くわしくは第Ⅰ部第二章などを参照してほしいが、定高制改正に際して、老中は所司代らに、この改正によって天皇・上皇らの「手元」が「不自由」することがないよう、何度も厳命していた。たとえば、各御所(禁裏・仙洞・女院)の定高制改正の概要や注意点が記された老中からの申渡しを、寛政三(一七九一)年十一月十七日付で所司代が禁裏付らに達しているもの(「御所々御入用筋書抜」第三之上巻、禁裏御賄御入用等之部)の中で、老中は、くれぐれも「(禁裏・仙洞・女院の)御手元御不自由ニ不被為在候様」に取り計らうよう、所司代らに命じている。「御所々御入用筋書抜」に書き留められている、この時期や安永(一七七二―八一)年間頃の老中の達書などには、このような表現がしばしば現れており、たんなる建前ではなかったと考えられる。なお、[史料三]の「素より切詰候御定高ニも無之」との表現からも、幕府の一定の配慮が窺われよう。

第三章　近世後期・幕末の朝廷財政の動向と特色

はじめに

前章まで、おもに近世中期から後期にかけての禁裏財政の動向を究明してきた。しかし、史料上の制約から、単年度の実際の支出額や備銀・荒年手当銀の貯蓄額の変遷など、具体的な数値を長期に渡って挙げることはできていなかった。そこで、本章では、これらの数字が記されているいくつかの史料を分析し、そこから近世後期の禁裏財政の動向・特色を考えていきたい。具体的にいえば、国立国会図書館憲政資料室所蔵「三条家文書」中の「禁裏御入用金年次額」をおもに扱い、さらに宮内庁書陵部所蔵「禁裏去（去々）■年中御入用金銀高書付」も活用する（■には干支が入る）。

第一節　三条実万と近世朝廷財政史料

さて、具体的な支出額などを連続して挙げることができていなかった最大の理由は、史料の欠如にあった。そもそも朝廷財政に関する史料そのものが少ないとされてきた[1]。しかし、これまで検討してきたように、実際には、まとまったものが豊富とはいえないまでも、一定程度は現存する。

こうした史料は昭和二十五（一九五〇）年に三条家から国立国会図書館憲政資料室に譲渡された「三条家文書」にもいくつか残されている。具体的にいえば、武家伝奏を勤めた三条実万の所司代宛書状（の写しや草案）、覚書、賄頭の上申書、幕府からの臨時の進上金に対する挨拶書案などであるが、その中でもとくに貴重なのが、『三条家文書目録一』[2]で、「禁裏御入用金年次額」（番号：一七―一五）と題されている史料である。これには、定高制改正が適用されることになった寛政三（一七九一）年分から嘉永元（一八四八）年までの禁裏の口向における支出額や備銀・荒年手当銀の貯蓄額などが記されている。[3]こうしたもろもろの項目の具体的な数字が、五〇年以上という長い期間にわたって列記されている史料は貴重であり、禁裏財政の動向・特色を考えるうえで、非常に有用である。

まずは、この史料の性格を考えてみよう。三条実万が武家伝奏に就任した嘉永元年（弘化五年、二月二十八日改元）まで記載があることから、同年からすこし経ったある時期に、実万が口向役人に命じてまとめさせたものと思われる。彼は安政四（一八五七）年四月まで同職を勤め、その後も政治的影響力を保ち、六年の大獄で落飾となった。朝廷財政につよい関心を持っており、口向定高の増額や公家衆の救済方法などを案じ、そのうちのいくつかは実際に幕府とも交渉を行っている。[4]

その中で、実万は口向役人と種々のやりとりをし、その時に作成された史料が「三条家文書」中に残されている。たとえば、「亥」年（嘉永四年カ）四月付賄頭上申書は（番号：一―六）、奥上銀（余銀のうち奥に渡す分）に関するもので、「御内命」により作成されている。本章で検討する「禁裏御入用金年次額」も、一種の参考資料として口向役人、おそらくは賄頭の手によって作られたのだろう。

形態についていえば、現在は、二枚に分かれてしまっている。一枚は、縦三一×横四七・五センチメートル、もう一枚は、縦は同じで、横が四七・六センチメートルである。のり代部分があり、裂け目に文字がかかっていることから、どこかの時点ではがれて二枚に分かれてしまったのだろう。余白を持たせたうえで、罫線が引かれ、その中にもろもろの数字・文面が記されている。手は近世期のものに見えるが、罫線を引いてその中に数字などを書き込み、表のようにするという史料は、すくなくとも当該分野に関するものでは珍しい。原本ではなく、息子の三条実美などによる写しの可能性もあるが、仮にそうであったとしても、明治のはじめのものではないか。

いずれにせよ、支出が「常式」「臨時」「臨時別帳」に分けられている点、荒年手当銀の性格についての説明など、本史料の記述の大部分は、先行研究や本書のこれまでの検討で明らかになった諸点と内容を同じくしており、充分信頼に足るものといえる。参考までに最初の何年か分を次に挙げておこう。

［史料一］

（朱書）「朱書　宮様御入用」		（朱書）「同上」		（朱書）「朱書、御備銀・荒年より、御遣方無之分」	（朱書）「△印」		（朱書）「朱〇御遣払之分」
禁裏御入用	月々常式臨時	臨時別帳	御余銀高	御定高之外別段被為進	御定高之外村割賦	御備銀高	荒年御手当銀高
寛政三亥	六百十三貫目余（朱書）「内壱貫七百目余」	五十貫目余（朱書）「内七貫七百目余」	八十貫目余	二十八貫目余	三貫四百目余	弐十六貫目余	年々御余銀多分出来ニ付
同四子	六百四十貫目余（朱書）「内六貫目余」	九貫目余	九十五貫目余	（朱書）「△」	四貫九百目余	三十壱貫目余	奥上リ銀之内三分一荒年
同五丑	六百十四貫目余（朱書）「内壱貫七百目余」	三十九貫目余（朱書）「内六貫目余」	九十壱貫目余	（朱書）「△」	四貫四百目余	五十八貫目余	為御手当、寛政七年ヨリ被除置ル分
同六寅	六百二十貫目余	二十九貫目余（朱書）「内五貫七百目余」	九十四貫目余	三百両　百三貫目余	四貫七百目余	五十弐貫目余	

同七　卯	五百六十七貫目余	弐十六貫目余	百五十貫目余	拾貫目	七貫六百目余	百十三貫目余	三十弐貫目余
同八　辰	五百九十四貫目余	四十八貫目余	百弐貫目余	(朱書)「△」	七貫三百目余	百六十三貫目余	三　七 四十五貫目余 ゝ　ゝ
同九　巳	六百二十四貫目余	五十三貫目余	○十八貫目 ゝゝゝゝ 五十七貫目余	十八貫目 (朱書)「十八貫目」	六貫七百目余	百九十七貫目余	四十五貫目余
同十　午	六百三十弐貫目余	八貫目余	百四貫目余	(朱書)「△」	七貫百目余	弐百十七貫目余	六十三貫目余
同十一　未	六百六十八貫目余	十弐貫目余	六十三貫目余	(朱書)「五百両」 (朱書)「三十弐貫目余」	九貫七百目余	弐百四十貫目余	六十三貫目余
同十二　申	六百八十五貫目余 (朱書)「内十貫目余」	三十五貫目余	二十三貫目余	三百両・八十七貫目余 (朱書)「弐百両・四十九貫目余」	壱貫四百目余	百八十四貫目余	四十九貫目余

このような記述が嘉永元(一八四八)年分まで記されているのである。

第二節　「禁裏御入用金年次額」の概要

本節では、具体的な内容を見ていく。なお、荒年手当銀の由来に関する記述などごく一部(おもに項目の性格に関する基礎的な説明部分)だけを除いて、「禁裏御入用金年次額」に記載されているほぼすべてのデータ(口向の支出額や備銀・荒年手当銀の貯蓄額など)を表1にした(各項目などの詳細については以下で述べていく)。適宜、この表1を参照してほしい。

各御所の財政運営はある程度、個々に独立してなされており[5]、この史料は禁裏に関するものである。項目は、「月々常式・臨時」「臨時別帳」「御余銀高」「御定高之外村割賦」「御定高之外別段被為進」「御定高之外村割賦」「御備銀高」「荒年御手当銀高」に分けられている[6]。以下、それぞれについて検討していこう。

まず、「月々常式・臨時」および「臨時別帳」であるが、前述したように、口向の支出には、「常式」「臨時」「臨時別帳」があった。「常式」は通常の支出で、「臨時」「臨時別帳」は臨時の支出であるが、「臨時別帳」は、別に帳面が作られるほど、とくに説明が必要な臨時の支出と考えられる[7]。また、「月々常式・臨時」「臨時別帳」の中には、「内―貫目」などという併記があるものもある。この「内―」の部分はみな朱書であり、「朱書　宮様御入用」に対応している。すなわち、「内―」の部分はすべて、この関係の支出と考えられる。

つぎの「御余銀高」の「御余銀」とは、本書で何度も述べているとおり、口向定高のうち消化しきれなかった残銀である。「御定高之外別段被為進」は、定高以外で幕府から朝廷に対して「別段」に進上された金銀と考えられる[8]。朱書のところもあるが、この朱書の部分は備銀・荒年手当銀からの補塡、そうでない部分は定高の枠組み外からの進上と思われる。表1では、全体を「御定高之外別段被為進」、朱書部分を「朱書部分」、そうでない部分を「「御定高之外別段被為進」―朱書部分」として立項した。

「御定高之外村割賦」に関しては、奥野が定高外の収入のひとつとして、「御庭御用村割賦銀」があったことを指摘しており[9]、これが手掛かりとなる。詳細は不明であるが、このような類のものが「御定高之外村割賦」なのであろう[10]。

最後の「御備銀高」「荒年御手当銀高」については、前章までで述べたとおり、備銀・荒年手当銀の貯蓄高（残高）であるので、とくに繰り返さない。

以上の項目について、金高・銀高が並べられており、非常に貴重な史料といえる。ところで、単年度の口向の支出額については、ごくわずかな年の分だけではあるものの、すでに指摘がある[11]。これらの数値と本史料に記されている

表 1　「禁裏御入用金年次額」に見られる口向の支出額など

	常式・臨時	内	臨時別帳	内	余銀高	「御定高之外別段被為進」	「御定高之外別段被為進」一朱書部分	朱書部分	「御定高之外村割賦」	備銀高	荒年手当銀高
寛政 3	613	1.7	50	7.7	80	28 貫目（467 両）	28 貫目（467 両）		3.4	26	
4	640	6	9		95				4.9	31	
5	614	1.7	39	6	91				4.4	58	
6	620		29	5.7	94	300 両・103 貫目（2017 両）	300 両・103 貫目（2017 両）		4.7	52	
7	567		26		150	10 貫目（167 両）	10 貫目（167 両）		7.6	113	32
8	594		48		102				7.3	163	37
9	634		53		57	18 貫目・18 貫目（600 両）	18 貫目（300 両）	18 貫目（300 両）	6.7	197	45
10	632		8		104				7.1	217	63
11	668		12		63	500 両・32 貫目（1033 両）		500 両・32 貫目（1033 両）	9.7	240	63
12	685	10	35		23	300 両・87 貫目・200 両・49 貫目（2767 両）	300 両・87 貫目（1750 両）	200 両・49 貫目（1017 両）	1.4	184	49
享和元	665	4.3	47		32				3.8	123	44
2	659	5	21		64				3	140	37
3	675	7	29		39	17 貫目（283 両）	17 貫目（283 両）		6.6	167	25
文化元	660	7	25		58				3.7	180	18
2	697	8.2	14		33				5.1	171	28
3	653	9.8	10		81	6 貫目（100 両）		6 貫目（100 両）	7	166	33
4	667	6	50		27	36 貫目（600 両）		36 貫目（600 両）	5	177	54
5	695	9	31		18	12 貫目・38 貫目（833 両）	12 貫目（200 両）	38 貫目（633 両）	4.9	155	23
6	652	2	50	6.3	42	76 貫目（1267 両）	76 貫目（1267 両）		3	125	22
7	650	11.4	34		60	9 貫目（150 両）	9 貫目（150 両）		4.2	126	39
8	661		39	4.9	44				2.7	107	53
9	613		11.6		120	9 貫目・1 貫目（後者は「定御修理銀より」）（167 両）	9 貫目（150 両）	1 貫目（「定御修理銀より」）（17 両）	6.5	110	37
10	620		65		58				8.3	132	69
11	629		36		79				4.1	139	76
12	650	7.7	32		62	18 貫目（300 両）		18 貫目（300 両）	6.9	153	98
13	672	5.8	44		66	180 両・53 貫目・300 両・2 貫目（1397 両）	180 両・53 貫目（1064 両）	300 両・2 貫目（333 両）	3.7	128	115
14	675	1	3		66	1400 両・416 貫目・71 貫目（9517 両）	1400 両・416 貫目（8334 両）	71 貫目（1183 両）	5	95	81

文政元	662		23		58				4.8	114	100
2	672		41		不明	不明			不明	133	105
3	659		40		45	18貫目（300両）		18貫目（300両）	3.8	119	104
4	657		19		67	28貫目・107貫目（2250両）	28貫目（467両）	107貫目（1783両）	3.7	73	55
5	683		60		1.2	9貫目・26貫目（583両）	9貫目（150両）	26貫目（433両）	5	63	59
6	653		40		50	300両・10貫目・38貫目（1100両）	300両・10貫目（467両）	38貫目（633両）	2.4	51	22
7	681		37		25	9貫目・13貫目（367両）	9貫目（150両）	13貫目（217両）	3.6	61	9
8	664	14	44		35	56貫目・12貫目（1133両）	56貫目（933両）	12貫目（200両）	5.7	70	2
9	680	8	37	6.5	26	5貫目（83両）		5貫目（83両）	2.6	83	1
10	723	1.4	20	6.8	0.8	200両・41貫目・32貫目（1417両）	200両・41貫目（884両）	32貫目（533両）	3.5	77	1
11	672		48		24				6.3	46	2
12	725	10.7	19		0.2	15貫目（250両）		15貫目（250両）	5.2	54	2
天保元	723	7.2	21		0.1				14.7	18	0
2	712	11.9	32		0.1				5.5	14	0
3	711	12.9	33		0.008				4.5	12	0
4	720	15.4	24	15.8	0.01				1.4	16	0
5	701	22.1	43	28.5	0.008	15貫目（250両）	15貫目（250両）		3.4	19	0
6	728	17.8	16	6.7	0.01	55貫目（917両）	55貫目（917両）		5.2	17	0
7	697	10.5	47		0.008				3.2	9	0
8	699	19.1	45		0.05				1.5	6	0
9	702	11.1	6	（6）？	35	74貫目（1233両）	74貫目（1233両）		7	3	0
10	678	8.6	12		54	58貫目（967両）	58貫目（967両）		3	8	0.4
11	668	15	66		10				0.1	11	3.8
12	673	6.1	12		59	32貫目（533両）	32貫目（533両）		6.3	8	3.8
13	695	11.6	48		0.46	10貫目（167両）	10貫目（167両）		5.9	13	34.7
14	719	10	25		0.21				5.6	14	34.7
弘化元	664	6.6	69		11.2	60貫目（1000両）	60貫目（1000両）		3	15	34.9
2	644	9.7	28		72				1.4	9	32.9
3	629	9	108		7.4	1000両・173貫目・14貫目（4117両）	1000両・173貫目（3884両）	14貫目（233両）		30	25.7
4	658	18.1	69		17				3.1	29	23.8
嘉永元	670	29.5	55		19.7	500両・112貫目（2367両）	500両・112貫目（2367両）		4.1	39.2	17.1

※　とくに表記がないものの単位は貫目.
※　「御定高之外別段被為進」については，おおよその比較のために，（　）内に合算金高も載せたが，一律金1両＝60匁で計算しているので，あくまで目安にすぎない.

それとでは、少々異なる部分がある[12]。この差異について、検討しておこう。

第III部第二章において、天保七（一八三六）年の口向の支出は、「常式・臨時」が六九七貫六五〇目、「臨時別帳」が五六貫八三〇目であり、あわせて七五四貫四八〇目であったことを指摘した。ところが、この史料では六九七貫目、四七貫目となっており、前者はほぼ同じであるが、後者に関しては約一〇貫目少ない。さらに、天保五・六年の「常式・臨時」も判明し、それぞれ七〇一貫五九〇目、六九四貫九〇目であったが[13]、この史料では七〇一貫目、七二八貫目である。五年はほぼ同じだが、六年の方には違いがある。また、天保元・四年などは支出が口向定高を超えていたとの奥野の指摘に対して[14]、本史料では極少ではあるが、余銀ができたことになっている。

現段階で指摘しうる違いは以上のようなものであるが、このような差異が生じた原因を究明することはなかなか難しい。ただし、二点ほど留意しておきたいことがある。

まず、天保七年の口向の支出に関して。そもそも七五四貫目強という支出は、本来はありえない。前述したように、原則としては定高以上の支出は許容されていない。したがって、一定額、あるいはある部分の支出を別のところ、たとえば翌年の口向定高や「御定高之外別段被為進」などに廻し、定高の範囲内に収めていた可能性がある。実際、翌年の口向定高から前借りするという事例は散見される[15]。先述した天保元・四年などの差異、さらにいえば、そのほかの年における極少の余銀にも、このような要素が含まれていたのではないか。

この表1においては、かならず余銀が計上されているが、文政十（一八二七）年から天保（一八三〇—四四）年間半ばにかけては、文政十一年を除いて、極少がつづいており、不自然ともいえる。このことは、定高制を軸とした枠組み内でのやりくりという原則を守るために、なにがなんでも、たとえ極少であっても余銀を作る、そのために、一定の支出を別のところに廻すなどの行為があった可能性を指し示している。

また、これまで明らかにされている単年度の支出額などに関しては、その典拠の多くを武家伝奏の日記など、その年あるいはそれにごくごく近い時期の史料によっていることにも注意が必要である[16]。幕府財政でいえば、帳簿上、ある年の支出が確定するまでに時間がかかることが間々あり[17]、この点を考慮に入れれば、その年あるいはそれにごくごく近い時期の史料に記されている支出額が、最終的に確定されたそれと同じとは限らない。以上の点から、むしろこの史料に書き記されている支出額などの方が、確定された数値に近いとも考えられる。

本史料に関しては、このような点に注意が必要である。次節では、個々の項目について、より詳細な検討を加えておきたい。

第三節　各項目の検討

まず、「御余銀高」、すなわち余銀から見てみよう。余銀は口向定高の残りなので、数字が大きいほど支出が抑えられていたことを示す。

①　寛政十(一七九八)年までは、九年が五七貫目と少なく、七年が一五〇貫目ととくに多いものの、ほかは八〇―一〇〇貫目前後を高水準で維持している。

②　その後、寛政十一年は六三貫目であったものの、翌十二年一三貫目、享和元(一八〇一)年三二貫目と、たびたび二〇、三〇貫目台を見せるようになる。平均値が下がっており、文化五(一八〇八)年に至っては一八貫目だけである。

③　文化九年に一二〇貫目と大きく増加する。だいたい文政四(一八二一)年まで多少の回復を見せており、先述の文化九年一二〇貫目などはとくに多額であるが、ほかはおよそ六〇貫目前後である。この時期に行われていた倹約[18]の成果であろうか。

④　文政五年に一貫目強と激減し、以下、文政六年五〇貫目、七年二五貫目、八年三五貫目、九年二六貫目となる。文政十年から天保八（一八三七）年の間は、文政十一年の二四貫目を除いて、一貫目にも満たない年がつづいており、ほとんど余銀ができていない。

⑤　天保九年三五貫目、翌十年五四貫目と上昇するが、天保十三、十四年はまた一貫目に満たないなど、以前の水準には戻っていない。その後、弘化二（一八四五）年に一度大きな回復を見せるが、翌年には七貫目強となっている。

以上、文化九年以降文政四年頃までと天保九・十年頃の若干の回復、および弘化二年の大幅増大を除いて、おおまかな所でいえば、本書で述べてきた流れと変わらない。

つぎに、「御備銀高」＝備銀の貯えに関して、考えていく。

①　当初はほぼ順調に貯蓄高も増えていき、寛政十一年には最多の二四〇貫目を記録する。

②　その後、六〇貫目程ずつ使い、享和元年の段階では一二三貫目まで減少するが、そこから少し盛り返し、文化四年の時点では一七七貫目あった。

③　以後は減少傾向で、文化八年には一〇七貫目となっていた。その後、前述の倹約の成果か、余銀が多少の回復を見せるにつれ上昇し、文化十二年には一五三貫目まで回復する。

④　文化十三・十四年で大きく減少するが、これは光格天皇譲位・仁孝天皇受禅関係と考えられる。文政元年には一一四貫目、翌二年には一三三貫目と盛り返すが、文政六年には五一貫目まで減っている。その後、文政十年七七貫目、十一年四六貫目、十二年五四貫目から天保元年一八貫目と大きく減り、以後、弘化二年まで、一桁台か二〇貫目未満である。

すなわち、文政（一八一八―三〇）年間のはじめまでは、創設当初などを除き、基本的には一〇〇貫目以上の貯えがあったが、その後は二桁台となり、天保元年には二〇貫目未満にまで落ち込む。以後、弘化三年に三〇貫目となるまで、二〇貫目未満どころか一桁台も多くあるなど、非常に少額の貯えしかなかったことがわかる[19]。

つづけて、「荒年御手当銀高」、すなわち荒年手当銀の貯えについて見ていこう。

寛政十、十一年までは増加傾向にあり、六三貫目の貯えができている。その後、寛政末年頃からの支出増大にともなって減少しつづけ、文化元年には一八貫目までになる。翌二年以後は増減を繰り返すが、これも備銀とほぼ同様、文化十年頃を境に増加傾向を見せ、十三年には最高額の一一五貫目となる。翌年は光格天皇譲位・仁孝天皇受禅関係のためか減少するが、また一〇〇貫目台に盛り返す。しかし、文政四年には五五貫目に急減し、文政七年以降は一桁台まで落ちる。天保元年にはついに底をつくことになり、その後、この状態がつづく。天保十年には四〇〇目と微少ではあるものの、貯えができ、天保十三年にとつぜん、三貫八〇〇目から三四貫七〇〇目まで回復するが、その後も、ほぼゆっくりとした減少を見せる。

最後に、「御定高之外別段被為進」に関して見ていこう。留意すべきは、「朱書、御備銀・荒年より、御遣方無之△印分」との朱書の記載である。この項目のうち、朱書の部分は備銀・荒年手当銀からの補塡であり（文化九年は「定御修理銀」）、それ以外は、定高の枠組み外で幕府からとくに進上されたものということであろうか（朱書の「△」は「御定高之外別段被為進」がなかったことを示す）。ここでは、そのように考えておきたい[20]。

額が多いのは、寛政六（一七九四）・十二年、文化十四（一八一七）年、文政四（一八二一）年、弘化三（一八四六）年、嘉永元（一八四八）年である。その理由までは明記されていないので、推測になってしまうが、文化十四年は光格天皇譲位と仁孝天皇受禅、弘化三年は孝明天皇践祚が大きな要因であったことにほぼ間違いはなかろう。ほかの年についていえば、寛政六年は光格天皇の実父である閑院宮典仁親王病没と新清和院（女一宮、欣子）の入内・立后[21]、十二年は温仁親王誕生（光格天皇男、母新清和院）、儲君治定、病没など[22]、文政四年は不明、嘉永元年は九条夙子（九条尚忠女）の入内、新清和院三回忌などがあったが、これらが大きな要因であったか否かは、なお検討を要する[23]。

さて、これらのうち、光格天皇譲位、仁孝天皇受禅があった文化十四年の一四〇〇両・四八七貫目、孝明天皇践祚の弘化三年一〇〇〇両・一八七貫目がとくに高額である。天皇の交代に際しては、やはり幕府から多額の支援が行われていたことが窺われるが、同時に、文化十四年と弘化三年で大きな差があることも興味深い。前者は生前譲位であり、新天皇だけでなく、新上皇の誕生をも意味した。もろもろの面で、より多くの経費が必要になったと考えられ、そうしたことが、この差のひとつの要因であったと思われる。

しかし、それと同時に、文政（一八一八―三〇）年間頃から幕府の天皇・朝廷に対する〝すりより〟が見られるとの指摘にも注目したい㉔。文化十四年の巨額の支出（また、十三年の一〇〇〇両を超える支出）は、まさに幕府の天皇・朝廷（おそらくはとくに光格天皇（上皇））に対する配慮を示しているのではないか。当該期の朝幕関係の良好さを示すものとしても捉えられよう㉖。

また、幕府財政との連動が見えることも興味深い。文政年間には、「御定高之外別段被為進」が毎年のように行われている。内訳を見ると、朱書部分の方が多いが、その分を除いても、定高の枠組み外の進上が厚めに行われている。前述した幕府の〝すりより〟を示すものでもあるが㉗、周知のとおり、文政の貨幣改鋳によって、幕府は多大な利潤を獲得していた。幕府財政の多少の余裕が、このとくに手厚い「御定高之外別段被為進」を可能にしたのであろう。幕府財政に余裕がある際に、禁裏に対する財政保証・支援もとくに手厚くなっているのである。逆にいえば、徳川家斉の太政大臣就任に見られるような幕府の〝すりより〟の背景には、幕府財政の多少の余裕があったといえる。文政の貨幣改鋳は幕政だけではなく、朝幕関係にもつよい影響を及ぼしていたのである。

こうした傾向は、天保の飢饉の頃になるとやや抑制されており、幕府財政と禁裏財政の連動が見て取れる。両者の関係性の深さは本書で繰り返し述べ、「禁裏財政の幕府財政一部局化」と表現したこともあったが㉘、この表からも、そうした関係が窺われよう。

第四節　幕末の朝廷財政史料

最後に、宮内庁書陵部所蔵「禁裏去（去々）■年中御入用金銀高書付」について見ていこう。

この史料に関してはじめて言及したのは、白石烈「東山御文庫別置御物について」である。[29] 筆者もこれを読んで本史料の存在を知ったが、白石の論文では、その主旨上、本史料の存在にかんたんにふれるだけで、内容分析までは行っていない。そこで、本節において、より詳細な検討を行っていきたい。長文ではあるが、具体例として、「去午年」分、すなわち安政五（一八五八）年分を次に挙げる。

[史料二]

（表紙）「禁裏去午年中御入用金銀高書付」

　　禁裏去午年中御入用取調候趣、左之通御座候

去午正月より十二月迄月々御入用高
一、銀七百六貫五拾目余
　此金壱万千七百六拾七両弐歩余
御定高凡月割一ヶ年分
　銀六百八拾七貫目
　此金壱万千四百五拾両

差引
　銀拾九貫五拾目余　　　　増
　　此金三百拾七両弐分余

（中略、「安永六酉年月々御入用高」「去々巳年閏月共月々御入用高」などが記されている。また、それぞれとの差額なども列記されている）

去午年中臨時別帳御入用高幷御月高外仕上ヶ之分共
一、銀弐拾六貫九百弐拾目余
　　此金四百四拾八両弐分余
　　　内
　六貫百三拾目余
　　此金百弐両余
　外拾貫目　　　　別段被為進銀遣之
　　此金百六拾六両弐分余
　是は
　　仁孝天皇様十三回御忌懺法講御入用

（中略）

御定高内二口
　合銀七百三拾弐貫九百七拾目余
　　此金壱万弐千弐百拾六両余

外

銀拾弐貫弐拾目余　去午年御余銀

此金弐百両壱分余

内

拾弐貫目

此金弐百両

是は奥上ヶ御増銀、去午年御下知之趣を以同年御定高御余銀之内を以当未年奥上ヶ相成候積り

残銀弐拾目余

此金壱歩余

内

八匁余　三歩一御備銀ニ可相成分

拾匁余　三歩二奥上りニ可相成分

都合銀七百四拾五貫目　御定高

此金壱万弐千四百拾六両弐分余

外

金八百両　常式　奥御用金

銀三貫百目余　御庭御用村割賦銀

此金五拾壱両弐分余

（付紙中略、「去々巳年御定高御余銀」の額などが記されている）

銀壱貫九百拾匁余
　此金三拾壱両三分余
　　是は　後院御入用去午年分御除料御物成銀之内を以御遣方相成申候
銀拾壱貫三百七拾目余
　此金百八拾九両弐分余
外
　六百弐拾目余　　去々巳年御定高
　此金拾両壱分余　　御余銀
〆拾弐貫目
　此金弐百両
是は去午年より奥上御増銀拾弐貫目、御余銀之内を以奥上取計、御余銀惣高拾弐貫目ニ不満年柄は拾弐貫目之都合ニ相成候様、御足銀被進候旨、去午正月御下知有之候処、巳年之儀は、御賄御入用多ニ而御遣残銀六百弐拾目余ニ付、書面之通御足銀被進、請取之、奥向江上ル
金四百七拾五両
是は
朝覲　行幸為御用途被為進金之内五千両、於町奉行所御貸付ニ相成、年壱割利足之内五厘通貸付方諸入用ニ相立、残利金小堀勝太郎（数馬、京都代官）より請取之、勘使所ニ預り置申候
金弐拾両
是は御奥御用金弐百両、為御供養料於町奉行所御貸付ニ相成、年壱割之利金、

右同人より請取、奥向江上ル

御定高外

銀九貫目

此金百五拾両

是は　仁和寺豊宮（嘉彰親王）御方御入寺御得度ニ付、従

禁裏被遣銀書面之通

禁裏江被為進候旨、御下知相済、請取之、右坊官江相渡

銀拾弐貫目

此金弐百両　　　　但、金弐百両代

是は　輪王寺新宮（公現親王）御方御入寺御得度ニ付、従

禁裏被遣候金代銀書面之通

禁裏江被為進候旨、御下知相済、請取之、右坊官江相渡ス

銀四拾五貫三百三拾目余

此金七百五拾五両弐分余

是は午年御祈禱被　仰出、

内宮以下三十五社江銀拾枚ツヽ、正・五・九月三ヶ度分御初穂御備ニ付、御台幷包紙・水引等一式御入用之

分、臨時御神事料残米御払代銀之内を以請取候様御下知相済、御遣方相成申候

右は

禁裏去午年中御入用、寛政二戌年春被　仰出候御省略、同五丑年秋被解、無御拠分は御先々之振合ニ立戻候得共、御平用之儀は、奥・表・口向とも都而御省略中之御趣意を以取計、御入用差引月々申上置候処、去午年十二ヶ月分、常式・臨時御入用高、書面之通御座候事

未九月

表題、内容、叙述の形式からいって、これは奥野が紹介している史料「禁裏去巳年（安政四年）中御入用金銀高書付」（史料編纂所所蔵）に類するものである。[30]

年代であるが、「仁孝天皇様十三回御忌懺法講御入用」との記述から、安政五年分であることがわかる。内容は、当該年度の口向の支出額や余銀、そこから備銀・奥上銀などに分配される分、その他など、当該年度の収支に関する基本的な情報が書き込まれている。宮内庁書陵部には、安政二・三・五・六年分のものが残っているが、[31]四年分に関しては先述したように、奥野が紹介したものが史料編纂所に所蔵されている。

種々のことがわかる史料であるが、ここではとくに支出額について見ていきたい（安政四年分に関しては、史料編纂所分を用いて補った）。「常式」「臨時」「臨時別帳」分を合わせた支出額は、[32]安政二年が七三七貫七七〇目、三年が七三一貫八五〇目、四年は七四四貫三七〇目、五年が七三二貫九七〇目、六年は七四四貫九一〇目であり、いずれの年も余銀は一五貫目にも満たない額であった。

一方、備銀・荒年手当銀などからの補塡も含めた定高外の支出は、安政二年五六貫六五〇目、三年一七一貫八〇〇目、四年六貫五七〇目、五年八九貫六一〇目、六年九三貫一五〇目であり、前述の「禁裏御入用金年次額」のものと比べて、多額といってよい。定高の枠組みは守りつつ、臨時の支出部分が大きくなっていることがわかる。[33]ペリー来航後とそれ以前の朝幕関係の変化の一端を表しているといって良いのではないだろうか。

また、天保三（一八三二）年より始められた、奥上銀が一二貫目に満たない年は、京都代官預諸渡銀で補塡するとい

う制度に関する記述も興味深い。この制度は、弘化三（一八四六）年の孝明天皇践祚とともに取り止めになっていた[34]。しかし、［史料二］には、「是は去午年より奥上御増銀拾弐貫目、御余銀之内を以奥上取計、御余銀惣高拾弐貫目ニ不満年柄は拾弐貫目之都合ニ相成候様、御足銀被進候旨、去午正月御下知有之候処」とあり、本制度の復活が「去午年」、すなわち安政五年に宣言されていたことがわかる。実際には、「禁裏去巳年中御入用金銀高書付」に、「拾弐貫目之都合ニ相成候様御足銀被進候旨、当午正月御下知有之候処、去巳年之儀は御定高御遣多にて書面之通相成候付、御足銀被進」とあり、安政四年分からこの制度が適用されていたことがわかる（四年の余銀は六三〇目）。

実際ほかの年の分を見てみると、安政二年は余銀が一二貫目未満にも関わらず、補塡に関する記述はなく、三年は一二貫目以上あるので記述がなくて当然、四・六年は補塡の記述がある。詳細は次章で述べるが、幕府財政の悪化で取り止めになった本制度の復活が、安政五年すなわち条約勅許問題に揺れていた時期に宣言されており、幕府側の天皇・朝廷に対する態度の変化が明確に見てとれる[35]。

おわりに

以上、「禁裏御入用金年次額」と「禁裏去（去々）■年中御入用金銀高書付」という二つの史料を検討してきた。まず、「禁裏御入用金年次額」についていえば、この史料から見られる禁裏財政の大まかな動向・特徴は、ほぼこれまで述べてきた通りであり、本書第III部第一章・第二章の成果がある程度、補強されたと考える。

一方で、この史料からあらたに考えられることも多々あるが、その中でも、「御定高之外別段被為進」がもっとも興味深い。この部分は、幕府が貨幣改鋳によって多大な利潤を獲得し、多少の余裕を得た文政（一八一八—三〇）年間に手厚くなっており、逆に、天保の飢饉の頃になると、相対的には薄くなっている。禁裏財政が幕府財政につよく規定されていたこと、逆にいえば、文政年間頃から見られる幕府の〝すりより〟は、幕府財政の多少の余裕があってこそであり、その範囲内のものであったことがわかる。財政面における朝幕の関係性の深さが確かめられよう。また、光格天皇の譲位・仁孝天皇の受禅に対しては、とくに多額の「別段」の進上がなされていたようであり、この点も論点になりうる。

もうひとつの史料、「禁裏去（去々）■年中御入用金銀高書付」からは安政（一八五四—六〇）期の禁裏財政の動向が見て取れる。いずれの年も余銀は一五貫目未満で、充分な余銀は生じていなかったこと、一方で、定高外の支出は、多額に及んでいたことがわかる。安政期には、幕府から朝廷に対して種々の手入れがなされていたことが知られているが(36)、本史料からもそれが窺える。

（1）奥野高廣『皇室御経済史の研究　後篇』（中央公論社、一九四四年）、二六五頁など。

（2）国立国会図書館参考書誌部編、国立国会図書館、一九七三年。前述の「三条家文書」の性格についても、これを参照した。

（3）なお、奥野は禁裏において改正された定高制が実施されたのは寛政五年正月からとしているが（前掲奥野著、四五六頁）、やや誤解を招きかねない表現である。この「禁裏御入用年次額」からも明らかなように、寛政三年分から適用されている。

（4）家近良樹『幕末の朝廷』（中央公論社、二〇〇七年）、五九・六〇頁、日本史籍協会編『三条実万手録　一』（東京大学出版会、一九七二年覆刻版を活用）、四三〇—四四四頁、第III部第四章など。

（5）くわしくは序章を参照。

（6）なお、奥に関する記載はない。

（7）くわしくは、第II部第一章・第III部第二章。なお、口向の支出には、「常式」「臨時」「臨時別帳」があったと述べたが、朝廷財政関係史料の中には、「常式」（便宜上「常式」A）と「臨時」（「臨時」B）の二類型しかないものもある（第II部第一章・第III部第二章）。その場合、「常式」Aは「常式」＋「臨時」で、「臨時」Bが「臨時別帳」なのだろう。

(8)　なお、前述の献上金品などは奥の収入となるので、ここには含まれないと考えられる。
(9)　前掲奥野著、三六一頁。
(10)　なお、表から明らかなように、そうじて少額である。
(11)　前掲奥野著、第III部第二章など。
(12)　もちろん、後述の天保五（一八三四）・十三年などほぼ一致する部分も多くある。本来はすべての年について比較したいが、現時点では、史料上の制約などから不明の年の方が圧倒的に多く、難しい。なお、奥野は、史料編纂所所蔵「禁裏去巳年中御入用金銀高書付」を典拠に、寛政七年の「常式・臨時」は六二六貫目、八年は六四六貫目余、九年は七一五貫目余（「臨時別帳」二九貫目余）としているが（前掲奥野著、四五七・四五八頁）、これは誤りであり、「巳年」とは安政四年を指すと推定される（詳細は序章）。
(13)　第III部第二章。なお、同上では、五・六年の「臨時別帳」分は不明であった。
(14)　前掲奥野著、四六〇頁。
(15)　たとえば、前掲奥野著、四六五・四六六頁など。
(16)　たとえば、前述した天保七（一八三六）年の支出に関しては、首都大学東京図書館所蔵「水野家文書」の「天保七年禁裏御賄差引書」（整理番号：A一―一七）を典拠とした。この史料は、「当申年」（天保七年）の「禁裏御賄御入用差引書」（賄頭が毎月作成）の正月分から十二月分まで一ヶ年分をひとまとめにしたものの写しであり、その時々で作成されたものと考えられる。また、前掲奥野著においても、坊城俊克「公武御用雑誌」（国立公文書館所蔵）など、多くは日記類を典拠としている。
(17)　たとえば、大野瑞男編『江戸幕府財政史料集成　上・下』（吉川弘文館、二〇〇八年）、上巻四一三・四一四頁、下巻三七三頁、近世経済史料研究会「天保期幕府財政の新史料（一）」（『三井文庫論叢』四七、二〇一三年）など。
(18)　前掲奥野著、四五九頁。
(19)　備銀・荒年手当銀は、場合によっては、一時的な立替えとして用いられることもあった。その場合、後に戻し入れる必要があった（たとえば文政七（一八二四）年付で禁裏付・京都町奉行らから所司代に宛てられた「御所々御賄御入用之儀ニ付申上候書付」（「御所々御入用筋書抜」第三之上巻、禁裏御賄御入用等之部））。また、「諒闇明清御道具料残銀」が荒年手当銀の貯えに加えられるという事例もある（弘化三（一八四六）年三月十八日付勘定奉行石河政平ら宛禁裏付渡辺尚ら返翰および付載の覚書と下ヶ札（「御所々御入用筋書抜」第三之上巻、禁裏御賄御入用等之部」）。このような事例が散見されるため、備銀・荒年手当銀貯蓄高の増減の計算などもきわめて複雑なものとなる。この点にも注意が必要である。

(20) 前述したように、立替えなどが間々行われており、備銀や荒年手当銀の貯えなどに関しては、単純な増減計算は行えない。また、繰り返しになるが、奥への進上などは含まれていないと考えられるので、幕府から禁裏に対して行われた特別な進上すべてが網羅されているわけではない。

(21) 新清和院は、後桃園天皇が病没した際、健在であった唯一の実子である（当時、一歳）。皇位自体は祐宮（光格天皇）が継いだが、新清和院は先代の天皇の子供として特殊な立場にあり、光格天皇との婚姻もはやくから決定していた（久保貴子『近世の朝廷運営』岩田書院、一九九八年、二二二―二二四、二七〇・二七一、三二一頁）。

(22) 仁孝天皇男鍠宮の親王宣下・病没などがあったが、ほかはよくわからない。

(23) なお、「御定高之外別段被為進」の総額から朱書部分を引いた幕府からの「別段」の進上も、ほぼ同様の年が高額となっているが、文政四年は朱書部分が占める割合が多く、別である。

(24) 藤田覚『天皇の歴史6　江戸時代の天皇』（講談社、二〇一一年）、二七四―二七八頁。

(25) 前掲藤田『天皇の歴史6　江戸時代の天皇』、二七八頁。なお、この光格天皇譲位・仁孝天皇受禅の際に、全体でどの程度の費用がかかり、そのうち、この「別段」の進上が占めた割合はいかほどのものであったのか、といった点も興味深い。今後の課題としたい。

(26) なお、長坂良宏は公家衆の家禄増加やあらたな役料支給を望む朝廷側の要望を幕府が拒んでいたことなどを指摘したうえで、「幕府は臨時的な支出、一時的な支出については、かなり柔軟に対応したが、恒常的な支出になるものについては、原則認めていない」とし、「幕府が朝廷に「すり寄っ」ている訳ではない」と述べているが（「近世後期の関白と天皇・院」『近世の天皇・朝廷研究』六、二〇一五年）、この評価にはやや疑問が残る。幕府が恒常的な支出の増大を嫌ったのは事実であるが（本書第III部第一章・第二章を参照してほしい）、天皇・朝廷だけではなく幕政全般を見渡すとどうなるのか。ややや後の時期になるが、史料編纂所所蔵「三条実万公記」嘉永二年四月二十八日条の中で、禁裏付は、堂上公家衆に加増をしてしまえば、旗本・御家人も加増を願うようになってしまうと述べている（「又加増等も甚六ヶ敷、御堂上御加増と有之候へハ関東ニテ又追々加増願候向も可出来、夫ハ中々申さぬ事之由也」）。こうした事情は当該期においても同様であったろう。

旗本・御家人に対する加増すら充分には行えないという状況の中で、公家衆の加禄増加要望を拒絶したからといって、それは特段に評価されるべきものなのか、若干の疑問が残る。そもそも、これまで本書で検討してきたとおり、恒常的な経費の増大を防ぐための定高制（とそれに付随する諸制度・諸規定）なのであり、その大前提を守りつつ、幕府財政の許す範囲内で、とくに手厚い臨時の支援を天皇・朝廷に対して行う、それが当該期の朝幕関係の特別な良好さの表れであったと考えられる。

(27) なお、文政十（一八二七）年から光格上皇の御所の口向定高は、特別に一〇〇貫目増額されている（前掲奥野著、五六二頁）。

(28) 第Ⅰ部第二章。なお、本史料中に見られる寛政三年から嘉永元年までの「御定高之外別段被為進」の総計は、銀二一三一貫目・金五一八〇両となる。このうち、備銀・荒年手当銀による補塡分（朱書部分）を除くと、一五八〇貫目・四一八〇両となる。備銀・荒年手当銀は、ひろい意味で捉えれば、定高制を軸とした枠組み内の金銀と考えられるので（第Ⅲ部第二章）、これが幕府から禁裏に出された枠組み外の進上の総計ともいえる（ただし、文政二年分は不明で、奥への進上なども含まれていない）。

(29) 『書陵部紀要』六五、二〇一四年。

(30) 前掲奥野著、四五七・四五八頁。なお、前述したように、奥野は「巳年」を寛政九年と解釈しているが、これは誤りであり、安政四（一八五七）年度分のものと考えられる。

(31) なお、もう一点「禁裏御賄当未正月より六月迄六ヶ月分御入用高書付」と題された史料も宮内庁書陵部には残されている。

(32) 本史料では、「常式」「臨時」という区別はないが、［史料二］でいえば、最初の七〇六貫五〇目がこれにあたる。「常式」「臨時」「臨時別帳」については、第Ⅱ部第一章・第Ⅲ部第二章を参照してほしい。

(33) 内訳をみると、とくに臨時神事料残米の売払代銀（詳細は第Ⅱ部第一章）からの支出が大きかったことがわかる。

(34) 詳細は次章。

(35) なお、宮内庁書陵部には、「禁裏去（当）■□月分御賄御入用見合差引書」六五冊（■は干支、□は月が入る）も所蔵されている。これは、第Ⅱ部第二章で紹介した首都大学東京図書館所蔵「水野家文書」の「天保七年禁裏御賄差引書」とほぼ同型のものであり、①月ごとの支出額（「臨時別帳」分の支出がある際はその額も記されている）、②定高で取り決められた月ごとの予算、③安永六年のその月の支出、④前年の支出額（「臨時別帳」分は記されていない）、①と②・③・④の差額などが記されている（ただし、「水野家文書」分には前年の支出額だけではなく、一昨年のそれも載せられている）。嘉永六（一八五三）年十二月分から文久三（一八六三）年十一月分までのものであり、貴重な史料といえるが、残念ながら、とびとびにしか残っていない。

（36）　前掲藤田『天皇の歴史6　江戸時代の天皇』、三〇一頁、村和明『近世の朝廷制度と朝幕関係』（東京大学出版会、二〇一三年）、五八頁。

第四章　三条実万と幕末の朝廷財政

はじめに

光格天皇（上皇）期の朝廷権威の浮上が、幕末期における天皇・朝廷の政治的位置浮上の前提となったことは、もはや周知の事実といってよい[1]。しかし、両者に挟まれた時期、光格没後からペリー来航、条約勅許問題発生以前までの朝幕関係の実態は、近年さほど研究の蓄積があるわけではなく、なお検討の余地を残す[2]。光格天皇（上皇）期と幕末期の朝幕関係のつながりをさらに考えていくためには、まず、この時期の朝幕関係について検討していく必要がある。

以上のような問題意識から、本章では、嘉永―安政（一八四八―一八六〇）期の朝幕関係を財政面から考えてみたい。具体的には、三条実万に着目する。実万は、幕末、とくに安政期の政治史において重要な役割を果たした公家として、よく知られている[3]。弘化五（一八四八）年二月九日から武家伝奏を勤めていたかれは、幕末の朝廷において、政治力を発揮した。安政四（一八五七）年に同職を辞した後も政治的影響力を保ち、六年の大獄で落飾、十月に没した。

前章でもみたとおり、そのような彼が深い関心を抱いていたのが、朝廷財政である。本章では朝廷財政の何にかれが問題を感じていたのかをより具体的に明らかにする。そのうえで、そこから当該期の朝廷財政ひいては朝幕関係の実態について考えていく。

第一節　朝幕関係に対する認識

実万は、嘉永二(一八四九)年四月に行われた禁裏付・内藤安房守忠明との内談の中で、「予趣意、当時公武往来之儀、齟齬之儀無之哉、実ハ近来被仰達事条難被及沙汰事、毎々有之、若哉彼辺何か懸念之筋有之候而、如此か、如何之由及内問」(史料編纂所所蔵「三条実万公記」嘉永二年四月二十八日条)と述べている。近来朝廷からの要望があまり叶えられず、幕府においては朝廷に対して何らかの懸念があり、朝幕のやりとりに何らかの「齟齬」が生じているのではないかと疑問を呈しているのである。(4) この朝幕関係についての認識に関しては、後の箇条(五月四日条)に、「過日予所示、公武之間ヒツタリト参リ難キか之儀」との表現もある。

もちろん、これらは実万の認識の一部であり、当該期の朝幕関係の実態そのものを表しているかは別問題である。しかし、武家伝奏という重要な役職にある公家の認識であり、幕府側の〝すりより〟によって朝幕の関係がとくに良好であった前代(大御所時代)(5)とはやや異なった状況が朝幕間に生じていたことが窺われるのはたしかであろう。

この時期の朝幕関係の特徴を表している史料としては、つぎのようなものも挙げられる。

[史料一](「三条実万公記」嘉永三年十一月二十日条)

一、付武士面会

内侍所仮殿木作始事、年内難被行か、何分御用懸未被仰付、所詮年内無余日如何、但今日ニも御用懸事有沙汰ハ、早速不日ニも木作始被仰出用意可相整之支度可有哉、迚も其儀難成事か、其次第ニ而御所表取調方も有之間、及尋問、元来先達以来今年中御仮殿事御沙汰有之処、段々延引、其子細不分明被仰出候御趣

意等閑ニ相成候段、甚恐入儀ニ候、但、関東不済来儀ハ不得止何卒其筋相立候様申越候様致度、以其趣及言上は可然也、当時万事御斟酌之御時節候得共、光格天皇御代ナトツト御沙汰之事共有之、甚心配之様子、先役日記ニも相見、彼是所司代往復之事ナト有之由、及物語、此序無服（ママ、腹）蔵申合事等有之、近来何事も関東遅滞、甚令当惑事也、有限御沙汰之義ハ、何卒程々返答有之候様致度事也、当時公武御和熟之処、フト行違有之候而ハ恐入儀也ナト意内打明咄申、且大祀下行事ナトも未及沙汰、先達以来再三之上、所詮不成就か、甚当惑（中略）何卒一肩抜勘弁有之度、町奉行下総守（水野重明）勘考無之事かナト雑話申聞候

備後守（岡部豊常、禁裏付）申之、毎々町奉行出逢之節ハ催促致居候へ共、何分関東返事無之間、不得止、若シ是非年内ニ無之而ハ御心障と申子細も有之候は、縄張ニ而も有之候ハ可然哉、左候ハヽ、又々御達振も可有之候ハヽ、取計方可有哉之由、町奉行申居候事も有之由申之、予ハ別段唯々此子細有之と申ニハ無之か、元来凡年限有之儀、延引相成候而ハ、御規矩不相立、格別御崇敬之御場所等閑ニ難被遊事也（後略）

内侍所仮殿の普請についての史料であるが、とくに「近来何事も関東遅滞、甚令当惑事也」との部分に注目したい。ここからは、内侍所仮殿のことも含めて、近年はよろず幕府の対応が遅いと、朝廷側が当惑していたことが明らかになる。禁裏付はこれに対して、京都町奉行に催促しているが、何分「関東」＝老中からの返答がないので、対応に苦慮していると述べている。

ここからは、「近来」以前と「近来」では、幕府側の対応の速度に変化があった（とすくなくとも実万は認識していた）ことがわかる。先述した嘉永二年の禁裏付との内談と合わせて、光格天皇（上皇）時の朝幕関係と嘉永期のそれとはいささか異なったものであったことが窺われる。なぜ、このような変化が起きたかといえば、それはおもに、幕府側の事情に要因があった[6]。

それをよく表しているのが、国立国会図書館憲政資料室所蔵「三条家文書」中の嘉永四年四月付三条実万宛賄頭上

申書である。

［史料二］（整理番号：一―六）

昨日御内命御座候奥上り銀拾弐貫目之義取調候処、

先帝様御代ニは、文政十一子年より御備銀御預ヶ高或は御賄御定高御余銀等之内より奥上ヶ之積り、翌丑年十二月達し有之、右子年分拾弐貫目は御備銀御預ヶ高之内より請取、奥上り相成候処、翌丑年よりは右御預ヶ高も少分にて右之内より奥上ヶ差支、且御定高御余銀迚も纔弐百目以下ニ而、拾弐貫目ニ不満候得共、右丑年達し之通年々其儘少銀之分奥上りニ取計候処、天保三辰年より丑年迄拾ヶ年之間、御余銀少分ニ而拾弐貫目ニ不満年柄は拾弐貫目之都合ニ相成候様別段　関東より足銀被進候旨天保五午年正月達し有之、其通り取計来候処、年限相満候付、尚又天保十三寅年より亥年迄拾ヶ年之間、是迄之通足銀被進候旨、同年十月達し有之、弘化三午年当今御代ニ相成候へ共、是迄之通奥上ヶ之義被仰立候処、右は難被及御沙汰旨同年八月達し有之候付、此上被仰立候ても容易ニ相整間敷候間、再々応迄も被仰立候方共奉存候付、別紙書抜入御高覧、此段申上候、以上

（嘉永四年）
亥四月　　　御賄頭

前述したとおり、文政十一（一八二八）年分から奥上銀（余銀のうちから奥へ渡す銀、余銀の九分の四）を最低一二貫目以上確保するために、備銀や余銀を活用することになったが、余銀も備銀の貯えも少額であったため、すぐに機能しなくなった。その後、天保三（一八三二）年から一〇ヶ年の間、奥上銀が一二貫目に満たない年は、京都代官預諸渡銀から足りない分を補塡していた。その年限が切れた天保十三（一八四二）年からもふたたび一〇ヶ年の間、同様の措置が取られることが決定したが、(7) この期間の途中、天皇の代替わりがあった弘化三（一八四六）年に、この措置の中断が幕府から達せられた。

なぜ中断となったのか、史料中には明確には記されていない。ひとつは天皇の代替わりという切りの良さであった

ろうが、ほかの要因はこの史料からだけではわからない。しかし、状況からある程度の推測は可能である。すなわち、この制度が始められた天保三年は、いわゆる大御所時代で、朝幕関係がとくに良好な時期であり、[8]それが背景にあったと考えられる。一方、同様の制度がつづけて行われることが決定した天保十三年は、十二年に徳川家斉が没した後ではあるが、前代の方針をそのまま受け継ぐのにとくに何の問題もなかったと推定される。

ところが、天皇の方に代替わりがあり、措置の中断がなされた弘化三年という年は、天保十五年に江戸城本丸火災、二年に江戸大火、三年にも同様に江戸大火があり、火災が連続して発生していた時期であった。とくに、天保十五年の本丸火災については、金二四七万四〇〇〇両余・銀四三貫七三〇目という巨額の再建費用のうち七〇％（一七五万四三四五両）もの割合を幕府が負担しなければならなかったことが明らかになっている（残りは大名らが負担）[9]。

以上のような状況であったため、弘化三年当時、幕府財政に十分な余裕などなかったと考えられる。こうした幕府財政の状況に規定され、かつ天皇の代替わりというタイミングも重なって、本制度の中断が決定されたのではないかと思われる。

前章で見たように、この後、本制度は条約勅許問題に揺れていた安政五（一八五八）年に復活が宣言される[10]。大御所時代の天保（一八三〇―四四）期に始まった本制度は、家斉が病没し、幕府財政の状況が大きく悪化すると取り止めになった。その後、条約勅許問題が起きていた安政五年には復活が宣言されるのである。大御所時代のとくに良好な関係から、前代ほどの良好さは見られない、おそらくは通常の関係に戻った時期を経て、幕府にとって、天皇・朝廷の存在意義がより一層高まり、幕府からのさまざまな手入れが行われていた[11]安政五年という時期に復活が宣言される。この制度の変遷は、朝幕の関係性の変化をじつに具体的に表しているのではないだろうか。

もちろん、実万は幕府からの財政保証や支援があってこそ、天皇・朝廷は成り立ちえるということ自体は理解していた。つぎの史料は実万の御用日記「公武御用日記」の嘉永四年七月七日条である。

［史料三］（『三条実万手録　二』日本史籍協会叢書、東京大学出版会、一九七二年、三四五―三四七頁）

一、大嘗会下行不足出方事、先年以来再三及懸合有之処、猶又関東へ申達之処云々子細在別、既先例難相立、御下行ハ素より承知可被有之儀、御用弁ニ事寄、自儘之被及取計、後而彼是と相唱、強而増下行被申立候は甚不都合之事ニ候間、旁以再三被申立之趣ハ難被及御沙汰段、伝奏衆可相達旨、各江可申渡段年寄衆より申来候間、可被得其意候、右之趣、内藤紀伊守（信親、所司代）申聞旨、申上由書取一紙、殿下入覧、於如此は不得止之間、此上は先達而内命有之通、朝覲行幸御用途之利金可被用之か之由申入、殿命は其分可然、元来御再興之時之次第、不量其本被行之間、如此事出来、其処置不被甘心旨有談、其条ハ尤可有左、但、於今ハ一旦再興候条々難被止は勿論、然而下行不被宛は誠可為不便、但、増下行之儀は不容易事、先達而如申来、仍爾来申立ハ臨時御神事料残米被宛之度旨申立儀也、然処、其儀無頓著唯一途ニ増下行筋合如何之由（中略）子細当役存念最初申達事也、惣以不応其意、武辺陵遅之至可歎可悲、但又却而思、天文前後喪乱之時勢ニ比之は、尤、当時無退転被行之儀珍重か、但世以昇平文明之時代、今一段少々之儀相整は後代之定規弥以永久之嘉模可然か、此分無異儀は後々其上過差不可有之、其条委細先度申達儀也、然処、於今此次第無為方先役付武士内藤安房守（忠明）格別骨折勘弁内談承知有之処（中略）

右朝覲御用途利金事、付武士可及示談也

嘉永元年十一月に行われた大嘗祭の下行米増額要望について、再三幕府と交渉していたこと、またその要望が結局は受け入れられなかったことがわかる。くわしくは後述するが、実万は通常の支出はともかく臨時の支出の備えが必要であると主張しており、そのことを示す事例でもあるが、ここではとくに傍線部に着目したい。

そこでは、戦国期の動乱の時代に比べれば、現在は大嘗祭もつつがなく行われており（大嘗祭は文正元（一四六六）年に挙行されて以来、貞享四（一六八七）年に再興されるまで中絶）、結構なことだとしている。もちろん、傍線部の後の「今一段少々之儀相整は後代之定規弥以永久之嘉模可然か」との一文から明らかなように、現在の大嘗祭のあり方（下行米を含む）に充分満足しているわけではない。[12] しかし、一方で、幕府の財政保証・支援によって、戦国期に比べれば多くの朝廷儀礼が再興されている現状に、ある程度の充足感を得ていることが明らかである。

このように、すくなくとも実万には、幕府からの財政保証・支援があるからこそ、儀礼も行うことができ、天皇・朝廷が成り立ちえているとの理解があった（実万だけではなく、ほかの多くの公家衆の認識もこうであったのではないか）。しかし、一方で、先に見たように、嘉永（一八四八―五四）期には、大御所時代の天保期と比べて、幕府からの保証や支援の水準が若干下がっており、朝廷の要望もあまり叶えられず、対応も遅れがちと実万は認識していた。

以上のように、嘉永期には、幕府側の事情、具体的には財政の悪化によって、朝廷への対応が変わり、朝幕間に前代ほどの良好さがなくなったといえる。もちろん、悪化したというわけではなく、とくに良好な関係から通常の関係に戻ったということだけであろうが、前代ほどの手厚さは期待できなくなっていた。条約勅許など幕末における朝幕間の諸問題の前提として、大御所時代のとくに良好な朝幕関係とは違った状況が、嘉永期には生まれていたことを指摘しておきたい。

すくなくとも安政（一八五四―六〇）期の朝廷において存在感を発揮した実万は、幕府からの保証や支援によって朝廷が成り立っていることを理解しつつも、前代ほどの手厚さは期待できないことを認識していた（させられていた）。こうした認識が実万の幕府に対する意識などにいかなる影響を及ぼしたかという点は、なお検討が必要ではあるが、すくなくとも実万がこのような認識をしていたという点には注意が必要であろう。

第二節　定高増額と臨時支出

さて、実万の朝廷財政に対する認識について、検討を進めていこう。

この点を考えるうえで興味深い史料が、安政六(一八五九)年の実万落飾後に記された「旧令告新」である。[13]「旧令告新」とは、楚の子文が三度令尹に任ぜられても特段に喜ぶ様子を見せず、三度同職を免ぜられても不平不満を表わさず、免職の際は、後任に詳細な引き継ぎを行った故事（『論語』公冶長篇）からとったものと考えられる。

実万はそこから転じて、自分が武家伝奏を勤めていた時期に、ペリー来航などもあって幕府に申し出ることができなかった要望や、それ以上催促できなかった事案などを箇条書で書き留め、後代に託している。全十八箇条にわたり、そのすべてを記すと、「御代々天皇号之事」「畝傍山陵之事」「諸山陵之事」「神祇官御再興之事」「東宮坊之事」「准后立后之事」「節会禄之事」「南北臨時祭年中両度之料下行調備之事」「祈年祭之事」「賀茂行幸之事」「被置国忌之事」「釈奠之事」「真言院之事」「後院之事」「禁裏御定高増之事」「臨時御用途之事」「諸臣困窮之事」「禁裡女房依時御人増扞御宛行等之事」となる。

このうち、朝廷財政に直接関係するものが「禁裏御定高増之事」と「臨時御用途之事」の二ヶ条、ほかに「諸臣困窮之事」「禁裡女房依時御人増扞御宛行等之事」「南北臨時祭年中両度之料下行調備之事」なども関係する項目といえ、朝廷財政に対する実万の関心の高さが窺える。

まずは、「禁裏御定高増之事」から見てみよう。

［史料四］（『三条実万手録　一』、四三六頁）

禁裏御定高増之事

右ハ天保三年辰春頃ヨリ被申立ニ相成居申候、但其頃御所数被為在御音信何ヶ御事多之事柄モ有之旨申立ニ候得は、当時ニ被引当候テハ強テ御催促モ難成哉トハ被存候、先平常之処、御差支ト申ニモ無之哉、但臨時御入用之御手当無之候テハ兎角御差支不少、其子細ハ次ノ条ニ申述候、「（欄外墨書）委細ハ別帳ニ有之事」右天保度被申立候節之次第ハ兼テ御取替米相嵩候趣ニテ口向心配之趣ハ兼々承居申候、此義ハ其筋ニモ勘考有之事ト存候

禁裏の口向定高の増額は天保三年頃に要望されていた[14]。ただし、その頃は御所の数もそれなりにあり、贈答などで相応の費用がかかっていたことを要望の理由のひとつに挙げていた。したがって、御所数が少ない現在では当時を引当にして定高の増額を要望することは難しいとしている。さらに、通常分は不足というほどではないが、臨時の支出分を含めると種々問題が生じているとしている。

基本的には、臨時の支出をいかにして賄うのかといった点が課題であったことがわかる。それでは、つぎに、その「臨時御用途之事」を検討しよう。

[史料五]（『三条実万手録　一』、四三七・四三八頁）

臨時御用途之事

先々毎例ノ義ハ、別段自関東被成進候得共、時節ニ従ヒ、無拠加増之事、容易ニ難整、無御拠義タリトモ、新規之義ハ猶更被仰立ニモ難成筋等有之、尤寛政御定高被進切之後ハ、臨時御取替ハ不相成、誠ニ時々御手支、役々心配之事ニ候、是等之御用便ハ兼テ何トカ勘考有之度事ト存候、縦令被進切之内ニモ臨時御神事料・御備金・荒年御手当、夫々起立之御趣意柄ハ有之候得共、何レ関東伺之上ナラテハ、取計難相成、関東へ申立之節ハ多分六ヶ敷、在京之者ハ無御拠子細モ能合点候得共、関東へ申達之上ニテハ、又々其役場之見込方モ有之事故、十ニ八・九難整、詰リハ御内儀御沙汰ト相成候得共、是モ定式御内儀ヨリ御出方モ先々之御仕来リ多分之事ニ有之候得は、甚御差支ニ有之、然ル節ハ、毎々朝覲行幸御手当利金御遣方ニ相成申候、右被積立置之御趣意ニハ齟齬候

得共、先々右之廉ニテハ、何レヘ差響モ無之、但毎度其口ト申訳ニハ難成、本来之御趣意モ相失候事ニ候、右ニ付、実々無御拠事柄ハ、無差支相整候筋出来候様勘弁有之度儀ト存候事
中迄ナク、御定高之余銀、夫々定規之通取計、奥上リニ相成、其他ハ官物銀、時々従関東進献物等ニ有之処、年ニ依リ甚少分ノ事ニ候得共、御内儀ヨリノ出方御定式モ有之候故、甚御手支之趣モ承候、右之処ヘ前条無御拠筋別段御出方モ有之候得は、実ニ御融通整兼（中略）右ハ実ニ無御拠筋之相分候廉ハ、臨時御用途当地限ニテ前条之筋相整候は、自然御内儀之処、御ユルミニ相成、所帰御前辺之御不自由モ無之ト存候事
（後略）

定高制改正の際に幕府は、通常および一通りの臨時の支出は定高で賄うようにしてほしい、定高外の臨時の支援を行うことは基本的にはないと宣言していた（ただし、御所の造営や大規模かつ重要な神事などの費用は、定高とは別に幕府が負担した[15]）。

これをうけて、実万もこの史料中で、①臨時支出のうち「毎例」のこと、すなわち通例の余儀ない臨時支出は、以前より幕府から別段の進上があったが、増額や新規のことなどに関しては難しい。とくに定高制改正以後は、臨時の支援は期待できない[16]、②備銀など臨時の支出に対する予備費もあるが、いずれも「関東」すなわち老中らに伺わなければならない。そうすると理解のある在京幕府役人と違い、勘定所などの各「役場」の判断が入り込み、難しい問題となる（背景に、備銀などの貯えが少額になってしまっていたこともある[17]）、③奥から賄うにも、奥も余裕がないため、難しい。それゆえ、朝覲行幸貸付金の利金を用いてばかりであるが、毎度これればかりを使うわけにもいかない、④奥においては、（奥定高のほか）余銀のうち奥へ進上する分（奥上銀）、幕府からの進上物、諸大名らからの献上金品などの収入もあるが、年により微少なこともあり、不足しがちで、難渋しているとの聞こえがある。⑤上記の理由から、在京幕府役人の権限で、余儀ない臨時の支出を賄うことができるようにならないかと案じている。

ここからはさまざまなことが窺える。まず第一に、通常分はともかく、臨時分を含めて考えると、口向・奥ともに苦しい状況にあると実万が認識していたことがわかる。定高を軸とした枠組みが均衡を失っていたことは前々章・前章でも述べてきたとおりであり、この［史料五］の記述と符合するが、さらにいえば、「三条家文書」の天保三（一八三二）年十月付武家伝奏宛所司代書状（整理番号：一―七）には、「是迄も半年ニ大略八拾貫目之奥御入用ニ而、御不足（「節」あるいは「分」脱カ）之は口向江被申出、融通相済候旨、又は御服料并冬上り拾弐貫目之外、半年ニ三・四拾貫目程御不足ニ而」とある。奥については、半年で平均八〇貫目の支出があり、三・四〇貫目もの不足が生じているとしている。

このように実万は、口向・奥ともに苦しい状況にあると認識していたが、同時に、定高の増額は幕府が取りあってくれるわけもないと考え、何らかの手当てが必要としている。その際、重要なのは、老中や勘定所の役人など、「関東」の役人の判断が不要な、在京幕府役人の取計いのみで支出が可能な手当を設けることと考えていた。「関東」の幕府役人の判断のシビアさに比べれば、在京幕府役人は多少なりとも朝廷側の事情に理解を示してくれると認識していたのである。

こうした認識が実万独特のものか、あるいは歴代の武家伝奏、公家衆一般に及ぶものなのかは不明だが、ある程度一般化できうるものと考えておきたい。

第三節　女房衆の増員と公家衆の「窮乏」問題

つぎに、「諸臣困窮之事」「禁裡女房依時御人増并御宛行等之事」、すなわち、公家衆の「窮乏」と禁裏の女房衆の増員問題に関して検討しよう。この二つについては、「旧令告新」よりも実万の考えがよくわかる史料が「三条家文書」中に残されているので、そちらを見ていく。まずは前者について検討してみよう。この史料は所司代脇坂安宅への書状の草案である。「後二月六日」との日付があること、脇坂の在任期間から、嘉永五年二月六日付のものと考えられる。

［史料六］（「三条家文書」整理番号：二―五）

堂上向行状・風儀等不宜儀無之様、毎々　御沙汰も有之候得共、兎角心得違之者も時々ニハ出来候而恐入候処、近年堂上学習之儀被仰立、　御沙汰之通被成進、御教導方も相立、役人共ハ勿論、臣下一同誠ニ難有事ニ有之候、其上申出候は甚以恐懼之儀ニ候得共、先存意之程申試候、其子細は小禄貧困之堂上向、朝暮今日之家計凌方難渋ニ有之、自然其志も利分之事専一と相成、折角御教導之御趣意ニ齟齬いたし候而ハ、甚以恐入痛心仕居候、全其人之不心得ニ有之候へ共、又難渋之模様ニ寄、御救之儀も相成候へは、御恩威行届、役人共示方ニも宜筋ニ御座候、其中ニも貧困を凌、不束之儀無之様ニと昼夜辛苦いたし候而、御不外聞之事も不仕出申者も有之候得共、或ハ右様之人ハ病発御用も勤兼候次第も有之候、右等何とか勘考之致方無之事哉と心配候へ共、御所向限りニ而は何とも難相成、尤少々宛之儀は奥向へ拝借・御救等小禄之輩相願候事ハ先々之例ニも有之、其節ハ聊宛被借下、又ハ御救も被下候へ共、御内儀とても其御手当等ハ無之儀ニ付、難被及御沙汰節々有之候、於当役も差止候様致来候、左候へハ、誠ニ無致方、種々と術計を廻し候ニ付、不正之筋之事共、自然出来易、一々申立候へは、多煩之儀御推察可被下候、右之通之次第ニ候間、何卒於此処小禄之者共取続可成ニ出来候様格別御憐愍之筋被為在度（中略）乍去御時節柄簾立御沙汰之儀は猶更不容易御事ニ候は、禁裏江被進ニ而、臣下難渋之者御救被成遣候様ニも相成間敷哉（中略）

後二月六日

この史料で言及されている堂上公家衆の「窮乏」に対する認識については、佐竹朋子が、天保十四（一八四三）年の段階で実万はすでに「堕落・困窮した公家社会を救うべく、朝廷改革の必要性を強く認識」していたことなどを指摘している。⑱しかし、公家衆の「窮乏」は、実万が武家伝奏を勤めた時期に特有のものではない。⑲また、幕府においても「旗本・御家人の窮乏」はよく叫ばれるし、諸藩でも「家臣団の窮乏」がしばしば問題として表れるのは、周知の事実である。

さらには、この史料で主張されている「窮乏」から生じる問題（風儀の乱れ、有用な人物の登用に際する障害など）を、幕府や藩も同様に抱えていたことも、よく知られていることであろう。そのような意味では領主階級共通の問題といってよいかもしれないが、実万にとってより深刻なのは、この「窮乏」問題が天皇の子供の少なさという弊害をもたらしていたからであった。

この点に関して、［史料七］を見てみよう。この史料は「宮女事」と題された覚書で、「安政六年六月三日認」とあり、実万が没する四ヶ月ほど前に記されたものである。あるいは「旧令告新」の同項目の草案だろうか。

［史料七］（「三条家文書」整理番号：八―六）

宮女事

禁裏女房近来之定員、典侍五人・掌侍四人・命婦・女蔵人六人《合》、以上　御前江出候人数ニ候、時議《(ママ)》ニより別段之訳を以て典侍六人迄ハ被召置候、即当時六人ニ候、右典侍・掌侍之内寝　御ニ当り候、《然ルニ》其人年齢時を過候人多く《其器》き、偶相成有之候共、無余儀差障等[redacted]《出来》之節ハ其任ニ当り不申、元来寝　御ニ候候へ《之者ハ》共典侍之品[redacted]ニ候得共《有之候、併前々より》遇内侍も寵倖を蒙り候事ニ有之候（中略）定員満有之候共、被召置儀相成候様本順之処、開通有之候ハヽ、実ニ国家之幸とも可申候、且又一体宮女被召出候節、兎角可然人体難被得之、毎時御差支候、其故ハ元来堂上微禄困窮之義、右御受申候上ハ、出勤之支度調兼、無拠借財等ニ而取繕差出、幷降誕之節、御所向御賄有之候共、里方ニも無余義多分之用費相掛り、後々迄難渋ニ相成候ニ付、内実被召出候を相避候様之次第ニ而、先ハ御断申上候、推而御沙汰ニ被及之上、無是非御受申上、乍迷惑差上候様相成候、元来　皇子を胎育之任ニ候得は、性質貞正にて気体も壮実之人を精々被詮議度事ニ候、然ルニ右様之振合ニ而ハ精撰之所ニ至り不申候ニ付、爾後之御為方不宜、是亦肝要之事ニ有之候、右ニ付而は、何卒被召出候節幷降誕等之節、別段御手当〔相応ニ〕被下候事ニ相成候ハヽ、里方ニも安心御受〔可〕申上■当時無拠願等ニ而御内儀より拝借被　仰付候義、ハ有之候得共、いつれニ返上方難渋之義ニ候、自然精撰も行届申候間、侍　御之人被得其器候と存候、当節之義を申候ニも無之、常ニ右等之筋相整候ハヽ、　皇胤益御繁栄之道相開、万世無窮之基と存候、是等之儀を先年以来其筋江も内談ニ及ひ、■尤之義ニ聞取有之候間（後略）

家近良樹は、女房衆に年配の女性が非常に多く、「侍御」「寝御」の人が少なくなっており、「近年皇族微々たる御事」であることを指摘している[20]。この史料からも、たしかにそのような問題があったことが窺えるが（「然ルニ年齢時を過候人多」）、問題はなぜそのような状況が生じたかである。

まず、当時の状況を整理してみよう。光格天皇には多くの子供がおり、仁孝天皇も多くの子供をもうけたが、早世する者が多かった。一方で、孝明天皇は、子供が少なく、早世する者も多かった。それでは、なぜ子供が少ないのかといえば、それは家近が指摘するように、女房衆にしかるべき人が少ないということがひとつの要因であり、それは実万にとって、大きな課題のひとつであった（孝明天皇没時、健在の男子が後の明治天皇ただひとりであったことを考えると、実万の懸念はある意味現実のものとなった）。

家近はこの女房衆の問題に関する要因をおもに孝明天皇の年配の女房に対する配慮（年配の者をかんたんに解雇できない優しさ）に求めているが[21]、この［史料七］からは、それよりも現実的な要因があったことがわかる。

すなわち、①「微禄困窮」の堂上公家衆にとって、自分の娘が御所に召し出される際、必要となる支度料は自力で賄えるものではなく、借金をする必要があった。さらに、懐妊した際には、里方にも多くの費用がかかった。②よって、出仕を内心では避けるようになり、一旦は断り、再度召出しがあった際には、しかたなく承知し、迷惑ながら自分の娘を出仕させるようなことがあった。③このような状況のため、女房衆に良い人材を選べず、差支えが生じている。④以上のような問題を解決するために、召出しと降誕の際に与えられる手当をあらたに設けてほしい、そうすれば「皇胤益御繁栄之道」が開かれることになるとしている。

家近も指摘しているように、子供が少ないのは、女房衆にしかるべき人が少なかったことが一因であった。しかし、その要因は孝明天皇の性格というよりは、堂上公家衆が経済的な問題から自分の娘を女房として仕えさせることに、難色を示しているからであった。もちろん、幕府に女房衆増員の要望を認めさせるための、また里方への援助を行わせるためのレトリックという側面もあろうが、まったく現実を反映していないわけでもあるまい。堂上公家衆の経済的な問題が天皇の後継者不足という問題を引き起こしていた遠因であったことが明らかになる。

このほかにも、①婚姻関係を結ぶことで、大名家からさまざまな援助を受ける公家衆の姿が明らかにされているように[22]、堂上公家衆の側からすれば費用が多くかかる禁裏への召出しより、大名家に嫁がせた方が自家の利益になると考えていてもおかしくなかったこと、②女房衆の中には奥の運営のために、老練の者が一定数は必要であったこと[23]、③女房衆をかんたんに隠居させると、その分の隠居料が必要であったことなども、女房衆にしかるべき人が少なかった要因として推定される。いずれにせよ、おもに経済上の問題から、堂上公家衆は自身の子女を禁裏に召し出されることを喜ばないことがあり、その結果、女房衆にしかるべき者があまりいないという問題が生じることとなった。公家衆の「窮乏」は、実万にとっては、天皇家、ひいては朝廷の存続にも関わる問題であり[24]、解決すべき重要な課題のひとつであった。

おわりに

以上、三条実万の朝廷財政、朝幕関係に対する認識について検討してきた。かれは、天皇・朝廷が幕府からの財政保証・支援を受けることで成り立っていたことを理解していた。しかし、奥上銀の京都代官預諸渡銀による補塡制度が、天皇の代替わりがあった弘化三（一八四六）年に中断されるなど、嘉永期には、その保証・支援の水準が前代（大御所時代）のそれと比べれば、若干下がっていた。大御所時代のとくに良好な朝幕関係が消え、通常の朝幕関係に戻ったのであり、それが実万の「公武之間ヒツタリト参リ難キか」などという認識につながっていたと考えられる。その後、この補塡制度は、種々の手入れが必要になる条約勅許問題の頃には復活しており、この制度は朝幕関係の変遷をじつに如実に表していると言える。

以上のような認識のもと、実万は解決すべき財政関係の問題として、臨時支出の賄い方、公家衆の救済、女房衆の増員などを挙げている。もっとも注目すべきは、公家衆の救済と女房衆の増員問題で、実万は、女房衆にしかるべき人がいないのは、おもに堂上公家衆の「窮乏」が原因であると書き記していた。実万にとって、公家衆の「窮乏」は、風儀の乱れなど、領主階級にとっての、ある意味一般的な問題ではなく、天皇家・朝廷の存続にとくに関わるより個別的で深刻な問題であった。

（1）藤田覚『近世政治史と天皇』（吉川弘文館、一九九九年）・同『天皇の歴史6　江戸時代の天皇』（講談社、二〇一一年）。

（2）近年の先行研究としては、家近良樹『幕末の朝廷』（中央公論社、二〇〇七年）、前掲藤田『天皇の歴史6　江戸時代の天皇』、佐竹朋子「学習院学問所設立の歴史的意義」（『京都女子大学大学院文学研究科研究紀要　史学編』一、二〇〇三年）、同「三条実万の思想形成について」（『京都女子大学大学院文学研究科研究紀要　史学編』四、二〇〇五年）、同「幕末公家社会における三条実万の役割」（『新しい歴史学のために』二六六、二〇〇六年）などが挙げられる。

（3）大塚武松「三条実万」（『中央史壇』一二―九、通巻七九、一九二六年）、羽賀祥二「開国前後における朝幕関係」（『日本史研究』二〇七、一九七九年）、箱石大「安政期朝廷における政務機構の改変」（『国史学』一四五、一九九一年）、仙波ひとみ「幕末における関白―「両役」と天皇」（『日本史研究』四七三、二〇〇二年）、前掲佐竹「幕末公家社会における三条実万の役割」、前掲家近著など。

(4) 実際「難被及沙汰事、毎々有之」であったかは不明だが、要望を断られている事例はしばしば見られる。たとえば、嘉永四年九月五日付京都町奉行・付武家宛所司代達書（「御所々御入用筋書抜」第三之上巻、禁裏御賄御入用等之部）では、能御覧の開催増加を願う朝廷側の要望に対して、幕府は難色を示している。

(5) 前掲藤田『天皇の歴史6　江戸時代の天皇』、二七八頁。

(6) 家近良樹はこの史料を用いて、「「当時、万事御斟酌の御時節」であることを考慮して、朝廷では「有限御沙汰」、つまり御沙汰を幕府にくだすことに限定を設けている」と実万が発言し、「「近来何事も関東遅滞、はなはだ当惑」だと付け加え」ていたと論じている。これを踏まえて、「対外危機の深化と、それに伴う海防費の増大等による幕府の深刻な財政難を朝廷サイドでも「斟酌」して、光格天皇時のように、さまざまな要求を幕府に突きつけるようなことはせず、「御沙汰」をくだすにしても、ごくごく限られた場合とするという方針」を朝廷がとっていたとしている。そのうえで、「仁孝天皇時と孝明天皇治世前半時の朝廷が、光格天皇時の朝廷とは正反対ともいってよい立場」をとっていたと論じ、仁孝天皇・孝明天皇と光格天皇の人物像の違いを強調している（前掲家近著、三七・三八頁）。

しかし、［史料一］をみると、「関東不済来」「関東遅滞」のことを問題にしているのであって、「有限御沙汰」とは、「御沙汰を幕府にくだすことに限定を設けている」という意味ではなく、時間的な限定、すなわち期限があるような「御沙汰」（この場合、内侍所仮殿普請のこと）については、適当な時期までに返答をもらいたいといっていると解釈する方が良いのではないか。つまり、この史料から「「御沙汰」をくだすにしても、ごくごく限られた場合とするという方針」を朝廷がとっていたとするのは無理がある。なお、くわしくは本章で明らかにしていくことになるが、前代と比べて、朝幕関係にいささかの変化があったことは事実である。しかし、それは家近がいうような仁孝天皇・孝明天皇と光格天皇の人物像の違いが原因ではなく、おもに幕府側の事情によるものであった。

(7) 第III部第二章も参照してほしい。なお、天保三年以降のものは、改正された定高制を軸とした枠組み内のものとはかならずしも言えない京都代官預諸渡銀を活用して、制度を機能させている点などが、それ以前のものとは、大きく異なる（同上）。

(8) 前掲藤田『天皇の歴史6　江戸時代の天皇』、二七八頁。

(9) 藤田覚『水野忠邦』（東洋経済新報社、一九九四年）、一九九―二〇一頁。なお、幕府はそれより以前の天保九年江戸城西丸火災の際、西丸再建のための費用一三七万両を大名・旗本らに負担させ、しかも三二万七〇〇〇両の剰余金まで出してしまっていた。そのため、天保十五年の本丸火災の再建費用を負担することについて、大名らから反発があり、幕府が多くを負担せざるをえなかった（同上）。

(10) 復活が宣言されたのは安政五年であるが、実際には、安政四年分から、本制度がふたたび適用されるようになった（前章）。

(11) 前掲藤田『天皇の歴史6　江戸時代の天皇』、三〇一頁、村和明『近世の朝廷制度と朝幕関係』（東京大学出版会、二〇一三年）、五八頁。

(12) 貞享四年度の大嘗祭に関してはさまざまな儀式の省略が行われており、それに対して、当時から批判的な者がいたことが明らかになっている（武部敏夫「貞享度大嘗会の再興について」『書陵部紀要』四、一九五四年、今江廣道「江戸時代の大嘗祭」『国学院雑誌』九一―七、一九〇〇年）。

(13) 『三条実万手録　一』（日本史籍協会叢書、東京大学出版会、一九七二年）、四二四―四四四頁。「旧令告新」の故事については、吉田賢抗『新釈漢文大系一　論語』（明治書院、一九六〇年）、一一五頁を参照した。

(14) 増額要望が出された背景と、幕府による拒絶の経緯は第III部第二章の［史料三］でくわしく検討した。

(15) 奥野高廣『皇室御経済史の研究　後篇』（中央公論社、一九四四年）、四五一頁、日柳彦九郎「徳川時代の記録に現れたる皇室費　（二）」（『山口商学雑誌』五、一九二七年）。

(16) 実際には、そうとは限らず、かならずしも定高の枠組み内のものとはいえない金銀による臨時の支援が間々なされていた（第III部第二章）。なお、この「臨時御用途之事」や後述する「諸臣困窮之事」、女房衆の増員問題に関しては、前掲大塚論文もふれてはいるが、ごくかんたんに内容などを説明しているだけであり、詳細な検討は行っていない（女房衆の増員問題などについては、前掲家近著において考察の対象となっている。くわしくは後述する）。

(17) 第III部第二章・第三章。

(18) 前掲佐竹「幕末公家社会における三条実万の役割」。

(19) たとえば、高埜利彦『近世の朝廷と宗教』（吉川弘文館、二〇一四年）、六六―六八頁。

(20) 前掲家近著、四〇―四六頁。

(21) 前掲家近著、四五・四六頁。

(22) たとえば、松澤克行「公武の交流と上昇願望」(堀新・深谷克己編『〈江戸〉の人と身分3　権威と上昇願望』吉川弘文館、二〇一一年)。
(23) この点は家近も指摘している(前掲家近著、四四頁)。
(24) 天皇の子女は親王家に養子入りすることもあり、その意味でもある程度の人数がいることが望ましかったと考えられる。

第五章　幕末の朝廷財政と朝幕関係

はじめに

本章では、天皇・朝廷の政治的位置が大きく上昇する幕末において、財政面から見た時、朝幕関係にいかなる変化が生じたのかを考察したい。その際、これまでは銀方のみを扱っていたが、米方についても見てみたい。

第一節　安政年間の禁裏財政

くり返し述べているように、朝廷財政に関する研究の蓄積は非常に薄いが、米方に関する研究はとくに少なく、米・銀合わせた朝廷財政の全体像は明らかになっていない。また、幕末において、定高制を軸とした枠組みがいかなる状態にあったかという点も解明すべき課題である。

そこでまずは、「御所々御料高幷御賄御定高其外共覚書」から、安政（一八五四—六〇）年間の禁裏の口向における米・銀合わせた収支の全体像を究明する(1)。

従来この時期に関しては、①安政元年に一〇〇貫目の立替えがあったこと（六七貫目余は三年に返済）、②五年に一二貫目余の余銀が生じたこと、③六年には一八貫目余を口向定高のうちから賄えず、翌年に繰り越しており、「概ね毎年この状態であつた」と思われること、④米方に関しては、元年に三四二四石の取替米があったことなどが指摘されている(2)。

全体的には、定高を超える支出があったことが窺えるが、用いられている史料は、武家伝奏の公用日記などの日記史料であり、財政史料そのものではない。したがって、その内容は簡単なものであり、かつ部分的・断片的である。それゆえ、収支の全体像を描き出せてはおらず、当該期の口向の財政状況がいかなるものであったのか、かならずしも明確にはなっていない。やはり、より具体的な数字を伴った史料を用いて、全体的な財政状況を示す必要があろう。

先述の「御所々御料高幷御賄御定高其外共覚書」は、この点を検討するうえで有用な史料である。第II部第一章などでも用いた史料ではあるが、あらためて、その性格について、簡単にふれておこう。

まず、作成年代は安政五年末頃と推定される。同時期に「御所々御入用筋書抜」など、朝廷財政に関する史料がいくつか残されており、この史料もその一種と考えられる。幕末の政治状況が、朝廷財政に対する関心を高めさせ、幕府役人の手によって、こうした史料が作成されたのだろう。より具体的な作成者は不明といわざるをえないが、この史料の種々の記載（定高制の由来など）が、先行研究やほかの史料と符合する点から、基本的には信頼に足るものといえる。

以上を踏まえて、内容の検討に移ろう。この史料には、安政三・四年における禁裏の口向の収入と四年の米・銀の支出額などが記されている。これによると、禁裏料からの物成には、おもに米納・銀納があり、安政三年は六六〇〇石、四年は八一三一石が米納であった（以下、石未満は四捨五入）。四年の米方の支出は八七四一石であり、その内訳は表1のとおりである。下行米などが二費目合わせて一四一九石（約一六％）、「御内」＝口向役人らへの切米・役料米・扶持方米が二費目合わせて四三八九石（五〇％）などであった。切米・役料米・扶持方米が半分ほどを占め、ほかを引き離して多く、その点では幕府財政のあり方と類似している[3]。

さて、一方で銀納の分は、安政三年が三八五貫五〇七匁余、四年が五六二貫三九二匁余であった。四年が非常に高いが[4]、この年は、約二〇二貫目を引いた三六〇貫一四〇目あまりだけが口向定高の財源となっている。口向定高は七四五貫目であるが、このうち料地からの銀納分は三六〇貫目前後を基準にし、あまりに過剰な分は差し引いたのであろう（口向定高の残りの財源は、おもに京都代官預諸渡銀[5]）。また、四年の銀の支出額は、七四四貫三六〇目余であった。

一方、「御所々御入用筋書抜」第二巻、禁裏・准后御料御取箇納払等之部にも、安政四年十月から五年八月までにおける口向の米方の支出などが記された作成者不明の覚書（賄頭などの口向役人か）が書き留められている。こちらは表2にまとめた。期間が違うためか、表1とやや数字が異なる。米納は八三八二石で、支出は八一九八石、「渡残」（「当時御蔵有高、追々渡方取計候分」）が一八四石であった。支出内訳は表1と類似しており、「御内」の切米・役料米・扶持方米が三八六九石（四七％）、下行米が一二四七石（一五％）などである[6]。

米方も含めた禁裏の口向の収支は、以上のようなものである。切米・役料米・扶持方米の占める割合は半分ほどと、ほかを引き離して多い。こうした点は幕府財政においても類似したところがあり、時期はずれるものの、宝暦改革直前の熊本藩でも同様であった[7]。本書でこれまで見てきたような幕府と禁裏財政の関係を考えれば、禁裏の口向の支出と幕府財政のそれに共通の特徴があるのは当然かもしれないが、熊本藩も同様であったことを考慮に入れると、領主階級の財政構造の共通点が垣間見えるのではないか。また、禁裏料からの全体的な物成は、一万二〇〇〇―三〇〇〇石程度だったが[8]、安政三・四年についていえば、そのうち米納は六六〇〇―八四〇〇石ほどであった[9]。

さて、第II部第一章で、禁裏料からの銀納分と京都代官預諸渡銀が口向定高の主要な財源であり、安政四年においては前者が全体の四八％、後者が四六％だったことを指摘した。

ここで、「御所々御料高幷御賄御定高其外共覚書」の安政三年分を考えると、禁裏料からの物成の内訳は、米納六

表1　安政3・4年の米納・銀納と4年の米方支出内訳

納方	米納（石）	銀納（貫目）
安政3年	6600	386
安政4年	8131	562

渡方（安政4年）	石高	割合（%）
宮様方其外被為進米	520	5.95
臨時被下米	5	0.06
御所々調進物・御規式等御下行米	1343	15.36
臨時御下行米	76	0.87
御祈禱料米	16	0.18
神宮料米	25	0.29
御日供料幷御法事料米	115	1.32
御合力御救米	837	9.58
女中方知行引替米	193	2.21
堂上方・御医・絵師御扶持方米	187	2.14
能勢餅調進料米	15	0.17
釜殿御切符米	6	0.07
御庭掃除小法師江被下米	4	0.05
宮様方御乳人・御乳持等へ被下米	23	0.26
御内中御切米・御役料米	2575	29.46
御内中御扶持方米	1814	20.75
御膳米	68	0.78
御飯米・嘉祥米其外とも	920	10.53
総計	8741	

表2　安政4年の米納と同年10月—5年8月の米方支出内訳

納方	米納（石）
安政4年	8382

渡方	石高	割合（%）
長橋様其外御引替米渡	193	2.35
准后御方其外被為進米・御合力米渡	1229	14.99
般舟院・泉涌寺御日供料・御法事料米渡	175	2.13
上御霊其外御供料・御祈禱料米渡	34	0.41
三方楽人御救米渡	116	1.41
諸御下行米渡	1247	15.21
御内中御切米・御役料・御扶持方米渡	3869	47.19
堂上方其外御扶持方渡	129	1.57
御乳人其外被下米渡	10	0.12
小法師掃除料米渡	4	0.05
釜殿御切府渡	6	0.07
大針房之助御畳代米渡	19	0.24
定引加子車力米・川方御普請人足扶持共渡方取計候分	308	3.76
御除料江御返納米渡方之分	10	0.12
欠米	41	0.5
御膳籾之分	96	1.17
巳年御払餅米	（餅米）1	0.01
去巳十月より当午八月迄月々御用米渡方取計候分	711	8.67
小計	8198	
渡残	184	
総計	8382	

六〇〇石・銀納三八五貫五〇七匁であった。この銀納分はほとんどが口向定高の財源となっており、前述したように、口向定高のおもな財源は、料地からの銀納分と京都代官預諸渡銀、両者の比率は、後者の方がやや低いが、ほぼ一：一に近いものだった。したがって、この年の禁裏の口向のおもな収入は、米納六六〇〇石・銀納三八五貫目ほど・口向定高の京都代官預諸渡銀分（銀納よりやや少額）と推定できる。銀納部分の変動などにより京都代官預諸渡銀の額も多少は変わると考えられるが、いずれにせよ、米納・銀納合わせた禁裏料からの物成が、禁裏の口向にとって最大の収入源であったことが明らかになる。

支出額でいえば、「御所々御料高幷御賄御定高其外共覚書」の米方の分は少々超過している。一方、銀方の分は一見、安政四年の支出七四四貫目は定高の範囲内と評価したくなるが、これは正しくない。七四四貫目は、口向定高銀七四五貫目分の支出を示しているにすぎない。それ以上の支出は別の財源（たとえば後述の朝覲行幸貸付金の利金や翌年の口向定高からの前借りなど）から賄われたため、この史料には記されていないと考える方が妥当である。七四四貫目とは口向定高をぎりぎりまで使い、それ以上の支出はほかの財源を用いたことを示すものと考えられ、七四五貫目を超過した支出があった可能性が高い[10]。

前述したように、定高制を軸にした枠組みは、文政（一八一八―三〇）年間後期以降、その均衡を失っていたが、それはこの時期においても同様であったと考えられる[11]。

以上、米方は少々の超過、銀方も定高の範囲内ではなかなか賄い切れなかったことが確認できる。ただし、安政年間においても、定高制の枠組みそのものは存続していた。均衡は失ってはいたが、制度自体に大きな変化はなかったのである。

第二節　京都代官預諸渡銀や取替米などによる補塡

前節で見たように、安政（一八五四―六〇）年間においては、米方・銀方ともに枠組み内ではなかなか賄い切れていなかった。そうした状況は、この時期以前から同じであった。先に述べた通り、銀方は文政（一八一八―三〇）年間後期以降、均衡を失っていた。また、米方に関してもしばしば不足をきたし、取替米による補塡がなされていたことが、すでに指摘されている[12]。

それでは、こうした不均衡を補っていたものは何であったのか。ひとつは、朝覲行幸手当の一部を元手とした貸付金の利金である（以下、朝覲行幸貸付金の利金と略す）。

これは、幕府が支出を決めた朝覲行幸再興の経費一万両のうち、五〇〇〇両を元手にして天保十二（一八四一）年より始められた貸付金の利金である[13]。弘化五―安政四（一八四八―五七）年に武家伝奏を勤めた三条実万は、この利金が定高などでは賄いきれない臨時の支出に対して、「毎々朝覲行幸御手当利金御遣方ニ相成申候」というほど恒常的に用いられていたと書き残している[14]。

つぎの史料（武家伝奏坊城俊克の公用日記「公武御用雑誌」安政六年七月十二日条、国立公文書館所蔵）は、そうした事例のひとつである。「異病流行」につき、七社七ヶ寺へ祈禱を命じることになり、初穂料を取り調べたところ、昨年は銀五枚ずつを奥から出していた。そこで、今回も同様で構わないかと武家伝奏が奥に伺っている。

［史料二］（「公武御用雑誌」安政六年七月十二日条）

一、此比異病流行候ニ付、七社七ヶ寺御祈被　仰出度　思食候哉、昨年被　仰出候振合取調可取計殿下被命候由、同役被語（中略）如昨年御初穂も可被出被　仰出候ニ付、御初穂出方取調候処、銀五枚ツヽ、御内儀被出候、今度之処、可為同様哉、同役以越後被伺之処、今度御内儀御入用多、御差支候間、外出方宜取計以大御乳被申出候ニ付、朝覲行幸御用銀之御利銀ヲ以御遣方ニ相成、御差支無之哉、賄頭両人面会内談候処、御差支無之存候（後略）

武家伝奏からの伺いに対して、奥が支出の多さを理由に難色を示し、結局、初穂料は朝覲行幸貸付金の利金から出されている。

このように、朝覲行幸貸付金の利金はさまざまな局面で活用されていたが、米に関しては取替米、銀についてはこれまで本書で指摘してきたように、京都代官預諸渡銀も多用されていた。

まず京都代官預諸渡銀についていえば、①臨時の費用に充てられる（たとえば、有栖川宮韶仁親王へ嫁ぐことになった嘉宮（閑院宮美仁親王女）の支度料五〇〇両（文政二（一八一九）年））、②奥上銀を確保するための制度の財源として用いられる、③貸付金の原資として運用されるなど、多くの局面で活用されていた。⑮

さらに、つぎのような事例も挙げられる。この［史料二］は、これまでたびたび用いてきた「御所御賄向其外凡取調書」と題された入用取調役渡辺啓之助らの慶応三年三月付報告書の一部である。

［史料二］（『吹塵録　下』原書房、一九六八年、四一九頁）

追々御用途多相成候に付、為御増補銀百貫目つゝ年々足被進候旨文久三亥年御達有之、右目当を以御取賄之積、安永度本途直段を以御勘定仕候儀之処、追々諸色高直相成、御出入諸売人共割増之儀相願、呉服以下諸色野菜等迄夫々割増被下候内、魚類之義は割増にては始終悉精魚のみ調進之程も無覚束候に付、御膳御間之分は市中直段一割引にて調進之積被仰渡（中略）都て割増之分は御定高外別段諸渡銀より御出方相成（後略）

口向定高は、文久三（一八六三）年に一〇〇貫目増額された。⑯御所で必要な通常の物品は、基本的には安永（一七七二—八一）年間に定められた値段で購入されていたが（「安永度本途直段」）、物価高騰により割増しがあり、その分の支出は定高とは別に京都代官預諸渡銀のうちから賄われていた⒄。

つまり、物価高騰のなかで、より経費がかかるようになった禁裏の物品購入に関する支出を補っていたのは、「御定高外」の京都代官預諸渡銀であったのである。

この京都代官預諸渡銀の性格については第II部第一章などでもふれたが、重要な点であるので、もうすこしくわしく見ていこう。幕府財政史料には、「禁裏（裡）幷御所向其外諸方御入用」「小堀某渡」などの記述が見られる。たとえば、「天保十四卯年金銀納払御勘定帳」では、「禁裡幷御所向其外諸方御入用」「金弐千三百両・銀千四百八拾貫目」が「小堀勝太郎渡」となっている⒅。

こうした記述は京都代官独特のものである。このとくに京都代官に渡されていた金銀こそが、京都代官預諸渡銀と考えられる。口向定高は七四五貫目、そのうち京都代官預諸渡銀が占める分は安政四年でいえば三四〇貫目ほどであったが⒆、天保十四年の金二三〇〇両・銀一四八〇貫目は、この口向定高の京都代官預諸渡銀分、あるいは定高そのものをも大きく超える規模である。「禁裡幷御所向其外」とあるように、ほかの御所における定高の京都代官預諸渡銀分やもろもろの臨時の支出関係も含めた、よりひろい朝廷関係の支出やそのほかのものなどに対応した金銀と考えられるが、それらを合わせると、この規模になったのである。

定高は御所ごとに設けられていたので、この京都代官預諸渡銀の額も御所の数などによって多少の変動はあったと思われるが⒇、いずれにせよ、定高などの背景には、それらから想定される規模以上の保証や支援のための裏付けが用意されていたことが明らかになる。

以上のように、銀方については、朝覲行幸貸付金の利金や、定高の財源でもあった京都代官預諸渡銀が多用されていたが、米方はどうであったのか。前述した通り、安政四年の段階で支出超過であった。こうした状況は、当該期に限ったものではなかった。それ以前から不足をきたし、しばしば取替米が出され、その負債は文政二年には一万石余にも達していたことなどが指摘されている[21]。

この点に関しては、文政七年五月二十一日付で禁裏財政に深い関わり合いを持つ京都町奉行・禁裏付らから所司代に差し出された「御所々御賄御入用之儀ニ付申上候書付」に、

[史料三]（「御所々御入用筋書抜」第三之上巻、禁裏御賄御入用等之部）

（前略）禁裏御蔵米も御不足相立、近来別而二条御蔵幷御除料より御取替ニ相成、尤少々宛御戻入は有之候得共、永年賦同様ニ而、当時御返納残八千八百八拾九石余有之、其上去未年は御料旱損有之、当申年三千石御取替相成（後略）

との記述がある。禁裏料からの米納分だけでは足らず、二条蔵および除料[22]から取替米が出されていたが、八八八九石あまりの負債があった。取替米であった以上、本来は返済が要されたが、「永年賦同様」つまり返済の見込みがまったく立たず、ほぼ進上米と変わらなかった。そのうえ、昨年は旱損であったため、当年はさらに三〇〇〇石の取替米が出されたとしている。

奥野が明らかにしているように、取替米の負債は、文政二年の時点では一万石あまりであった（前述）。それから数年後のこの時点でも、さほど変わりがなく、返済の見込みもなく、進上米同然であったことがわかる。

第三節　文久三年頃の変化

さて、この京都代官預諸渡銀と取替米の高だが、幕末に変化する。これまで見てきたようなあり様に変化が生じるのである。当該期には、幕府からさまざまな金銭的手入れが行われていたことが知られているが（詳細は後述）、そのような状況が京都代官預諸渡銀と取替米にどのように反映されていたのか、時期による差異も含めて見ていきたい。

まずは取替米に関して、前述の入用取調役渡辺啓之助らの慶応三年三月「御所御賄向其外凡取調書」を検討する。

[史料四]（前掲『吹塵録　下』、四二〇頁）

（前略）禁裏御収納米御不足之分其外御取替之義、平均一ヶ年千弐百四拾石余を目当に被成置、全御不足之分、以来年々二条御蔵より被足進相成候方可然哉、右之通被成進候はゝ、是迄年々御取替御返納可相成弐万七千六百八拾石余、去寅年迄に御取替弐万九千四百石余、御除料より御取替之分千八百八拾石余、被進切之積被仰出候方可然之趣、御取締掛評議仕、同年四月申上（後略）

取替米の負債が二万七六八〇石、除料からの取替米が一八八〇石ほどあったが、今後はそれらを帳消しにしたうえで、年一二四〇石を基準にし、なお不足した場合は二条蔵から進上するようにすべきと御所向取締掛が慶応二年に上申している。

前述したように、取替米の負債は、文政二年の段階では一万石ほど、七年では八八八九石余（＋三〇〇〇石）であったが、この時期には三万石弱まで膨れあがっていたことが明らかになる。幕末に取替米が急増したことが窺われよう。

つぎに、京都代官預諸渡銀について検討しよう。飯島千秋は、京都代官に渡されていた「禁裏幷御所向其外諸方御入用」が弘化元(一八四四)年と文久元(一八六一)年を比べると（文久元年は「禁裏幷御所向其外諸方臨時御入用」も含める）、五・四倍（二万三七〇〇両→十二万両）、三年と比べると一七・四倍（二八万両）になっているとし、「朝幕関係修復」を目指す幕府の意向が反映されていると論じている[24]。

この「禁裏幷御所向其外諸方御入用」が京都代官預諸渡銀であることは前述したが、五・四倍といった数字は、万延の貨幣改鋳などによる物価の大幅な高騰を考慮していないものである[25]。実質的にはどうであったか、検討する必要がある。

まず、『江戸幕府財政史料集成』から、近世後期以降の京都代官渡の「禁裏幷御所向其外諸方御入用」つまり京都代官預諸渡銀を抜き出すと、次のようになる。[26]①天保十四（一八四三）年は「金弐千三百両・銀千四百八拾貫目」、弘化元年は「金弐千弐百両・銀千弐百九拾貫目」とほぼ同額。②文久元年は「金千九百両・銀千五百貫目」だが、別口（「右（別口）渡方」）の「禁裏幷御所向其外諸方臨時御入用」が「金五万千五百両・銀弐千五百貫目」。③文久三年は「金六百両・銀八千三百貫目」、別口（「右（別口）払方」）の「禁裏幷御所向其外諸方臨時御入用」が「金拾三万両・銀千百貫目」[27]。④元治元（一八六四）年は「金八万五千両・銀四千五百貫目」。

安政四（一八五七）年においては、定高そのものは従来通りの枠組みが存続していた（前述）。また、京都代官預諸渡銀の通常分（「禁裏幷御所向其外諸方御入用」）も、天保十四年と文久元年の額面にほぼ変化はない。近世後期（定高制改正後）では、この額が基本線であったのだろう。一方、三年になると、この分も跳ねあがっている。

条約勅許問題の際に、公家衆が買収されることを孝明天皇が心配し、安政六年には十八世紀以降にはほぼ見られなかった公家衆に対する加増がまとまって行われるなど[28]、幕末には幕府による種々の金銭的な手入れがあった。しかし、京都代官預諸渡銀の通常分だけを見れば、天保十四年や弘化元年と文久元年にほとんど変化はみられない（物価高騰を考えれば、実質的には減少しているとすらいえる）。

むろん文久元年には臨時分（「禁裏幷御所向其外諸方臨時御入用」）があるため、総額では天保十四・弘化元年より増大している。大坂での相場でいえば[29]、弘化元年は銀換算で総計一四三二貫目（金一両＝銀六四・五一匁で換算）、文久元年は通常分一六三八貫目、臨時分を合わせると七八七四貫目となる（金一両＝銀七二・五四匁で換算）。五・五倍と飯島の指摘通りに見えるが、物価高騰を考慮に入れる必要がある。

大坂米市場にもっとも多くの米を供給していたと考えられる筑前米を基準にすると[30]、弘化元年の一四三二貫目は一万九一四四石、文久元年の七八七四貫目は六万六一石となり（通常分だけでいうと一万二四九四石[31]）、三・一倍になっている。五・四倍という飯島の指摘ほどの増加ではないものの、たしかに朝幕関係の修復・強化を図ろうとする幕府の姿勢が確認できる。しかし、それはこの時点では、あくまで「臨時」というかたちを取ったのである。

一方で三年は、通常分そのものが金六〇〇両・銀八三〇〇貫目と増大している。こちらも物価の問題があるので、額面ほどの変化は実質的にはないが[32]、前述した通り通常分は文久元年においても、天保十四年や弘化元年とほぼ同じ額面であった。文久元年の時点で変化していなかった通常分が、額面においても実質面でも、三年では大幅に増加していることには、朝廷との関係をより深くより恒常的に強化しようという幕府の狙いが表れているのではないか。

先に述べたように、幕末には種々の金銭面を伴った手入れが朝廷に対して行われた。朝廷との関係を修復・強化しようとする幕府の姿勢が見られるわけだが、一方で、定高制や京都代官預諸渡銀の通常分そのものは、文久元年頃の時点ではほとんど変化していなかった。

これらが変化したのが、文久三年頃と考えられる。この年に口向定高が一〇〇貫目増額となり、米一五万俵の増献もなされる[33]。これまで見てきたように、京都代官預諸渡銀も二年は不明だが、三年には通常分が大幅に増大していた。口向定高銀七四五貫目、京都代官預諸渡銀の通常分「金弐千三百両・銀千四百八拾貫目」程度という近世後期以降の基本的なあり様は、文久元年においても変わっていなかったが、三年の時点では変化していたのである。

箱石大によれば、勅使下向により徳川「慶喜が将軍後見職に、松平慶永が政事総裁職に就任」し、「文久幕政改革が本格的に展開された文久二(一八六二)年後半から翌三年前半までをピークとして」、種々の朝幕間の制度・儀礼に変更が加えられるなど、「様々な朝廷尊奉政策が実施され」た。文久三年の将軍上洛なども含めて、当時の幕府にとって「大政委任の制度化と朝廷尊奉策の充実」が大きな課題のひとつであった[34]。

本章で見てきたような財政面の変化も、この流れに沿ったものと考えられる。近世後期(定高制改正以降)の基本的なあり様が大きく変わるのが、この時期であり、財政面から見た朝幕関係の画期のひとつであったといえる。

おわりに

本章で明らかにした点を整理しよう。

まず、米方も含めた禁裏の口向における収支の全体像を、安政(一八五四―六〇)年間を対象に見た。安政三年の口向の収入は、米納六六〇〇石・銀納三八五貫目ほど・口向定高の京都代官預諸渡銀分(銀納よりやや少額)と考えられ、最大の収入源は料地からの物成であった。また、支出の内訳を見ると、切米・役料米・扶持方米の割合という点で、幕府財政や宝暦改革直前の熊本藩の藩財政と似たところがあり、領主階級の財政構造の一端が垣間見えた。

支出状況でいえば、米方・銀方ともに、なかなか枠組み内では賄い切れていなかったことが確認できたが、それは安政年間以前においても同様であった。銀方は、文政(一八一八―三〇)年間後期頃から、均衡を失っていた。米方も、文政二年には一万石あまりの取替米の負債があったことがすでに指摘されており、それは同七年においてもほぼ同じであった。そのような状況であったため、在京幕府役人も取替米を「永年賦」同様と表現した。

この不均衡を補っていたものは、朝覲行幸貸付金の利金、京都代官預諸渡銀、取替米であったが、このうち京都代官預諸渡銀は口向定高の主要な財源のひとつでもあった。禁裏だけではなく、ほかの御所における定高の財源や臨時の支出に充てられていた分なども含めたものではあるが、天保十四(一八四三)年の京都代官預諸渡銀全体の額は、金二三〇〇両・銀一四八〇貫目というものだった。いくらかの変動はあろうが、これが近世後期(定高制改正以降)の基本的な線であったと考えられる。口向定高の京都代官預諸渡銀分、あるいは定高そのものをもはるかに超えた額が、朝廷関係などの支出のために用意されていたのである。

さて、幕末になると、この京都代官預諸渡銀・取替米の額に変化があった。安政年間においては、種々の個別の金銭的手入れは行われてはいたが、定高制を軸とした枠組み自体は、均衡を失い、かならずしも枠組み内のものとはいえない金銀などによって補われながらも、存続していた。京都代官預諸渡銀の通常分を見ても、文久元(一八六一)年と天保十四年はほぼ同額であった。臨時分を合わせた総額でいえば、文久元年の方が高額であり、たしかに、朝幕関係の修復・強化を図ろうとする幕府の姿勢は確認できるが、それはこの時点では、あくまで臨時というかたちをとった。

一方、文久三年においては、通常分も大幅に増大していた。口向定高の一〇〇貫目増額などとあわせて、保証や支援のあり様が従来のものから大きく変化した。将軍上洛や種々の「朝廷尊奉策」を背景として、天皇・朝廷との関係をより深くより恒常的に強化しようとする幕府の姿勢が見てとれる。文久三年頃に、財政面から見た朝幕関係のひとつの大きな画期が存在したといえよう。

(1)　なお、奥に関しては史料がほとんどなく、検討できない。
(2)　奥野高廣『皇室御経済史の研究　後篇』(中央公論社、一九四四年)、四六六、四六七、四七五頁。
(3)　絵師らへの扶持方米(二%)などもある。幕府財政に関しては、藤田覚「元禄期幕府財政の新史料」(『史学雑誌』九〇―一〇、一九八一年)が紹介している「御蔵入物高並御物成元払積書」(史料編纂所所蔵)によると、元禄七(一六九四)年から十ヶ年以前の数年間の平均的な歳出額(米方のみ)でいえば、切米・役料米が四五%を占めた(五・六年は四七%。これに扶持方米をあわせた割合は不明)。また、享保十五(一七三〇)年における米方支出の五二%を切米・役料米・扶持方米などが占めた(飯島千秋「幕府財政と公金貸付政策」『歴史と地理　日本史の研究』二五一、二〇一五年)。さらに、文久元(一八六一)年でいえば、切米・役料米で、別口も含めた全米方歳出の四三%、定扶持方などを足すと、六〇―七五%ほどを占めた(同『江戸幕府財政の研究』吉川弘文館、二〇〇四年、七二頁)。なお、当然の事だが、表1の支出の中には、幕府から知行などを与えられていた公家衆の分は入っていない。
(4)　米価の問題などが原因と考えられるが、詳細は不明。

(5)　第II部第一章。
(6)　なお、前述した、朝廷財政の監査を職務としたという入用取調役渡辺啓之助らの慶応三年三月付の報告書「御所御賄向其外凡取調書」によると、慶応元・二年の禁裏料からの物成は平均一万二三三二石であり、うち平均七六四六石が米納であった(勝海舟『吹塵録　下』原書房、一九六八年、四二七頁)。また、「御所々御入用筋書抜」第二巻、伊奈遠江守殿御在勤中取調御手元迄差出候御所々御料御取箇御定高等之部の作成者不明覚書によると、弘化二(一八四五)年の全体的な物成は一万三六九五石、そのうち米納は八三五七石であった。いずれも、安政三・四年とさほど変わらない。
(7)　立木貴文「熊本藩宝暦の改革に関する一考察」(『熊本史学』七〇・七一合併号、一九九五年)。
(8)　前註(6)、前掲奥野著、三五七―三五八頁。
(9)　米納については「八千石乃至八千七百石」との推定があるが(前掲奥野著、四七三頁)、もう少し幅を持たせてよい。
(10)　なお、前借りの一例としては、前掲奥野著、四六五・四六六頁、第III部第三章。
(11)　そもそも口向定高はある程度残銀を作り、それを分配して奥上銀などに充てることを原則としており(第II部第一章、第III部第二章など)、収支に余裕を持たせるのが前提であった。七四四貫目という数字は、その意味でも枠組みが均衡を失っていたことを示す。
(12)　前掲奥野著、四七四・四七五頁など。
(13)　仁孝天皇の光格上皇への朝覲行幸は、上皇病没のため実施されなかったが、幕府負担の経費一万両は朝廷に渡された(藤田覚「天保期の朝廷と幕府」『近世政治史と天皇』吉川弘文館、一九九九年)。このうち半分が元手となり、上記貸付金が始められた(第II部第一章)。
(14)　『三条実万手録　一』(東京大学出版会、一九七二年)、四三七頁。
(15)　第III部第二章。
(16)　前掲奥野著、三六〇頁。
(17)　この史料からは、魚類の一部については、別段の措置が取られていたこともわかる。本途直段などに関しては第I部第四章を参照してほしい。
(18)　大野瑞男編『江戸幕府財政史料集成　下巻』(吉川弘文館、二〇〇八年)、一七頁。
(19)　第II部第一章。

(20)　天保十四年は、女院は健在だが、上皇は不在であった。上皇も健在だった場合は、より高額であった可能性がある。なお、各御所に定高が取り決められていたことについては、前掲奥野著、五七八頁、日柳彦九郎「徳川時代の記録に現れたる皇室費　(三)」(『山口商学雑誌』六、一九二七年)。

(21)　前掲奥野著、四七四・四七五頁。

(22)　上皇らの没後、幕府によって収公され、京都代官の管理下に置かれた料地のこと(前掲奥野著、五三六・五三七頁)。

(23)　なお、「去寅年迄に御取替弐万九千四石余」とは、慶応二年までに貸与された取替米が二万九〇〇四石との意味であり、二万七六八〇石との差額一三二四石は、貸与はされたが、返納期限には至っていない分かと思われる。

(24)　前掲飯島著、七九頁。なお、五・四倍は約五・一倍、一七・四倍は約一一・八倍の間違いではないかと思われる。

(25)　なお、飯島は総計を出す際、典拠史料中の金一両＝銀六〇匁を用いているが、これは幕府がそのように計算しているだけであって、実際には金・銀で渡されていた。総計で一二万両・一八万両などと考えるのは、やや問題があろう。

(26)　前掲『江戸幕府財政史料集成』。順に下巻、一七頁、三三頁、上巻、一三七・一四二頁、三五九・三六五頁、三四二頁。

(27)　京都代官渡ではないが、別に「被進米石代渡」「禁裏江」として金四万一六一九両二分・銀三三二九貫五六〇目もある(前掲『江戸幕府財政史料集成　下巻』、三六五頁)。

(28)　藤田覚『天皇の歴史6　江戸時代の天皇』(講談社、二〇一一年)、三〇一頁、村和明『近世の朝廷制度と朝幕関係』(東京大学出版会、二〇一三年)、五八頁。

(29)　三井家編纂室『大阪金銀米銭幷為替日々相場表』(一九一六年)。日単位で記録があり、相場や物価を考える際、非常に有用である。後述の筑前米についてもこれを用いた。

(30)　大坂米市場において、筑前米は最大の供給源であり、その占有率はすくなくとも弘化(一八四四―四八)年間までは二〇%を超えていた(高槻泰郎『近世米市場の形成と展開』名古屋大学出版会、二〇一二年、一〇五頁)。そこで、筑前米を当時の物価を代表するものとして参照することにした。

(31)　弘化元年は一石＝七四・八匁、文久元年は一三一・一匁で計算した。いずれも変動する数値の平均値をとったものだが、幕末は変動幅が大きいことには、留意が必要である。

(32)　先と同様、平均値をとると、通常分は総計八三五〇貫目(金一両＝銀八三・六四匁で換算)、筑前米一石＝一六四・一匁計算で五万八八四石となり、弘化元年の二・七倍となる。臨時分一万一九七三貫目を合わせると、一万三二三貫目、筑前米にして一二万三八四五石で、六・五倍となる。

(33) 前掲奥野著、三六〇頁、奥田晴樹「幕末の禁裏御料と山城一国増献問題」(『立正大学文学部論叢』一三四、二〇一二年)。口向定高増額によって、定高に充てられる京都代官預諸渡銀も増大するのは当然だが、先に見た文久元年から三年の京都代官預諸渡銀の大幅な増大は、この定高増額だけでは説明できない規模である。朝廷関係の支出の枠組みを全体的に広げた結果と考えるべきであろう。

(34) 「公武合体による朝幕関係の再編」(山本博文編『新しい近世史1』新人物往来社、一九九六年)、三五九—三六二頁。

終章　財政面から見た近世中期――後期の朝幕関係と幕末への展望

一　近世後期までの禁裏財政

本書では、近世中期から幕末にかけての天皇・朝廷に対する財政保証や支援のあり様（方式・額など）とその変遷を、従来はほとんど検討されてこなかった幕政との関係や在京幕府役人が果たした役割と絡めながら、具体的に明らかにすることをひとつの課題としてきた。まずは、本書の冒頭「序章」で述べた先行研究の成果と各章で究明してきた点を踏まえて、御所の代表格である禁裏の財政がいかなるものであったのかを近世後期まで、とくに明和―天保（一七六四―一八四四）期を中心に、まとめてみよう。

当初、禁裏のおもな収入は、料地からの物成などと諸所からの献上金品であったが、徐々に不足するようになった。そのため、享保（一七一六―三六）年間後半頃から幕府は、「御取替金」と呼ばれる無利子の貸付けを禁裏に対して恒常的に行い、不足を補った。なぜ享保年間後半かといえば、その背景には享保の改革による幕府財政の回復があったと考えられる。幕府財政に多少の余裕が生まれてはじめて、取替金の恒常化が可能になったのであろう（第Ⅰ部第二章）。

さて、この取替金は貸付金であり、本来返済を必要とするものであったが、恩恵的なものであったため、実際には返済はほとんど行われず、負債は嵩む一方であった。貸付金ではあるが、実質的には収入といってもよいものであり、当該期の禁裏には、料地からの物成など・諸所からの献上金品・取替金という三つのおもな収入源があった。しかし、取替金が幕府財政の多少の余裕によって可能になっている以上、幕府財政が悪化すれば、その多用が問題視されるようになるのは当然のことであった。

具体的にいえば、幕政全般における経費削減と拝借金の制限を命じた倹約令が幕府から出された明和八(一七七一)年がひとつの契機であった。この年を境に、禁裏財政に対する勘定所の監督がより強まるようになり、取替金にも徐々に制限が加えられるようになった。享保年間後半以来の枠組みの再整備が始まったといえるが、これが加速したのが、安永二・三(一七七三・七四)年の口向役人不正事件であった。この事件は、付武家による口向の統括不全の改善と冗費削減を目的として、口向役人の不正を幕府が摘発したもので、勘定所のつよい影響力のもとで進展した。この事件をきっかけとして、口向の実務上級職、具体的には賄頭と、勘使の半数ほどに勘定所系列の幕臣が送り込まれるようになるなど、禁裏財政に対する勘定所の監督がよりいっそう強化された(第Ⅰ部第一章・第二章・第三章・第四章)。

また、当該期には、幕府ではすでに導入されていた財政に関する諸制度・諸規定が、適宜変更が加えられたうえで、朝廷にも導入されるようになった。その典型が定高制である(第Ⅰ部第二章・第三章・第Ⅲ部第一章)。この制度は、役所別予算制度として、幕府の各役所ではすでにひろく導入されていたが[1]、上述の流れの中で、朝廷の各御所にも導入されることになった。その狙いは、取替金の制限ひいては年間支出の抑制にあり、御所ごとに異なった額の定高が取り決められた。禁裏についていえば、口向定高銀七四五貫目(料地からの物成などと取替金)、奥定高金八〇〇両というものであり、以後、各御所においては年間の支出をこの定高(および諸所からの献上金品など)の範囲内に収めることが求められるようになった[2]。

しかし、実際には、支出が定高を上回ることがしばしばあり、その補塡のために定高外の取替金が出された。そのため、寛政三(一七九一)年分から、改正された定高制が禁裏に対して適用されることになった。その内容は、享保年間以来累積している取替金の負債を帳消しにしたうえで、以後、定高の取替金分は貸付けではなく、すべて無償で渡す(銀七四五貫目、金八〇〇両をかならず提供する)、その代わりに、定高以上の金銀を臨時に渡すことは原則しないというものであった。

さらに、同時期には、定高制を支える備銀や荒年手当銀(口向定高の余りである余銀の一部を年々貯え、予備費とした)などの諸制度の創設、人件費に関するものを中心とした諸規定の作成・改正なども行われた。すなわち、改正された定高制を軸にしたあらたな枠組みが設けられ、その範囲内でのやりくりが求められるようになった。明和八年を境に始まった枠組みの再整備が完了したといえる(第Ⅰ部第二章・第三章・第Ⅲ部第一章)。

当初、この枠組みはうまく機能し、口向の支出は定高内に余裕を持って収まった。その結果、余銀も多くでき、予備費である備銀などにも多額の貯えが生じた。しかし、光格天皇の諸活動(寺社への祈禱料増加など)や吉凶事多発、光格天皇譲位・仁孝天皇受禅など、そして何より貨幣改鋳による物価高騰によって、支出が急増した。そのため、文政(一八一八―三〇)年間後期には、余銀の額も少なくなり、荒年手当銀の貯えも極少、備銀のそれも天保元(一八三〇)年には二〇貫目未満になった。つまり、文政年間後期頃には、定高制を軸にした枠組みは、その均衡を失うようになった。これに対して幕府は、この枠組み内でのやりくりに固執はせず、かならずしも枠組み内のものとはいえない金銀(京都代官預諸渡銀など)をも用いることによって、一定水準の財政保証や支援を行いつづけた(第Ⅲ部第一章・第二章・第三章)。

このほかにも『旧事諮問録』所収の勘定組頭・吟味役などを勤めた鈴木重嶺からの聞き取りによると、いわゆる大御所時代には、禁裏で不足があると内々で禁裏付がその旨を将軍に伝え、将軍の方でその要望に応えていたという。[3]

①当時のとくに良好な朝幕関係、[4]②文政年間には貨幣改鋳による幕府の収益増加により、幕府から禁裏に対して行わ

れた「別段」の進上が手厚くなっていたという事実（第III部第三章）などを考慮に入れると、充分にありえた話である。時期によっては、こうしたごく内々の支援も存在したのであろう。また、支出の面からいっても、大嘗祭や御所の造営など重要かつ大規模な案件に関しては、幕府が定高とは別に負担することになっていた。

近世後期までの禁裏財政のあり様は以上のようなものであった。序章でも述べたとおり、他御所の財政のあり様は、代表格である禁裏のそれに基本的には倣っていた⑤。したがって、これまで述べてきたような禁裏財政のあり様は、おおまかなところではほかの御所においても同様であったと考えられる。その意味でいえば、朝廷財政全体のあり様を示しているといってもよいであろう（朝廷財政全体といった場合、本来は、公家衆の家計なども含めて考えるべきだが、これらの点に関しては別稿を期したい）。

よく知られているように、応仁の乱、戦国時代を経て、天皇・朝廷は多くの財政基盤を失ったが、その後、豊臣秀吉らにより、あらたな基盤が整えられた。江戸幕府も同じように基盤を整備し、ときに拡充もした。幕府は、基本的には朝廷とくに天皇らが「不自由」しないよう、状況にあわせてそのかたちを変化させながら（取替金、定高制、京都代官預諸渡銀など）、つねに一定水準の保証・支援を行いつづけた。

こうした財政保証・支援を機能させるための仕組みも段々と整えられていったが、それらを支えたのは京都代官ら在京幕府役人であった。禁裏料は京都代官の管理であり、取替金の財源は京都代官取扱いの貸付金の利金や京都代官預諸渡銀などであった。さらに、定高のそれも京都代官管理の禁裏料の物成や京都代官預諸渡銀などであった。つまり、財源を確保する役割は、おもに京都代官によって担われていた。また、口向を統括したのは幕臣である禁裏付であり、安永二・三年の口向役人不正事件以後は、口向の実務上級職に勘定所系列の幕臣が多く入り込むようになった（第I部第二章・第三章・第II部第一章・第二章）。

周知のとおり、江戸時代の天皇・朝廷は、（実質的なものではなく、きわめて形式的なものだが）たとえば徳川宗家の当主を征夷大将軍に任ずるなど、ほかの者にはできない固有の役割を担っていた。それがゆえに、幕府は天皇・朝廷に一定水準の財政保証や支援を行いつづけた。諸大名・諸寺社からの献上金品などもあったが、全体でいえば、この幕府からの保証や支援こそが、天皇・朝廷の主要な収入源であったと考えられる。つまり、幕府の存在なしに、天皇・朝廷は存立することができなかったのであり、両者は財政という根底のところでふかく結びついていた。

本書で考察してきた近世後期までの朝廷財政の動向・特徴は以上のようなものであるが、なおいくつかとくに強調しておきたいことがある。まず、すこし長くなるが、一点目について述べよう。

江戸時代の天皇・朝廷には料地があった。よく知られているように、その料地は幕府が設定したものであり、管理も初期の一時期を除いて、京都代官が行っていた[6]。周知のとおり、幕府や藩の場合、財政が苦しくなると、商人から資金を調達するなどして財政を補っていたわけであるが[7]、天皇・朝廷の場合、それらは許されていなかった。幕府との交渉の中で、あらたな支援を引き出すほか手段がなかった。

一方で、とくに十八世紀以降の幕府にとって、財政問題は幕政の中心的な課題であった。幕府の政策が財政問題に規定されることも間々あった[8]。そのような財政的な制約がある中で、いかに天皇・朝廷の要望に対応するかが、天皇・朝廷との関係における幕府の大きな課題となった。

本書で見てきたように、その中で幕府は、一定水準の保証や支援をつねに行うべく、適宜そのかたちを変化させながら、種々の工夫を凝らしていたわけであるが、全体的にいえば、そのあり様は幕府の財政状況につよく規定されていた。たとえば、享保(一七一六—三六)年間後半における取替金の恒常化の背景には、享保の改革による幕府財政回復があったと考えられ、明和八(一七七一)年以降の勘定所による監督強化も倹約令を受けてのものだった。また、その利金が定高の財源や臨時支出など、種々のものに充てられていた京都町奉行・京都代官取扱いの貸付金にしても、近世中期以降、幕政全般において広がりを見せていた公金貸付政策[9]が背景にあったと考えられる。天皇・朝廷に対して一定水準の保証や支援は行うが、あくまでそれは幕府財政の状況が許す範囲内に留めるというのが幕府の基本的な姿勢であったといえる。

その際、とくに口向役人不正事件や定高制改正の時などに注意が払われたのが、天皇家の当主とその周辺への重点的な配慮であった。財政的な制約がある中で、幕府にとって、天皇や上皇らがあまりに「不自由」しないよう重点的に配慮することが、保証や支援の最低限の基準になっていった。

以上が一点目である。二点目は、明和八年を境に朝廷財政の幕府財政一部局化が進行したことである。とくに、安永二・三年の口向役人不正事件は重要であった。口向は、近世朝廷特有のものであり、各御所の勘定方ともいうべき部署であった。すくなくとも天明六（一七八六）年の段階では、従来はほとんどブラックボックスのように評価されてきた奥の財政運営にさえも一定程度関与しており、御所全体の金・物の流れを捉えられる朝廷財政の要であった。口向役人不正事件は、その口向に多くの勘定所系列の幕臣が入り込む契機となった。天皇・朝廷の自律化志向が見られる一方で[10]、財政面から考えれば、天皇・朝廷に対する幕府の、より具体的にいえば、老中や勘定所など「江戸」（「関東表」）の関与がより深まっていった（それは同時に、たとえば取替金に対する所司代の権限など、保証や支援に関する在京幕府役人の権限を縮小させるものでもあった）。財政という根底のところでは、天皇・朝廷は幕府の一部に取り込まれていったと捉えられる。

三点目は、幕府が設けた枠組みについてである。幕府は種々の枠組みを作り、その中でのやりくりを天皇・朝廷に求めたが、あくまで求めるだけであった。たとえば、寛政年間以降は、改正された定高制を軸にした枠組みを設け、その中でのやりくりを求めながら、文政年間後期にその枠組みが均衡を失うと、京都町奉行・代官取扱いの貸付金や京都代官預諸渡銀などを活用して、不足を補おうとし、京都代官預諸渡銀による奥上銀補塡制度を新設した。幕府は枠組みの遵守は求めたが、それを強制するようなことはしなかった（できなかった）。設けた枠組みがうまく機能しなくなると、その時の幕府財政の許す範囲内で、何らかの対応をとった。その意味では、枠組みは、ある種の努力目標のようなものであったともいえる。

朝廷財政の幕府財政一部局化が進行し、財政という面では、天皇・朝廷が幕府に取り込まれるかたちで一体化していく。一方で、定高の増額など根幹を揺るがすような朝廷からの要望は、むろん認めないが、無理な財政削減なども基本的には行わない。すなわち、財政という根柢のところでは、一体化が進行しつつも、あくまで別個の存在として、なるべく強引な関与は避ける。こうした点に、財政面から見た江戸時代における朝幕関係の特徴のひとつが表れているのではないだろうか。

二　幕末への展望

こうした変遷を経て、天皇・朝廷は幕末を迎える。弘化・嘉永(一八四四—五四)期(ペリー来航前)の朝幕関係は、それまでの大御所時代のとくに良好なそれとは、やや様相を異にするものであった。それを表しているのが、京都代官預諸渡銀による奥上銀補塡制度の変遷である。弘化元年頃の連続した江戸大火のため、幕府財政は余裕を失い(とくに天保十五(一八四四)年の江戸城本丸火災は、幕府にとって、大きな負担となった)[11]、その結果、この奥上銀補塡制度は、天皇の代替わりである弘化三年に中断となり、それから一〇年以上復活しなかった。三条実万が「当時公武往来之儀、齟齬之儀無之哉」(史料編纂所所蔵「三条実万公記」嘉永二(一八四九)年四月二十八日条)・「予所示、公武之間ヒツタリト参リ難キか之儀」(同五月四日条)などと述べているように、大御所時代のとくに良好な朝幕関係は、徳川家斉・光格天皇(上皇)という存在感のある将軍(大御所)・天皇(上皇)の病没、幕府財政の悪化とともに終わりを迎え、通常の状態に戻ったのである。

もちろん、悪化したとか険悪になったなどというわけではなく、あくまで大御所時代のとくに良好な関係が終わり、それ以前の状態に戻っただけであるが、実万からすると「齟齬之儀」があるように感じられたのであろう。

このように、大御所時代とは様相を異にすることになった朝幕関係は、周知のとおり、ペリー来航・条約勅許問題の発生によって、また変化を迎えることになる。先に述べた奥上銀の補塡制度も条約勅許問題に揺れる安政五（一八五八）年に復活が宣言される（四年分から適用される）。天皇・朝廷の政治的位置浮上に伴って、保証や支援も増額という方向に動き出すが、安政期の時点では、定高制それ自体は従来どおり存続していた。また、定高制などの裏付けともなっていた、朝廷関係などの支出のため、とくに幕府から京都代官に渡されていた京都代官預諸渡銀の額も、通常分については、天保十四（一八四三）年のものも文久元（一八六一）年のものもさほど変わらなかった。もちろん臨時分も含めると、文久元年の方が多額であったが、この時点では、定高制など保証や支援の基本的なあり様は、近世後期のものと変わらず、増額分はあくまで臨時分として扱われていた。その意味では、財政面から見た文久元年までの朝幕関係は、近世中後期のそれと、根幹では変わらないものであった（第III部第四章・第五章）。

これが一変するのが、文久三年である。この年に口向定高が一〇〇貫目増額となり、米一五万俵の増献もなされた⑫。京都代官預諸渡銀もすくなくとも三年には通常分が大幅に増大していた。文久の幕政改革によって、天皇・朝廷に対する保証や支援もその姿をおおきく変えることになったのである。財政面から見たとき、朝幕関係が決定的な変化を迎えたのは、この文久三年頃といえる（第III部第五章）。

こうして決定的な変化を迎えた幕府からの保証や支援は、その後、とめどなく拡大しつづけた。物価問題などの要因があるため、一概には比較できないが、慶応元（一八六五）年における禁裏の口向の支出は、すくなくとも二六五七貫目以上になっていたという⑬。その帰結のひとつとして、同三年には、山城国一国増献が決定されたが、これは実施されずに、大政奉還を迎えた⑭。慶喜による朝廷への奏請が七月、大政奉還が十月であり、時間的な問題も大きかっただろうが、奥田晴樹が指摘するように、そもそも政策自体が非常に実施困難なものであった[15]。そのような政策を決定せざるをえない状況に幕府は陥っていたのであり、体制の終焉を予感させるものであった。

このような文久三年頃から大政奉還までの保証や支援のあり様に関しては、未詳な部分も多い。今後の課題としたいが、最後に、そのほかの課題もいくつか挙げておこう。

ひとつは、天皇・上皇らへの重点的な配慮である。前述したように、定高制改正などの際に老中は、これらによって、天皇・上皇らがあまりに「不自由」しないよう配慮せよ、とくり返し所司代らに命じていた。一方で、よく知られていることではあり、公家衆に限ったことでもないが、三条実万も案じているように、公家衆、とくに下級公家衆は経済的に苦しむことが多かった[16]。

幕府からの天皇・朝廷に対する保証や支援に、一定の枠組みが存在する中で、天皇・上皇やその周辺に対して、とくに重点的に配慮する、こうした幕府の方針は、結果的にはある種の格差を朝廷内に生み出したのではないか[17]。もちろん現段階ではひとつの推測に過ぎないが、幕府の天皇家の当主とその周辺への重点的な配慮が天皇・朝廷にもたらした影響に関しては、今後検討していく必要がある。

また、保証や支援の成り立ちも究明すべき課題であろう。禁裏料は遅くとも寛永十一（一六三四）年までには、朝廷管理から幕府管理に移ったというが[18]、その経緯などについて、充分な検討がなされているとは言いがたい。さらに、取替金の恒常化に関しても未詳な部分が多く残る。そうじて、十七世紀から十八世紀はじめ頃までの保証や支援のあり様については、史料的な制約もあり、課題が多く残されている。

これらに加えて、各時期の勘定所の動向も重要である。本書で見てきたように、保証や支援のあり様は幕府財政につよく規定されていた。その幕府財政の要であったのが勘定所であり、この役所の動向は押さえておく必要があるが、勘定所に関する研究の蓄積はさほど厚いとはいえない[19]。基礎的な事実にも不明な点が多く残っており、史料の発掘も含めて、研究を進展させていかなければならない。

本分野に関する研究はまだ蓄積が薄い。今後、以上のような点について検討を重ね、より総体的・通時的に保証や支援のあり様とその変遷を追い、そこから朝幕関係の実態を考えていく必要がある。

（1）大石慎三郎「宝暦・天明期の幕政」（『岩波講座日本歴史11　近世三』岩波書店、一九七六年）、一五八頁。
（2）なお、仙洞御所の定高は、口向銀五一五貫目、奥金七〇〇両であった（奥野高廣『皇室御経済史の研究　後篇』中央公論社、一九四四年、五八一頁）。
（3）旧東京帝国大学史談会編『旧事諮問録』（青蛙房、二〇〇七年版）、八〇頁。
（4）文政―天保（一八一八―四四）期には、幕府の天皇・朝廷に対する〝すりより〟が見られ、とくに良好な朝幕関係が生じた（藤田覚『天皇の歴史6　江戸時代の天皇』（講談社、二〇一一年）、二七四―二七八頁）。
（5）前掲奥野著、日柳彦九郎「徳川時代の記録に現れたる皇室費（一）・（二）」（『山口商学雑誌』四・五、一九二七年）。
（6）前掲奥野著、藤井讓治「江戸幕府の成立と天皇」（石上英一ほか編『講座　前近代の天皇　第二巻』青木書店、一九九三年、一三六―一三八頁）など。
（7）幕府が商人から資金を調達する手段として、もっとも代表的なものは、御用金であろう。これには政策資金調達を目的としたものと、財政補塡を目的としたものがあったが、いずれにしても、商人からの資金調達で財政を補うものであった（賀川隆行「都市商業の発展」歴史学研究会・日本史研究会編『講座日本歴史6　近世二』東京大学出版会、一九八五年、一九五―二二八頁、高槻泰郎「江戸幕府と民間経営」経営史学会編『経営史学の五〇年』日本経済評論社、二〇一五年、七五―八二頁）。
（8）藤田覚『日本近世の歴史4　田沼時代』（吉川弘文館、二〇一二年）。
（9）たとえば飯島千秋『江戸幕府財政の研究』（吉川弘文館、二〇〇四年）、五頁。
（10）天皇・朝廷の自律化志向に関しては、山口和夫「朝廷と公家社会」（歴史学研究会・日本史研究会編『日本史講座6　近世社会論』東京大学出版会、二〇〇五年）を参照してほしい。

(11) 藤田覚『水野忠邦』(東洋経済新報社)、一九九一―二〇一頁。
(12) 前掲奥野著、三六〇頁、奥田晴樹「幕末の禁裏御料と山城一国増献問題」(『立正大学文学部論叢』一三四、二〇一二年)。
(13) 前掲奥野著、四六七頁。
(14) 前掲奥田論文。
(15) 前掲奥田論文において、「山城国内に領知を有する諸藩や旗本がすんなりそれ(領知替、筆者註)に応ずるかどうか、はなはだ疑わしいと言えよう」と論じている。ただし、それと同時に「幕府は本気で実施する姿勢で臨んでいたと思われる」ともしている。
(16) 山口和夫「天皇・院と公家集団(『歴史学研究』七一六、一九九八年)、第III部第四章など。
(17) たとえば、この配慮によって結果的には、下級公家衆に対する拝借金などに廻る金銀が少なくなり、かれらの家計がより一層悪化したなどといった事態が想定される。そして、この格差によって、朝廷内の矛盾が深まったのではないかとも思われるが、現時点では、まったくの推測に過ぎない。今後の課題としたい。
(18) 前掲藤井論文、一三六―一三八頁。
(19) くわしくは大野瑞男『江戸幕府財政史論』(吉川弘文館、一九九六年)や前掲飯島著の研究史整理を参照してほしい。

初出一覧

序章　新稿
第Ⅰ部
第一章「十八世紀の京都所司代と朝廷」(『論集きんせい』二九、二〇〇七年)
第二章「十八世紀の朝廷財政と朝幕関係」(藤田覚編『十八世紀日本の政治と外交』山川出版社、二〇一〇年)。重複部分などを大幅に整理。
第三章「口向役人不正事件と勘定所」(『東京大学日本史学研究室紀要』別冊 吉田伸之先生退職記念『近世社会史論叢』、二〇一三年)
第四章「近世女院御所の財政運営」(『日本歴史』七九一、二〇一四年)
第Ⅱ部
第一章「近世後期の朝廷財政と京都代官」(『歴史学研究』八七五、二〇一一年)
第二章「近世の朝廷財政と実務役人」(『東京大学日本史学研究室紀要』別冊 藤田先生退職記念『近世政治史論叢』、二〇一〇年)
第Ⅲ部
第一章「近世後期の朝廷財政と江戸幕府」(学習院大学人文科学研究所共同研究プロジェクト近世朝幕研究の基盤形成『近世の天皇・朝廷研究』一(第一回大会成果報告集)、二〇〇八年)
第二章「京都町奉行・京都代官と朝廷財政」(『史学雑誌』第一一八編第三号、二〇〇九年)
第三章「「三条家文書」中の近世朝廷財政史料について」(『史学雑誌』第一二四編第三号、二〇一五年)をもとに、第四節をあらたに加えた。
第四章　新稿
第五章「江戸幕府と朝廷財政」(『歴史評論』七七一、二〇一四年)、ただし第一章を除く。
終章　第一節は「江戸幕府と朝廷財政」(『歴史評論』七七一、二〇一四年)第一章を大幅に加筆修正。第二節は新稿。

あとがき

本書は学位申請論文「近世の朝廷財政と江戸幕府」（二〇一二年六月学位授与）を、大幅に加筆・修正したものである。審査いただいた牧原成征・藤田覚・吉田伸之・田中暁龍・本郷恵子諸先生方には、この場をかりて、あつく御礼申し上げたい。

さて、本書に収めた各章それぞれに思い入れがある。その中でも、一番思い入れがあるのが第Ⅰ部第一章、卒業論文をもとにしたものである。東京大学文学部三年生の後半から毎日のように、史料編纂所の図書室に通い、ひたすら武家伝奏広橋兼胤の公用日記「兼胤記」を読んでいた（その際、図書部の皆さんには閲覧の仕方から謄写本・写本類といった所蔵史料の分類など、さまざまなことを教えていただいた。現在もたいへんお世話になっている。感謝したい）。四年生の夏休み頃には、第一章で所司代の職務の概要を論じ、第二章で取替金に関する所司代の権限を検討するというところまでは、だいたい構想ができていたが、そこからもうひとつ何か変化のようなものは見いだせないかと苦悩していた。なかなか先に進めない毎日であったが、とりあえず「兼胤記」は読めるだけ読もうと思い、連日図書室に通っていた。その中で見つけたのが、第Ⅰ部第一章の〔史料七〕である。

この記事を見つけた時の嬉しさは今でも忘れない。ここから朝廷財政と幕府財政の関係から朝幕関係を考えるというテーマを思いつき、以来それを追ってきた。もちろん、本書の中核となった史料編纂所所蔵「御所々御入用筋書抜」や宮内庁書陵部所蔵「御所々御料高幷御賄御定高其外共覚書」、国立国会図書館憲政資料室所蔵「三条家文書」中の「禁裏御入用金年次額」との出会いも嬉しいものであったが、史料との出会いをはじめて経験させてくれたのは、この「兼胤記」の〔史料七〕であった。

さて、そんな喜びも体験した私は、文学部歴史文化学科日本史学専修課程から大学院人文社会系研究科日本文化研究専攻日本史学専門分野の修士課程、博士課程（単位取得退学）、ＰＤ、史料編纂所と進み、現在に至っている。その間、さまざまな方々にお世話になった。

まず、最初にお礼を言うべきは、藤田覚先生である。学部以来ご指導いただいており、史料の探し方、読み方、先行研究整理の方法、論理の組み立て方など、研究というものを一から教えていただいた。夏休みなどの際にも、先生の研究室に押しかけ、話しを聞いていただいた。貴重な研究時間を潰してしまい、さぞご迷惑であったかと思う。先生の前での研究報告では毎回怒られてばかりで、その都度おおいに反省したが、とくに覚えているのは、「御所々御入用筋書抜」にきちんと向き合わず、「つまみ食いをしたような」報告をした時のことである。そういう（「つまみ食いをしたような」）史料の使い方はたいへんよろしくない、とお叱りいただいた。史料に対する向き合い方がまったくなっていなかったのだと思う。終生、肝に銘じたい。

吉田伸之先生にも、学部生の頃からいろいろとご指導いただき、藤田先生退職後は指導教員にもなっていただいた。ゼミ・講義はもちろんのこと、諸子沢や清内路など各地での史料調査に加えていただき、調査手法も学ばせていただいた（たしか修士一年の時、調査先で雑談をしている折に、「史料がない、とか簡単に言っちゃダメだよ」とご助言いただいたことがある。これもまた肝に銘じている）。学部生であろうが、ひとりの研究者として対等に接するという先生の姿勢は、本郷に進んだばかりの一学部生にとっては、非常に印象的なものであった。藤田先生もそうだが、研究に対するきわめて真摯な向き合い方を、間近で見ることができたのは、たいへんな幸運だったと思う。

また、史料編纂所の宮崎勝美先生・横山伊徳先生（現在は職場の同僚で横山さん）にも大変お世話になった。

宮崎ゼミでは、萩藩の家老を勤めた益田家の文書、「益田家文書」をひたすら読みつづけた。①崩し字が難読、②

翻刻できたとしても、解釈が非常に難しいという本当に大変なゼミだった。油断していると、真逆の意味に解釈してしまうような難解な文書で、最初はいくどもお叱りをいただいた。ただ、主語を補いながら、しっかりと丁寧に読めば、きちんと解釈でき、史料を読む力を身につけるには、まことに適した文書であった。きつくはあったが、研究者としての基礎的な能力を徹底的に訓練してもらえる、まことにありがたいゼミだった。

横山ゼミの方は、史料整理と読解、それに基づく研究報告・オランダ語学習などいろいろやったが、横山さんが話される世界史的視野を持った研究の話が魅力的であった。「レディ・ワシントン号が重要で」といきなり話し始められた時には、そもそもレディ・ワシントン号が何なのかわからず、ポカンとしたが、話しが進むにつれ、その世界史的な視野を持った横山さんの研究に圧倒された（くわしくは横山伊徳『日本近世の歴史5　開国前夜の世界』吉川弘文館、二〇一三年を読んでほしい）。ゼミ飲みも、研究の話し、学会の話し、仕事の話しと、横山さんは親身になって、時に勢いよく、時に穏やかに話してくれたことをよく覚えている。奥様の横山百合子さんも先輩で、研究会などの場で、いろいろご教示いただいた。何かの際に、ご自宅にお招きいただき、手料理をごちそうになったこともあった。良い思い出である。

また、短い期間ではあったが、大学院時代には保谷徹先生（同じく現在は同僚で保谷さん）や牧原先生、学部時代には五味文彦先生のゼミなどに出席し、学ばせていただいた。ゼミに参加することは残念ながらできなかった日本史学研究室の諸先生方や西洋史の石井規衛先生などにも、飲み会の場所などで、いろいろとご教示いただいた。

先輩・同期・後輩にも恵まれた。ともに藤田ゼミ・吉田ゼミで学んだ故川勝守生さん・竹ノ内雅人さん・小松（旧姓：武部）愛子さん・荒木裕行さん・寺崎仁樹さん・村和明さん・高槻泰郎さん・三ツ松誠さん・彭浩さん・千葉拓真さん・若山太良さんら、OB・OGの方々（木村直樹さん・多和田雅保さん・朴澤直秀さん……）には、たいへんお世話になったし、いまももろもろと助けられている。

日本史学研究室を入って右側の部屋には机が置いてあり、そこには学部生・院生がたむろしている。そこで、先述のゼミ仲間のほか、時代も年齢も違ういろいろな人々の話しを聞き、耳学問できたのは得難い経験であった。私の世代は居つきすぎて、ときに「たむろしすぎ」と怒られることもあったが、あそこで、違う時代の年の離れた先輩（有富純也さんや今津敏晃さんなど）とも話しをし、知り合いになれたのは大きかったと思う。

現在の職場である史料編纂所の方々には、学生時代から種々お世話になっている。先述の各ゼミをはじめ、松澤克行さん・山口和夫さんには、ＲＡ・ＰＤなどの受け入れ教員になっていただくなどのほか、研究面でもさまざまなアドバイスをいただいた（いただいている）。また、小野将さん・杉本史子さん・箱石大さん・保谷さん・横山さんをはじめとした同僚からも、貴重なアドバイスをいただいている。

学外では、朝幕研究会・歴史学研究会日本近世史部会・房総史料調査会などに参加し、勉強させてもらった。朝幕研究会では、高埜利彦先生はじめ多くの方々からご指導いただいたうえ、報告の場も与えていただいた（「近世の天皇・朝廷研究大会」）。また、一部のメンバー、具体的には、西村慎太郎さんや長坂良宏さん・村さん、長澤慎二さんらとは、公家日記を読む会を定期的に開催し、ワイワイと雑駁な議論ができて、楽しかった。

歴史学研究会日本近世史部会や房総史料調査会などでは、おおくの他大の院生と知り合うことができた。研究の話しから馬鹿話し等々、時に夜遅くまで（あるいは夜を徹して）行い、見聞を広めることができた。

恵まれているといえば、学術振興会のＤＣ２、ＰＤなど、もろもろの研究助成をいただいたのもありがたかった。本書についても科学研究費若手研究Ｂ「近世朝廷財政の総合的研究」の成果の一部であり、出版にあたっては、平成二七年度東京大学学術成果刊行助成を受けている。

この本が出たのは、ひとえに東京大学出版会の山本徹氏のお陰である。原稿も遅れがちで、まごまご迷走している私に数々の助言をくださった。あつく御礼申し上げたい。また、研究者という不安定な道を選んだ私を見守ってくれた両親・祖父母・妹、そして何より日々私を助けてくれている妻、梓にも感謝の意を表したい。

七月に第一子が生まれ、あらたな家族を迎える。自分の研究者人生が、また私たちの家庭生活がどのようになっていくのか、いまは楽しみで仕方がない。

二〇一六年四月

佐藤雄介

索　引

人名・家名索引

は　行

ま　行

や行・ら行・わ行

事項索引

史料索引

著者略歴
1980 年　東京都生まれ
2005 年　東京大学文学部卒業
2011 年　東京大学大学院人文社会系研究科博士課程単位取得退学
現　在　東京大学史料編纂所助教

主要著書・論文
「財政から考える江戸幕府と天皇」（東京大学史料編纂所編『日本史の森をゆく』中公新書，2014 年）
「朝廷の経済」（深谷克己・須田努編『近世人の事典』東京堂出版，2013 年）
近世経済史料研究会「天保期幕府財政の新史料（一）・（二）」（『三井文庫論叢』47・48，2013・2014 年）

近世の朝廷財政と江戸幕府

2016 年 4 月 26 日　初　版

［検印廃止］

著　者　佐藤雄介《さとうゆうすけ》

発行所　一般財団法人　東京大学出版会

代表者　古田元夫

153-0041 東京都目黒区駒場 4-5-29
http://www.utp.or.jp/
電話 03-6407-1069　Fax 03-6407-1991
振替 00160-6-59964

印刷所　株式会社三陽社
製本所　誠製本株式会社

ISBN 978-4-13-026242-2　Printed in Japan